染紅中國

中共建國初期的控制政治

CHANG-TAI HUNG

洪長泰

POLITICS OF
CONTROL

CREATING RED CULTURE IN THE EARLY PEOPLE'S REPUBLIC OF CHINA

麥惠嫻——譯

謹以此書紀念
我的雙親洪我班與施明意
及胞妹洪璇璇

目錄

插圖目錄

中文版序

　　文化的廣義是指一個社群的歷史記憶、文藝思潮、宗教信仰、教育理念和建築環境的總體。它是一個國家和民族的靈魂。文化既是如此重要，所以古往今來的統治者，幾乎無一不想駕馭它，或據為己用，以鞏固自身的權力。另一方面，專制政權則慣用高壓的手段去箝制文化，消除異見，定於一尊。在政治上，誰控制文化，誰就控制人民的思想。

　　《染紅中國：中共建國初期的控制政治》（*Politics of Control: Creating Red Culture in the Early People's Republic of China*）是一本有關中國共產黨於 1949 年建國後，創造出來的一種新文化。這種新文化，是受到政府全面監控的，我稱之為「紅色文化」。「紅色文化」涵蓋的領域非常廣泛，包括書刊、傳媒、宗教、教育、建築等範疇。這種控制是周密而有力的，透過中共中央及地方各政府機關去執行，力求鞏固共產黨的合法統治權。

　　此書是我十年前寫的《毛澤東的新世界：中華人民共和國初期的政治文化》（*Mao's New World: Political Culture in the Early People's Republic*）（2011 年英文版；2019 年中譯本）的姊妹篇。兩本書都是討論中華人民共和國初期的文化政策，

但關注點有所不同。《毛澤東的新世界》主要是分析中共文化政策的理念和大方向：如何改寫歷史、重塑政治空間和推廣烈士崇拜等。改造政治空間最著名的工程是擴建天安門廣場，把昔日紫禁城南面的宮廷用地，改建成一個比莫斯科紅場還要大數倍的巨型民族主義舞台。在 1950 年代，每年的五一勞動節和十一國慶均在此上演數十萬人的大遊行，最重要的目的是為了宣揚國家在中共統治下的輝煌成就。

　　《染紅中國》則是集中討論文化政策的籌劃、組織、執行和後果。我分析中共如何審查書刊和報章的出版，打壓民間宗教，建立基層宣傳網，改造幼兒教育，建造政治公園和民族博物館等政策。其中一個例子是首都的《北京日報》受到官方三個層面的監管：北京市委常委、市委第一書記和中共中央宣傳部。編輯們每天都為了什麼可以寫和什麼不可以寫而惶惶不可終日。他們的主要工作是要說好中國故事，負面的消息絕不能見報。但如何理解高層領導的思想使他們戰戰兢兢，怕萬一誤觸紅線，後果堪虞。最令他們感到困惑的是中央的紅線不停在變，使他們無所適從。在編輯委員會的一次會議上，一位編輯無奈地說：「貫徹主席思想是不容易的。」

　　此兩書相輔相成，可以視作毛澤東 1942 年發表的〈在延安文藝座談會上的講話〉提倡要建立「文化軍隊」的理念，在中共建國初期是如何付諸實行。毛澤東認為奪取政權不能單靠軍隊，最重要的是必須有一支文化隊伍，控制整個文化思想領域，灌輸共產主義思想，規範市民的閱讀思考，改革教育制度

以培養紅色接班人，來維護中共的一黨專政。

史家寫書，最主要是靠史料，尤其是檔案文件。但到目前為止，中國大陸開放的檔案資料非常有限，若要了解中共文化政策的全貌和真相，也只能等待有朝一日中國大陸全面開放檔案之時。

這本中譯本跟英文原著在排印上有兩點不同。第一是增加了圖片，由原先的 10 幅增至 16 幅。第二是把中文和外文的參考書目分開排版，方便讀者查閱。

此書能夠順利出版，我首先要感謝麥惠嫻女士。這是麥女士繼《毛澤東的新世界》之後，翻譯我的第二本英文著作。

聯經出版事業公司願意出版這類賠本的學術書，特此致謝。在出版過程中，我要特別感謝總編輯涂豐恩博士的大力支持。人文線編輯王盈婷小姐細心指導，迅速提供許多專業意見，謹致謝意。

洪長泰

2023 年 3 月 8 日

致謝

　　寫這本書時經歷的歲月和得到的幫助都令我一一難忘。我衷心感謝好友、同事和學者在學術上的扶持和啟迪，他們給我的指引都在本書的注釋和參考書目中列明。

　　這本書也是過去十五年來我到訪了多間檔案館所累積的成果。我特別感謝北京市檔案館、上海市檔案館、臺灣的國史館和國民黨黨史館人員的寶貴協助。

　　Katy Meigs 細讀原稿後給我清晰有力的批評，並為文體加以潤飾。夏威夷大學出版社的主編 Masako Ikeda 一開始就對出版本書表示歡迎，所安排的出版事宜盡顯她的心思和能力，我是銘感於心的。編輯主任 Grace Wen 熟練地引導此書的出版。也要多謝文字編輯 Helen Glenn Court 修改稿件時技巧純熟和觀察入微。

　　家人方面，我很高興長女明梅和小兒明陽幫忙提供插圖。妻子麥惠嫻幫了我最多，她跟我在檔案館埋頭苦幹，又把原稿看過無數次，提出獨到的批評，還在修改稿上幫了大忙。

　　本書有幾章徵引我發表過的論文，並經修改。我要多謝下列出版社允許引用原文：

(1) "The Anti–Unity Sect Campaign and Mass Mobilization in the Early People's Republic of China," *China Quarterly* 202 (June 2010): 400-420;

(2) "The Cultural Palace of Nationalities: Ethnicities under One Roof?" *Journal of Contemporary History* 47, no. 3 (July 2012): 572-593;

(3) "A Political Park: The Working People's Cultural Palace in Beijing," *Journal of Contemporary History* 48, no. 3 (July 2013): 556-577;

(4) "Inside a Chinese Communist Municipal Newspaper: Purges at the *Beijing Daily,*" *Journal of Contemporary History* 49, no. 2 (April 2014): 341-365; and

(5) "Turning a Chinese Kid Red: Kindergartens in the Early People's Republic," *Journal of Contemporary China* 23, no. 89 (September 2014): 841-863.

導論

　　1949 年 1 月某夜，清華大學教授張奚若（1889-1973）帶著兩名中國人民解放軍士兵，突然到訪著名建築學者梁思成（1901-1972）的居所。清華是所名校，位於北平（1949 年 10 月 1 日更名為北京）的西北方，剛落入紅軍手中。而北平城已被圍困數週，這正值國民黨與共產黨內戰（1946-1949）的關鍵時刻，共產黨明顯占了上風。這幾位訪客提出一個要求，梁思成的助手如此記錄當時的情況：

> 他們說明來意，是為攻占北平城做準備；萬一與傅作義將軍〔1895-1974〕和平談判失敗，被迫攻城時，要盡可能保護古建築。他們攤開一張軍用地圖，請梁公在地圖上標出重要的古建築，並劃出禁止炮轟的地區。[1]

　　這個要求出乎意料，卻深深打動了梁思成，而且更異於國民黨地方官員不重視古建築的行徑，以往他多番請求保存古樓舊廟都不獲理睬，看來共產黨是中國文化的真正保護者，故此

1　林洙，《大匠的困惑》（北京：作家出版社，1991），頁 85。

他欣然答應。[2] 梁思成完全想不到解放軍來訪只不過是毛澤東（1893-1976）和中國共產黨領導層接管此城的大計之一。和平占領北平可避免生靈塗炭和珍貴建築物受損，如此重大的政治勝利便會歸功於中共，他們也會因此變身成為這座文物古都的守護人。

　　梁思成確實是錯判形勢。幾年後的 1950 年代中期，他與共產黨當權者陷入嚴重分歧，官方這時下令拆除北京的舊城牆和古建築，發展新的工業區。[3] 他被抨擊為支持「復古主義」、「主觀唯心主義」及「形式主義」，又只顧保存古蹟，亂花金錢建造復古大樓。1956 年，這位建築大師逼得要公開承認他的「錯誤」觀點，說：「我是一個在工作中犯了嚴重錯誤技術科學工作者。」他總結說：「衷心地感謝黨，在給我醫治了身體的重病之後，又為我醫治思想上的嚴重病症。」並鄭重宣告：「我永遠一步也不再離開我們的黨！」[4] 梁思成正是政治理論家柏林（Isaiah Berlin）所指的高壓制度下的受害者；馬克思主義者就是行使這種力量以鞏固政權。[5] 梁思成絕對不是唯

2　林洙，《大匠的困惑》，頁 85-86。

3　有關分歧的詳情，見 Chang-tai Hung, *Mao's New World: Political Culture in the Early People's Republic* (Ithaca, N.Y.: Cornell University Press, 2011), pp. 23-72。

4　梁思成，《梁思成全集》，9 卷本（北京：中國建築工程出版社，2001），第 5 卷，頁 268-269。

5　Isaiah Berlin, *Against the Current: Essays in the History of Ideas*, ed. Henry Hardy (Princeton, N.J.: Princeton University Press, 2001), p. 321.

一受制於新政權的教條而被迫自我批評的人，很多知識分子或藝術家也有此遭遇，尤其是在 1957 年反右運動（清算批評政府的「右派分子」）期間。[6] 批鬥梁思成，代表了這個越來越獨裁的共產黨對人民的文化活動和思想實行唯我獨尊的管治。

中華人民共和國 1949 年 10 月 1 日成立後，中共最迫切的工作是控制文化和取得民心。毛澤東和黨領導層決意制定新的思想體系和價值觀，將傳統常規和古老制度改頭換面，強行引入民族主義思想和社會主義理念來治理國家。

中國政府控制文化的過程早在中共 1949 年執政之前便已開始。中共以社會主義新理念改變國家的意圖，早已在陝西延安時期（1936-1947）的整風運動中萌芽。毛澤東 1942 年著名的〈在延安文藝座談會上的講話〉是整個運動的指導思想，他明言：「我們要戰勝敵人，首先要依靠手裡拿槍的軍隊。但是僅僅有這種軍隊是不夠的，我們還要有文化的軍隊，這是團結自己、戰勝敵人必不可少的一支軍隊。」[7] 文化軍隊指的是

6　宋永毅編，《中國反右運動數據庫，1957-》（香港：中國研究服務中心，香港中文大學，2009）；Roderick MacFarquhar, *The Origins of the Cultural Revolution*, vol. 1: *Contradictions among the People, 1956-1957* (New York: Columbia University Press, 1974), pp. 167-310；章詒和，《最後的貴族》（香港：牛津大學出版社，2004）；及 Merle Goldman, *China's Intellectuals: Advise and Dissent* (Cambridge, Mass.: Harvard University Press, 1981), pp. 1-17。

7　毛澤東，〈在延安文藝座談會上的講話〉，《毛澤東選集》，5 卷本（北京：人民出版社，1952-1977），第 3 卷，頁 849。

新一代作家、藝術家和知識分子，他們要用馬克思主義的語言來寫作，支持共產黨的教義，盡力為革命事業服務。「延安講話」為共產黨日後對國家的文化管控奠定了基礎，確立什麼可以寫和畫的法規。

中華人民共和國的成立讓中共有嶄新的機會去精心設計一套鞏固權力的周詳大計。這種政治操控亦即我所稱的「控制政治」（politics of control），說明了 1949 年以後中華人民共和國的本質。自接管中國後，中共創造了一個全新的政治天地，讓共產主義文化，即「紅色文化」，去管控人民的生活和思想。這種紅色文化的產生及運作，在中共鞏固權力時那種強硬的做法中表露無遺，它限制文化活動，壓抑思想自由，尤其是在書刊、報章、宗教活動和少數民族事務方面。

毛澤東的「延安講話」標明了中共控制文化活動大計的開始。中華人民共和國成立前夕，中共開始設立一套正式的文化操控機制，使當年的延安構想變成了官方政策。1949 年 1 月初，北平的國民黨軍隊即將投降，人民解放軍總部設立了一個特別部門，即北平市軍事管制委員會（軍管會）去監督該市的整個接管事宜。軍管會屬下的文化接管委員會（文管會），是規管北平文化活動的前線部門。[8] 文管會的一項任務是「負責接管一切屬於國家的公共文化教育機關及一切文物古蹟」，[9]

8　中國共產黨北京市委員會辦公廳，〈文化接管委員會各單位人員名單〉，北京市檔案館，1-6-277。

審查制度成了它的主要控制工具。這種既軍事又文化的雙重架構其後成為標準模式，在內戰末期落入共軍手中的南京、上海和蘭州等重點城市實施，可以說是完成了毛澤東在「延安講話」中，要靠軍事和文化兩方面戰線才能取得勝利的指示。[10] 國家的文化管制模式在中共立國後成為常規，而所涉及的範圍遠超文管會這個臨時組織。一開始，中共黨國有兩個最重要的部門，就是中共中央宣傳部和國務院文化部，負責制定意識形態和文化指導方針。[11] 它們幾乎滲透人民生活的全部，控制各種文化活動，如出版業、大眾傳媒、教育、宗教、公園和少數民族博物館。這種文化操控的制度如何產生和演變，及用了什麼方法去執行中共黨國的決策，正是本書要討論的主題。

9　見《北平和平解放前後》，北京市檔案館編，（北京：北京出版社，1998），頁 87。

10　上海市檔案館編，《上海解放》，3 卷本（北京：中國檔案出版社，2009），第 2 卷，頁 267-270，371-413；南京市檔案館編，《南京解放》，2 卷本（北京：中國檔案出版社，2009），第 1 卷，頁 169-172，183-189，301-314；甘肅省檔案館編，《蘭州解放》（北京：中國檔案出版社，2009），頁 95-97，114-123，125-126。軍管會沒有在每個共軍占領的城市都設立文化接管委員會，但控制文化活動經常是最優先的考慮。而且各有些微不同的名稱。例如南京的稱為文教系統接管部，上海的稱為文化教育委員會。

11　Anne-Marie Brady, *Marketing Dictatorship: Propaganda and Thought Work in Contemporary China* (Lanham, Md.: Rowman and Littlefield, 2008); and Hung, *Mao's New World*.

新的學術研究

本書研究的時期是 1949 年至 1966 年，即中華人民共和國初期至文化大革命（1966-1976）之前的歷史。近年來，研究中國的學者對中華人民共和國建國之初這關鍵的過渡時刻，興趣與日俱增，[12] 原因可能是中國現代歷史應否以 1949 年作為分水嶺引起爭論，也可能由於學者對中共黨國（party-state）的控制體系如何開始這個問題重燃興趣。[13] 政治控制的來源這個問題無疑非常重要，因為它從宏觀的角度去看待歷史事件，同時對重大事件的來龍去脈，提供一個清晰的發展時序。近年這方面的研究成果豐碩，涉及廣泛的題目，包括 1950 年代初中共對城市和邊緣地區（西藏和新疆）的軍事接管、[14] 政治運動、[15] 家

12　Jeremy Brown and Paul G. Pickowicz, eds., *Dilemmas of Victory: The Early Years of the People's Republic of China* (Cambridge, Mass.: Harvard University Press, 2007).

13　有關 1949 年作為重要分水嶺的研究，見 William C. Kirby, "Continuity and Change in Modern China: Economic Planning on the Mainland and on Taiwan, 1943-1958," *Australian Journal of Chinese Affairs* 20 (July 1990): 121-141。

14　Brown and Pickowicz, eds., *Dilemmas of Victory*.

15　Julia C. Strauss, "Paternalist Terror: The Campaign to Suppress Counterrevolutionaries and Regime Consolidation in the People's Republic of China, 1950-1953," *Comparative Studies in Society and History* 44, no. 1 (January 2002): 80-105; Yang Kuisong, "Reconsidering the Campaign to Suppress Counterrevolutionaries," *China Quarterly* 193 (March 2008): 102-121; and Patricia Thornton, *Disciplining the State: Virtue, Violence, and State-Making in Modern China* (Cambridge, Mass.: Harvard University Asia Center, 2007).

庭制度的變化、[16] 民族矛盾、[17] 宗教團體、[18] 城市規劃、[19] 宣
傳網絡、[20] 教育改革、[21] 書籍出版、[22] 報業發展、[23] 博物館，[24]
以及社會主義文學、藝術和建築等題目。[25]

---

16 Joseph Esherick, *Ancestral Leaves: A Family Journey through Chinese History* (Berkeley: University of California Press, 2011); Gail Hershatter, *The Gender of Memory: Rural Women and China's Collective Past* (Berkeley: University of California Press, 2011); Neil J. Diamant, *Revolutionizing the Family: Politics, Love, and Divorce in Urban and Rural China, 1949-1968* (Berkeley: University of California Press, 2000); and Janet Y. Chen, *Guilty of Indigence: The Urban Poor in China, 1900-1953* (Princeton, N.J.: Princeton University Press, 2012).

17 Thomas S. Mullaney, *Coming to Terms with the Nation: Ethnic Classification in Modern China* (Berkeley: University of California Press, 2011); Tsering Woeser and Wang Lixiong, *Voices from Tibet: Selected Essays and Reportage*, ed. and trans. Violet Law (Hong Kong: Hong Kong University Press, 2014); Rian Thum, *The Sacred Routes of Uyghur History* (Cambridge, Mass.: Harvard University Press, 2014); David Brophy, *Uyghur Nation: Reform and Revolution on the Russia-China Frontier* (Cambridge, Mass.: Harvard University Press, 2016); and Tom Cliff, *Oil and Water: Being Han in Xinjiang* (Chicago: University of Chicago Press, 2016).

18 Vincent Goossaert and David A. Palmer, *The Religious Question in Modern China* (Chicago: University of Chicago Press, 2011); Paul P. Mariani, *Church Militant: Bishop Kung and Catholic Resistance in Communist China* (Cambridge, Mass.: Harvard University Press, 2011); and David Ownby, *Falun Gong and the Future of China* (New York: Oxford University Press, 2008).

19 Wang Jun, *Beijing Record: A Physical and Political History of Planning Modern Beijing* (Singapore: World Scientific, 2011); and Shuishan Yu, *Chang'an Avenue and the Modernization of Chinese Architecture* (Seattle: University of Washington Press, 2013).

此外，學者對這段時期的民眾生活所做的研究得出了重要
的成果。[26] 這類新研究，部分受到社會學家德·瑟鐸（Michel
de Certeau）的「日常生活的實踐」（practice of everyday life）

20 Brady, *Marketing Dictatorship*; Barbara Mittler, *A Continuous Revolution: Making Sense of Cultural Revolution Culture* (Cambridge, Mass.: Harvard University Asia Center, 2012); Nicolai Volland, "The Control of the Media in the People's Republic of China" (PhD diss., University of Heidelberg, 2003); and David Shambaugh, "China's Propaganda: Institutions, Processes and Efficacy," *China Journal* 57 (January 2007): 25-58.

21 顧明遠，《中國教育的文化基礎》（太原：山西教育出版社，2004）；及 Margaret Mih Tillman, *Raising China's Revolutionaries: Modernizing Childhood for Cosmopolitan Nationalists and Liberated Comrades, 1920s-1950s* (New York, Columbia University Press, 2018)。

22 Cynthia Brokaw and Christopher A. Reed, eds., *From Woodblocks to the Internet: Chinese Publishing and Print Culture in Transition, circa 1800 to 2008* (Leiden: Brill, 2010)；Jennifer Altehenger, *Legal Lessons: Popularizing Laws in the People's Republic of China, 1949-1989* (Cambridge, Mass.: Harvard University Asia Center, 2018)；王建軍，《中國近代教科書發展研究》（廣州：廣東教育出版社，1996）；及 Ying Du, "Shanghaiing the Press Gang: The Maoist Regimentation of the Shanghai Popular Publishing Industry in the Early PRC (1949-1956)," *Modern Chinese Literature and Culture* 26, no. 2 (Fall 2014): 89-141。

23 孫旭培，《坎坷之路：新聞自由在中國》（高雄：巨流圖書股份有限公司，2013）；及 Park M. Coble, *China's War Reporters: The Legacy of Resistance against Japan* (Cambridge, Mass.: Harvard University Press, 2015)。

24 Kirk Denton, *Exhibiting the Past: Historical Memory and the Politics of Museums in Postsocialist China* (Honolulu: University of Hawai`i Press, 2014); Denise Y. Ho, *Curating Revolution: Politics on Display in Mao's China* (Cambridge: Cambridge University Press, 2018); and Marzia Varutti, *Museums in China: The Politics of Representation after Mao* (Woodbridge, UK: Boydell Press, 2014).

理論和政治學家斯科特（James Scott）的「弱者的武器」
（weapons of the weak）思想所啟發，加上能從地方檔案館取
得豐富的資料，[27] 因而敢於挑戰以上層政治和國家體制為中心
的研究方法，分析「從下而上的歷史」（history from below）
── 借用史學家湯普森（E. P. Thompson）的名言 [28] ── 去探討
普通人怎麼為自己開闢一片天地，抵抗國家的控制並爭取自主。

　　這些研究都很有啟發作用，但是，大部分著作多就中華人
民共和國早期的某些單獨事件去解說，而我們需要的卻是以更
全面、更連貫的方法去理解這段時期。在本書裡，我會探討中
共黨國怎樣創造紅色文化並控制人民的文化生活和思想。

　　本書有四個明顯的特色。第一、我不想只見樹木不見森
林，我更關心的是同一個生態系統中各色各樣植物的生長。換

25　Perry Link, *The Uses of Literature: Life in the Socialist Chinese Literary System*
　　(Princeton, N.J.: Princeton University Press, 2000); Xiaobing Tang, *Visual*
　　Culture in Contemporary China: Paradigms and Shifts (Cambridge: Cambridge
　　University Press, 2015); and Melissa Chiu and Shengtian Zheng, eds., *Art and*
　　China's Revolution (New Haven, Conn.: Yale University Press, 2008).

26　Jeremy Brown and Matthew D. Johnson, eds., *Maoism at the Grassroots:*
　　Everyday Life in China's Era of High Socialism (Cambridge, Mass.: Harvard
　　University Press, 2015).

27　Michel de Certeau, *The Practice of Everyday Life*, trans. Steven Rendall
　　(Berkeley: University of California Press, 1984); and James C. Scott, *Weapons*
　　of the Weak: Everyday Forms of Peasant Resistance (New Haven, Conn.: Yale
　　University Press, 1985).

28　E. P. Thompson, "History from Below," *Times Literary Supplement*, April 7,
　　1966, pp. 279-281.

句話說，與其集中注意某類文化活動，不如檢視整個文化領域的動態，藉以更全面理解中共的政策。

第二、我用的是文化與制度（cultural-institutional）的雙重研究方法；分析國家及地區層面的領導官員如何透過制度，去制定針對群眾的文化政策，也會討論實施這些政策時所遇到的種種困難。

第三、我著重的是這些文化控制模式的起因。官方政策從來都不是無緣無故產生的，而是在特定的歷史、政治和文化時空中形成。透過分析這個共產政權在 1950 年代初到 1960 年代中期文化大革命之前的歷史 —— 那時正值建國的關鍵時刻，它迫切需要鞏固自身的權力 —— 我們會發現一系列文化操控機制的來源和演變。在這早年階段，政治控制的基本概念、政策、制度和方法，都先要有系統地制定和測試。這絕非易事，中共（特別是權力極大的中共中央政治局常委）在著手處理時都會迅速並謹慎地果斷行事。毛澤東和黨領導層憂慮敵對的外國勢力和國內紛亂的情況，採取嚴厲手段去鞏固新政權，這可從 1950 年代初的鎮壓反革命運動（鎮反運動）看到，在那段時期，超過七十萬人遭到處決，許多是國民黨的殘存分子，有間諜嫌疑的人物，以及地主。[29] 地緣政治的迫切需要，使共黨領袖不得不在文化政策中採取強硬措施，而這些措施在日後不斷發展和修改以應付新形勢。

29　Strauss, "Paternalist Terror"; and Yang Kuisong, "Reconsidering the Campaign."

第四、檔案資料對我們了解現代中國政治至關重要。但研究中國的學者都知道，在中國的檔案館搜集資料常常使人氣餒，因為很多像少數民族和宗教等敏感題材，都不公開。幸而最近一些開放的檔案（也許當局認為它們不那麼敏感）提供了政府怎樣作出決策的寶貴線索。舉個例子，收藏在北京市檔案館的《北京日報》檔案，讓人看到編輯會議裡發生過什麼事情。有異於該報所稱的團結和諧氣氛，編委會的閉門會議紀錄經常顯示出複雜的決策過程。公開的檔案資料不止透露該報錯綜複雜的內部運作、多重的審查制度、策劃者的權宜之計，還洩露了編輯的內訌和政治表態，他們為了要緊跟黨高層不斷更改的意識形態，不得不如履薄冰地行走於危機四伏的險境中（見第二章）。因此這些文件提供了至今不為人知的內幕：誰人（決策者）、何事（政策的類型）、何時（制定決策的時間）和如何（實際執行這些決策）等資料。

我透過提供多種文化範圍的個案研究，展示中共對文化的政治控制一直有著清晰的目標，就是鞏固自己的權力基礎並提升自己的合法地位。

基本概念

「控制政治」（politics of control）一詞需要深入點討論。這裡是指中共黨國有系統地制定、執行和監控市民生活中的文化活動。「文化活動」(cultural activities) 一詞尤其難於解釋。

我雖然同意史學家柏克（Peter Burke）的觀點，認為文化缺少「固定的特性」，[30] 但我認為「文化活動」也可以是思想、價值觀、習慣和符號的組合，就如文化歷史學家傅瑞（François Furet）和人類學家紀爾茲（Clifford Geertz）所言。[31] 文化活動涉及多種領域，有歷史也有集體態度（即法國人稱的心態〔mentalités〕），有教會的權威教條也有民間信仰，有文學經典也有建築空間，有正規的官方機構也有政治符號和儀式。跟文化史家布克哈特（Jacob Burckhardt）在《義大利文藝復興時代的文化》（The Civilization of the Renaissance in Italy）一書提出的概念一樣，我認為文化活動涉及人民生活的多方面，包括藝術、傳媒、教育、宗教和建築等。[32]

　　「控制」一詞更需要進一步的解釋。我指的是國家權力的政治擴張伸延至社會和文化層面及人民的生活。結果是國家與社會的關係出現根本的變化，形成對後者不利的情況。1950年代的中國，經歷國家權力無限制的擴張，包括壓抑宗教和知識分子自由的連場群眾運動。到了文化大革命，中共已幾乎控制了人民生活的每一部分。

30　Peter Burke, *Varieties of Cultural History* (Ithaca, N.Y.: Cornell University Press, 1997), p. 1.

31　François Furet, *Interpreting the French Revolution*, trans. Elborg Forster (Cambridge: Cambridge University Press, 1981); and Clifford Geertz, *The Interpretation of Cultures* (New York: Basic Books, 1973).

32　Jacob Burckhardt, *The Civilization of the Renaissance in Italy*, 2 vols., intro. Benjamin Nelson and Charles Trinkaus (New York: Harper & Row, 1958).

　　「控制政治」的現象通常與「極權國家」的概念聯想在一起。政治學家鄂蘭（Hannah Arendt）在她影響深遠的《極權主義的起源》（*The Origins of Totalitarianism*, 1951）一書中，認為極權主義是一種現代國家管治形式，與傳統的暴政統治（tyranny）不同，因為它是依靠威嚇的手法去主宰人民的私生活。鄂蘭認為傳統的暴政統治還容許「整個私人生活領域，包括經歷、虛構和思考的能力，都不受影響」。但現代極權主義統治者卻是運用「威嚇手段，不讓人留有半點私人生活空間，而且極權主義引致的自我壓制思維摧毀了人的體驗和思考能力，也必然摧毀了他的活動能力」。[33] 對鄂蘭來說，極權國家 —— 她主要以史達林（Stalin）的蘇聯和納粹德國為例 —— 剷除政府與私人的分界，攻擊多元性，令個人單元化，並命令人民一致配合。極權政府擁有兩個密切關聯而又同樣有效的工具：宣傳和威嚇。前者傳播政府的政策，後者震懾人民，迫使他們就範。

　　不過，極權主義這個概念的解釋，在研究中國的控制政治時有其局限。第一、這個概念若說成是國家完全控制人民生活的話，那麼定義就比較狹窄；事實上，這種情況從未在中國或任何地方出現過，因為總會有反對派、各種聯盟及異議者出現。第二、這種模式的前提是政策一定是由最高層（即政治

33　Hannah Arendt, *The Origins of Totalitarianism* (New York: World Publishing, 1958), p. 474.

局）發動。事實上，決策時各層政府機關都無可避免地牽涉在
內，只不過決定權總是落在中共中央委員會身上。第三、它假
設所有決定都是單方面、毫無爭議及不需妥協和遷就的。事
實上，各種政策涉及多方面，經常要修改，遷就不同部門的需
要。第四、它是一種較機械式的看法，認為推行政策時不必理
會地方傳統或執行時間的差別。第五、它忽略了受政策影響的
人民既非被動亦非盲目的事實。這些政策的對象經常會透過談
判、折衷、挪用，甚至歪曲原有的政策以符合自己的需要，因
而更改、甚至推翻中央政策的原意。最後，鄂蘭的從上而下理
論，就如史學家菲茲派翠克（Sheila Fitzpatrick）批評蘇聯極權
模式所說的，忽略了社會各派勢力和一般人可以影響歷史的事
實。它視社會為一個毫無差別的整體，也沒理會社會的運作是
由各有意圖的成員所推動的。[34]

　　不過，極權主義概念雖然缺點多多但仍有其作用，倒不是
因為史上有哪個政權真的能全面控制它的人民，而是因為它提
出了威權政治的一些普遍和本質上的問題，那就是脅迫、侵犯
私人生活和行使極大權力的一黨專政國家。我認為這些基本概
念有助分析毛澤東時代的政治。自 1970 年代後期起，中共在
鄧小平（1904-1997）的市場改革下，雖然退守經濟領域，但

---

34 Sheila Fitzpatrick, "New Perspectives on Stalinism," *Russian Reviews* 45,
　　no. 4 (October 1986): 357-373；又見 Michael Geyer and Sheila Fitzpatrick,
　　eds., *Beyond Totalitarianism: Stalinism and Nazism Compared* (Cambridge:
　　Cambridge University Press, 2009), pp. 1-37, 266-301。

它依然堅持一黨專政,並持續對言論、資訊、宗教活動和民族政策施加有效的控制。中國的一黨專政就是指中國共產黨的獨裁統治。它意味著中共由上而下的決策過程和至高無上的權威絲毫沒變。

我在本書用了「黨國」一詞去包含中國共產黨和中華人民共和國這兩個體制。在中國,如同前蘇聯一樣,共產黨和國家的意識形態及組織功能相互交纏,如同連體嬰。在這種黨國不分的獨特體制下,要說「政治分權」(separation of powers)這概念是毫無意義的。

近年來年輕史學家探究中國歷史,採用以基層為重點的手法,挑戰以國家為中心的傳統學說。這種著重地方經歷及官民對抗的研究,多少會削弱極權主義模式的說服力。[35] 不過,以基層為重點的手法雖然有價值,但也有缺點。它過於著重日常生活和社會事件而忽略了政治的影響。它也忽視多層政府架構對執行官方工作的重要。再者,它往往還會低估政治領袖和主要官員的力量,這些領導人善於利用看似客觀的法規(正如馬克思〔Karl Marx〕和韋伯〔Max Weber〕都指出的),去發動嚴重影響民生的大規模運動。事實上,正因為黨國無處不在,人民的日常生活大都不能真正免受政府的干擾。由於官方最終掌握資源和權力,所以能輕易左右民眾的命運。最後,基層理論往往誇大群眾的抵抗力量和結果。

---

35 Brown and Johnson, *Maoism at the Grassroots*.

　　我採用文化與制度的研究法，是因為這方法適合本書的目標——分析由上向下推行的文化政策。這種從上而下的手法有三個重點。第一、中共從來都不是單一的政體，領導層內部很少是意見一致的。有關文化控制的政策，縱使源自政治局，都離不開領導層內部及各級行政機構之間的多番妥協才行。第二、我們說中共有一個全面的文化計畫，不等於說每個政策都出自同一藍圖。很多方案都得經過漫長的發展，執行時還要經歷不少修改。最後，政策從來都不是僅僅由高層強壓下來，哪怕是在威權國家；政策的執行在過去和現在都是依靠官民之間的互動。實際上，政策制定是個費時的過程，牽涉決策者與政策對象之間的互動、談判和妥協，只不過高層的決定最終還是占了上風。我在本書雖然採取文化與制度的研究法，但在現有資料許可下，亦會盡量加入基層對官方文化政策的反應。

七方面的控制

　　第一章是關於審查制度，這是任何威權國家的主要特徵。史學家丹屯（Robert Darnton）在他比較法國波旁王朝、英屬印度及共產東德的審查制度一書中，認為審查制度是「言論自由與試圖壓制它的政教當權者之間的鬥爭故事」，我也同意這種看法。[36] 中國共產黨像前蘇聯共黨一樣，嚴厲施行審查制

36　Robert Darnton, *Censors at Work: How States Shaped Literature* (New York: W. W. Norton, 2014), p. 17.

度，審查成為國家政治控制系統裡的基本手段。[37] 中共一直以來，尤其是自 1930 年代至 1940 年代的延安時期起，已經對藝術及印刷文化（書籍、報章、雜誌等）加強監管。[38] 1949 年之後，控制的步伐迅速變得制度化且更加激烈。

北平軍管會於 1949 年 1 月成立後馬上行動，禁制國民黨出版物，又關閉外國通訊社。[39] 一俟中華人民共和國成立後，便正式終止了 1949 年前民國時期有限的多元社會，那裡還容得下比較自由的報業，甚至賄賂成風的議會，以及剛起步的公民社會。

中共作為列寧式（Leninist）政黨是從不理會社會是否多元。毛澤東雖然指示要「為人民服務」，但像列寧一樣，對學識不多的群眾沒有信心。他堅信紀律要嚴明，思想要統一，群眾要靠忠於黨的專業革命家去領導。

37　Herman Ermolaev, *Censorship in Soviet Literature, 1917-1991* (Lanham, Md.: Rowman and Littlefield, 1997); and Harold Swayze, *Political Control of Literature in the USSR, 1946-1959* (Cambridge, Mass.: Harvard University Press, 1962).

38　高華，《紅太陽是怎樣升起的：延安整風運動的來龍去脈》（香港：中文大學出版社，2000）；及 Chang-tai Hung, *War and Popular Culture: Resistance in Modern China, 1937-1945* (Berkeley: University of California Press, 1994)。

39　見《社會主義時期中共北京黨史紀事》，中共北京市委黨史研究室編，4 輯本，（北京：人民出版社，1994-1998），第 1 輯，頁 30-33；又見《北平解放》，北京市檔案館編，2 卷本（北京：中國檔案出版社，2009），第 1 卷，頁 417-418；及《中華人民共和國出版史料》，中國出版科學研究所及中央檔案館編（北京：中國書籍出版社，1995），頁 20-21。

　　控制印刷文化，特別是書籍的出版，成了共產黨的主戰場。中共中央宣傳部是三層監管架構之首，負責制定印刷的總體方針和提供意識形態的指導。中央人民政府出版總署居其次，主要工作是草擬行動綱領並在民間推行。在市政層面，北京市人民政府新聞出版處成為監督書刊印刷業的前線部門。

　　北京的書籍從通過審查到落入讀者手裡，整個過程都受到政府的監管。這涉及一系列的程序，包括政府要求書店登記，派遣審查員到大街小巷搜查和清除不良刊物（例如有關國民黨和美國的書籍），審批申請出版的書稿，規管出版社，監督印刷過程及控制發行網絡，環環相扣，層層監控。

　　檔案資料展示了審查制度中不為人知的複雜故事，它以審查員撰寫一份份簡單的評審報告開始。每份報告通常只有一頁紙，記錄了審查員的日常任務：書本是如何受審查及用什麼標準，附上審查員的短評，及這份申請出版的書稿最終是否通過審批。審查的程序非常仔細，緊跟共產黨路線走。有時候上級會發現審查員誤判，一個原因是中央政府的指示不清，另一原因是審查員經驗不足。他們對私營書店特別不放心，認為它們在政治上不可靠。到了 1950 年代中期，私營書店都被國有化，消除了任何潛在的風險。

　　第二章討論另一種印刷媒介及它受到的控制形式：北京市黨委的喉舌報《北京日報》（1952 年創辦）有一套內在的審查制度。在西方國家，雖然沒多少人會相信新聞工作能做到真正的客觀，但就如社會學者舒德森（Michael Schudson）稱，公

正客觀的信念仍然是美國「這個國家新聞界的核心價值」。[40]

　　中國共產黨報章走的路線與西方不同，即一條受蘇聯影響的路。1917 年十月革命後不久，布爾什維克黨（Bolsheviks）公布了列寧簽署的《新聞法令》，命令那些反對工農政府的報社停辦。[41] 布爾什維克黨認為，報紙要說馬克思語言。中國共產黨緊跟這個模式，延安時期《解放日報》等黨媒負責推動社會主義事業。1949 年後，《北京日報》繼承這個傳統。報業就如書刊業一樣，受到主導宣傳國家政策的高層官員寸步不離的監控。

　　新近開放的檔案資料透露了那一片歡欣鼓舞的報章報導背後，原來是令人沮喪和不安的光景。這包括官方控制《北京日報》的編輯管理層，設下嚴厲的審查關卡，操縱新聞，及篩選歌頌共產政權的讀者來函，這一切都是常態。1960 年代初，編輯高層像其他官員一樣，陷於毛派激進分子與劉少奇（1898-1969）務實派之間意識形態的生死惡鬥中。編輯只得用盡各種方法——說話模稜兩可、兩面討好、對官方路線言不由衷，更有的是勇於自我批評以示清白——以求在政治險灘中安全遊走。但這都無濟於事，到頭來在文化大革命中，他們都被毛派指斥為務實派的幫凶而遭清算。中國的報人，包括在體制內

40　Michael Schudson, *Discovering the News: A Social History of American Newspapers* (New York: Basic Books, 1978), pp. 5-6, 9-10.

41　Jeffrey Brooks, *Thank You, Comrade Stalin! Soviet Public Culture from Revolution to Cold War* (Princeton, N.J.: Princeton University Press, 2000), p. 3.

工作的《北京日報》員工，在歐威爾式（Orwellian）政府監管下，生活得朝不保夕。

第三章討論宗教管制。馬克思的名句是：「宗教是人民的鴉片。」[42] 列寧的版本則貼近俄羅斯民情：「宗教是一種心靈伏特加，讓資本主義的奴隸淹沒自己的人性。」[43] 史達林在1920年代打擊宗教的手段非常殘忍，他利用「戰鬥無神論者同盟」（League of the Militant Godless）的成員到農村全面攻擊宗教團體，封閉教堂及逮捕教士。可是，他也遇到農民的頑強抵抗。[44]

中國共產黨的做法與前蘇聯相似，自稱無神論者，長期以來都極不信任國內的宗教活動，因為這些活動對人民生活有深遠影響。研究中國宗教的學者如勞格文（John Lagerwey）稱中國是個「宗教國家」，認為「中國社會是個宗教社會」。[45] 中國共產黨則認為，無論是本土或外來的宗教，都並非純粹的精神信仰，而是極其敏感的政治問題，需要緊急應對。官方對

42　Karl Marx, *Critique of Hegel's "Philosophy of Right"*, ed. with intro. and notes Joseph O'Malley (Cambridge: Cambridge University Press, 1970), p. 131; and "A Contribution to the Critique of Hegel's Philosophy of Right," in *Early Writings*, intro. Lucio Colletti, trans. Rodney Livingstone and Gregor Benton (London: Penguin, 1992), p. 244.

43　引自 Carl J. Friedrich and Zbigniew K. Brzezinski, *Totalitarian Dictatorship and Autocracy*, 2nd rev. ed. (New York: Praeger, 1996), p. 300。

44　Lynne Viola, *Peasant Rebels under Stalin: Collectivization and the Culture of Peasant Resistance* (New York: Oxford University Press, 1996), pp. 38-44.

45　John Lagerwey, *China: A Religious State* (Hong Kong: Hong Kong University Press, 2010), p. 1.

外國教會特別不放心，認為它們與西方帝國主義的利益有緊
密關聯。1949年之後，外國傳教士被逐，基督教刊物被禁。
1950年9月，城中有聲望的基督徒在官方要求下發表宣言，
聲明中國教會開始「割離其與帝國主義的關係」，並承諾從今
以後只會處理自己的宗教事務，不受外國教會的支配。[46] 但最
令政府不安的是地方教派。除了官方承認的五大正統宗教 ——
佛教、道教、伊斯蘭教、羅馬天主教和基督教 —— 之外，還有
民間宗教。民間教派因為其非正統的宗教活動和驚人的龐大信
眾，特別引起官方的疑心。

　　民間信仰在中國流傳久遠。它有源自道教和佛教的深厚根
源，發展出一套極其複雜、神祕及與日常生活相關的精神世
界。[47] 它宣揚彌勒佛下凡，普渡眾生的信念在民間廣為流傳，
歷久不衰。帝制時期偶爾爆發的宗教民變，震驚朝廷，立刻
下令血腥鎮壓。[48] 舉個例子，在華中號召反清的白蓮教叛亂
（1796-1804）便是一次重大的宗教事件，[49] 它導致滿清王朝

46　〈代新聞總署、出版總署轉發一部分基督教人士的宣言的宣傳通報〉，
　　北京市檔案館，8-2-187。與此相關的官方文件，見《建國以來重要文
　　獻選編》，中共中央文獻研究室編，20冊本（北京：中央文獻出版社，
　　1992-1998），第1冊，頁510-515。

47　馬西沙、韓秉方，《中國民間宗教史》（上海：上海人民出版社，
　　1992）。

48　J. J. M. de Groot, *Sectarianism and Religious Persecution in China*, 2 vols.
　　(Taipei: Literature House, 1963).

49　中國社會科學院歷史研究所清史室、資料室編，《清中期五省白蓮教起
　　義資料》，5卷本（南京：江蘇人民出版社，1981）。有關這事件，見
　　Susan Naquin, *Millenarian Rebellion in China: The Eight Trigrams Uprising
　　of 1813*（New Haven, Conn.: Yale University Press, 1976）。

的衰落。

中華人民共和國初期，中國共產黨與民間宗教的關係尤為緊張。當中共視政局穩定至關重要時，這些神祕教派便成了新政權的威脅。官方發動群眾運動去徹底剷除它們，特別是針對勢力最大、在華北一帶尤其於農村最活躍的一貫道。毛澤東在1949年8月對工會的講話中，警告說：「國民黨表面上是被打倒了，但實際上還沒有被完全打倒。他們組織一貫道等會道門，在安徽、河南一帶就有十萬人。」[50] 毛澤東將一貫道與匪首、惡霸和特務歸類為壞分子。他認為這幫人會合謀推翻新政府，於是下令馬上取締這些邪惡組織。[51]

從1949年至1953年，中國政府發動全國取締一貫道運動。官方透過一連串的宣傳方法，如媒體的抨擊和公審大會，嚴重削弱該教派。但取締一貫道運動並非單一事件，而是1950年代初鎮反運動的前奏；鎮反運動是一場更大型的群眾動員以鎮壓各類反革命分子。[52] 毛澤東說這種動員是「偉大鬥爭」。[53] 此運動可使很多國民樂於支持政府並幫政府做事；而官方也很快在其他政治運動中再次使用這些手段，包括1999年鎮壓以佛教修煉與氣功集成一體的法輪功。

---

50 毛澤東，〈關於工會工作的方針〉，《毛澤東文集》，8卷本（北京：人民出版社，1996），第5卷，頁327。

51 毛澤東，〈關於鎮壓反革命〉，《毛澤東文集》，第6卷，頁117。

52 羅瑞卿，《論人民公安工作》（北京：群眾出版社，1994），頁98。

53 毛澤東，〈鎮壓反革命必須實行黨的群眾路線〉，《毛澤東文集》，第6卷，頁162。

　　第四章探討建國之初作為服務基層的文化館，如何在大小城市推廣官方的社會政策和實行政治教化。與中共中央宣傳部負責在上層制定總體政策不同，文化館只是個低層宣傳站，負責做群眾工作。這個模式是受到延安時期毛澤東提出的群眾路線所啟發，[54] 他號召知識分子和文藝工作者「必須到群眾中去」與他們一起工作並向他們學習。[55] 文化館於 1949 年正式設立，負責作為國家與社會之間的橋梁，並要改善人民的生活。初時文化館人員設立圖書室和閱報室，致力掃盲。他們也舉辦鄉村的衛生班及生產技術講座。但不久這些基層社區中心便轉化成小型政治宣傳單位，透過群眾動員如土改、鎮反和抗美援朝等運動去推廣官方路線，搞政治運動隨即成為文化館的工作重點。1950 年代中期，文化館加速政治化，以迎合共產黨大力廣泛推行的反右運動（1957-1958）和大躍進（1958-1960，急劇的工農業現代化）。

　　這時期的資料顯示共產黨在聯繫群眾時，大多透過市政層面的文化館，而不是中宣部。實際上，各地方的文化館並不經常遵從高層那些過於籠統空泛的指示。文化館的做法講求實際，適合當地的需要，顯示出它們的足智多謀和靈活變通，以

54　Mark Selden, *The Yenan Way in Revolutionary China* (Cambridge, Mass.: Harvard University Press, 1971); and *China in Revolution: The Yenan Way Revisited* (Armonk, N.Y.: M. E. Sharpe, 1995).

55　毛澤東，〈在延安文藝座談會上的講話〉，《毛澤東選集》，第 3 卷，頁 862。

務實的做法去解決特殊的問題。文化館的經歷足以證明，那些以為宣傳大計是中央事先想好、單方面、無所不包、上層頒布基層執行的傳統看法是值得商榷的。

第五章專注於教育，這是中共掌權後立刻施加控制的另一個重要領域。毛澤東和其他黨領導認為，教育當然有政治和階級傾向。早在 1949 年初解放軍圍困北平時，黨高層便已掌控清華大學和北京大學等高等學府。但對於整個教育事業在社會主義制度中的發展，他們也有長遠的看法。他們認為教育最好從幼稚園這個基礎階段著手，把目標投放在新一代，希望培養出沒有封建思想拖累，沒有宗教信仰約束，擁護社會主義理想的一代，而且最重要的是為中國的獨立自主貢獻一生的愛國者。

「新人」（new man）這個概念源自歐洲啟蒙運動，主張理性的自主和人類無限的可塑性。這些想法在 1930 年代的蘇聯非常盛行，通常是指青少年和其他罪犯透過勞改實行再教育後，脫胎換骨成為有用的人。[56] 中共在延安時期的 1942 年採用了類似的再教育方法，即當年毛澤東推出的整風運動，用來統一知識分子和文藝工作者的思想。這運動的目的可由毛澤東的口號說明：「懲前毖後，治病救人。」他認為這要靠批評和自

56　Raymond A. Bauer, *The New Man in Soviet Psychology* (Cambridge, Mass.: Harvard University Press, 1952), pp. 13-102; Lisa A. Kirschenbaum, *Small Comrades: Revolutionizing Childhood in Soviet Russia, 1917-1932* (New York: Routledge, 2001), pp. 8-32; and Sheila Fitzpatrick, *Everyday Stalinism: Ordinary Life in Extraordinary Times: Soviet Russia in the 1930s* (New York: Oxford University Press, 1999), p. 76.

我批評的方法，以消除「主觀主義、宗派主義、黨八股」。[57]
但治病不能根治問題，要靠防患未然，因此教育是最好的靈
藥。怎樣把中國小孩「染紅」及令他們忠心愛國，是教育界的
頭等大事。

1949 年後，中共受到蘇聯顧問的強烈影響，展開一連串
的幼兒教育改革。透過多種方法（如遊戲、唱歌、說故事、校
外參觀），兒童學會勞動的可貴、軍人的犧牲、毛主席的英明
領導和帝國主義列強的邪惡。可是，與一貫的看法不同，中國
的幼稚園老師從來都沒有盲目跟隨蘇聯的教育模式。他們只挪
用莫斯科的技巧去配合國內的需要，例如培養中國兒童的民族
主義思想。幼稚園生最後變成中共的忠實擁護者，而不是外國
社會主義模式的追隨者。中共在招募可靠的教員去執行教育政
策時雖然遇到不少困難，但最終都能順利在教學和政治學習方
面控制中國的幼稚園教育。

第六章研究共產黨控制公園的情況。中華人民共和國初
期，政府為了給市民提供休閒活動空間，在全國的城市建設了
很多公園。興建這些公園不只讓人民休息，更是讓群眾參與官
方的示威活動。這一章分析勞動人民文化宮怎樣從北京的前朝
太廟轉變成可舉辦政治集會的都市公園。歷史悠久的皇廟蛻變
成政治公園，顯示了中共對人民的消閒時間和私人生活的干預
是無遠弗屆的。

57　毛澤東，〈整頓黨的作風〉，《毛澤東選集》，第 3 卷，頁 814。

　　勞動人民文化宮鄰近天安門廣場，位於首都的核心，成了最著名的都市公園之一。這處曾經是皇室的莊嚴禁地，是明（1368-1644）清（1644-1911）兩朝皇室祭祖的廟宇，政府在 1950 年把它開放成市區的休閒設施，讓人民可以愉快地看報、下棋和跳舞。它的成立似乎體現古希臘伊比鳩魯哲理（Epicurean philosophy）和東晉詩人陶淵明（365-427）嚮往的那種寧靜田園生活，換言之，不牽涉政治的心態。

　　但這座政府稱為「人民公園」的勞動人民文化宮，一開始身分就模糊不清。一方面它是城市公園，屬於普通市民，歡迎各階層的遊園人士。但另一方面，它受某特定階級的監督，即由北京市總工會管理。工人階級從一開始便已經擁有特殊的政治地位，因為馬克思強調「未來是屬於這階級的」。[58] 勞動人民帶頭推翻資本主義並建立社會主義制度，這是新興的共產黨統治者都有的想法。根據《共同綱領》（屬臨時憲法，由中國人民政治協商會議在 1949 年 9 月底通過，也就是中華人民共和國成立之前數天）的規定，新國家是「實行工人階級領導的、以工農聯盟為基礎」。[59] 繼而在 1954 年中華人民共和國

58　Karl Marx, "Enquête ouvrière" in *Karl Marx: Selecting Writings in Sociology and Social Philosophy*, ed. T.B. Bottomore and Maximilien Rubel (New York: McGraw-Hill, 1956), p. 203.

59　People's Republic of China (PRC), *The Common Program and Other Documents of the First Plenary Session of the Chinese People's Political Consultative Conference*（《共同綱領》）(Peking: Foreign Languages Press, 1950), p. 2。

第一部憲法中，重申了工人的領導地位。[60]

　　因此，共產黨從沒有打算把勞動人民文化宮建成純粹的都市休閒設施。文化宮與其他國內主要公園一樣，很快就改變成政治舞台。官方把它們化身為表揚勞動模範、推展大型政治運動、宣傳國家政策和促進國際外交的平台。市區的大型公園在建國後的十年內都被政治化了，毛澤東在這裡舉行大型集會以動員人民，譴責官僚主義和資本家（如 1951 年和 1952 年的三反、五反運動），攻擊美帝國主義（如 1950 年至 1953 年的抗美援朝）。文化大革命期間，激進毛派把勞動人民文化宮用作譴責劉少奇「走資派」的陣地。

　　城市公園顯然是現成和方便的空間，可以讓共產黨實現其政治目標。公園不再是「公眾」的，不屬於人民；反而變成共產黨「私有」的政治舞台，推廣自己一黨專政的主張。這種權力壟斷使人民的生活空間萎縮，使國家與社會之間的分界模糊，更把官方政策強加於市民身上。

　　第七章探討博物館的建築及中共如何利用北京的民族文化宮，成為促進民族和諧的重點官方機構。有史以來，建築物都是最顯而易見的公共藝術，它同時也是強大的政治權力象徵。政治事件從來不會發生在真空環境中，而是在特定的環境和建

60　People's Republic of China (PRC), *The Constitution of the People's Republic of China*（《中華人民共和國憲法》）(Peking: Foreign Languages Press, 1954), p. 9。

築物中出現。政府的主要建築物都有深刻的象徵意義，它顯示國家權力、威嚴和抱負等理念。位於美國首都華盛頓特區的國家廣場（National Mall），正中豎立著華盛頓紀念碑，被四周的白宮、國會山莊、傑佛遜（Thomas Jefferson）及林肯（Abraham Lincoln）兩座紀念堂包圍，像眾星拱月一樣，共同慶祝民主理念的勝利。莫斯科的七座摩天大廈（尤其是外交部大樓）是史達林式建築，在各條通往首都的放射狀大道的交叉口盤據，象徵蘇聯政權的必勝力量。

中共很清楚建築物惹人爭議的特性。黨領導在重新設計城市景觀和管理人民生活時，仔細地利用建築空間，民族文化宮便是一例。官方在公共建築、少數民族和博物館三方面都強制推行統一的共產黨理念。

民族文化宮在 1959 年建於北京，是中共用來慶祝建國十週年的十大建築之一。它位於首都中心區有名的長安街西單地段，代表共產黨視少數民族事務為核心大事。民族文化宮莊嚴和宏偉的外觀是要令人肅然起敬，令國民的民族自豪感不禁油然而生。

既然稱得上民族文化宮，當然要處理緊急和敏感的少數民族問題，尤其是中華人民共和國在立國初期，少數民族是否擁護新政權仍是未知之數。文化宮主要是為表現中國五十六個民族和諧相處的理想形象而建。這個理想用毛澤東的口號「中華人民共和國各民族團結起來」作總結，並刻在中央大廳的大理石上。[61]

　　民族文化宮是個典型的博物館，記錄了中共民族政策的成果。展覽館陳列各種文物、照片、圖表和說明，令訪客看到中共是何等重視少數民族而留下深刻印象。訪客可以看到少數民族獲得了新校舍和醫院，經濟情況大幅改善。但不准展覽的事物也有不少，如各少數民族自治區的意見表達（特別是西藏和新疆的），及當地人擔心自己的傳統文化無法延續，在大量漢族遷入、經濟急劇改變和政府加緊嚴控的壓力下，地方傳統正在消失。[62] 民族文化宮在設計上既是文化象徵又是意識形態的工具，把中共統治少數民族領土的權力合法化。

　　中共黨國與少數民族地區的關係至今仍然不穩。若細心觀察民族文化宮便會發現令人擔憂的兩大難題：中共對少數民族大團結的公開形象的操控，以及它應對族群的民族主義思維、地區分離主義和地方身分認同的困局。這些難題仍是目前中國政府必須面對的，也繼續威脅它作為統一的國家。

61　《人民日報》，1959 年 9 月 8 日，第 3 版。

62　Colin Mackerras, *China's Minority: Integration and Modernization in the Twentieth Century* (Hong Kong: Oxford University Press, 1994)；Melvyn C. Goldstein, *A History of Modern Tibet*, vol. 3, *The Storm Clouds Descend, 1955-1957* (Berkeley: University of California Press, 2014)；王力雄，《天葬：西藏的命運》（臺北：大塊文化出版股份有限公司，2009），特別是頁 117-267，433-459；及王力雄，《我的西域，你的東土》（臺北：大塊文化出版股份有限公司，2007），特別是頁 89-261。

五種方法

中華人民共和國成立七十年之後，仍然是個充滿矛盾的國家：自由市場要在國家嚴厲控制下保持動力；一方面宣揚全球利益，另一方面又熱捧民族主義情緒。本書使用五種方法研究中華人民共和國在建國時期，文化如何受到中共的政治操控及它的成功策略。

第一、我探索一系列廣泛的主題。每一章可以是個獨立單元，但所有篇章都可以連成一個整體，因為每章都在陳述中共某方面的文化活動，合起來看便會對中國的複雜政策有更完整的認識。第二、所有篇章都是以歷史實例為依據，而不是闡述抽象的理論學說。由於沒有理論成見的拖累，本書更能以具體的歷史個案，詳細分析官方控制手段的多個不同機制，將它們放在中國當時的政治、社會和文化背景中去分析。第三、我探討政治控制的起源，特別是在中華人民共和國早期，當時正值新政權剛開始制定一系列的控制策略，繼而以立法的方式推行。誠然，這些策略也不是全新的，很多可以追溯至延安時期，甚至更早之前。但它們在 1949 年之後變成正式規條（因而合法），並且繼續發展。這些策略沿用至今，大致維持不變，中共中央宣傳部的工作便是一例。第四、這些個案研究都是基於仔細閱讀第一手資料：有從沒發表過的檔案資料，也有官方文件、報章、期刊、訪問、傳記和當事人出版的回憶錄。某些檔案館在最近二十多年才開放，讓我可以追索到哪些控制

方法得以延續或取消。這些資料罕有地透露了隱藏在幕後的政治操作。最後，我運用了跨學科的方法。政治控制是個複雜的課題，要求不只一種研究方法。因此，我用了歷史、文化、宗教和人類學的理論，去更深入探討 1949 年以後中共的文化控制策略。

本書並不是全面研究中國所有文化活動所受到的政治控制。我把調查集中在七個主要範疇，致力識別黨國的控制模式，關注的地區是首都北京。我不敢說此書能處理中國所有地區的控制政治問題 —— 相信沒有單一著作可以辦到。用北京作為代表，是因為首都是全國的政治中心。北京中南海 —— 中國共產黨和國務院的總部 —— 的領導層定下國家政策後，全國都必須執行。話雖如此，我的討論並沒有局限於首都。若找到資料的話，我會引用其他省市的相關例子，去解釋國家政策對各地方的影響。舉例說，有關書籍審查（第一章），我指出審查制度不單在北京有系統並持續不斷地執行，還在上海、天津和廣州等城市落實。這種審查技巧由首都的多層政府控制機關發號施令，成效顯著且影響深遠。直到今天，官方審查書刊的政治控制仍然隨處可見。

第一章

文化警察與北京禁書

北平四郊國民黨匪軍業已就殲在即，北平將告解放，為
著保障全體人民的生命財產，維持社會安寧，確立革命秩
序，著令在北平城郊，東至通州，西至黃村，西南至長辛
店，北至沙河的轄區內，實行軍事管制，成立在中國人民
解放軍平津前線司令部指揮之下的北平軍事管制委員會，
為該區軍事管制時期的權力機關，統一全區的軍事及民政
管理事宜，一俟北平解放，即加入北平全市，為其管制區
域，並任命葉劍英為北平市軍事管制委員會主任。

—— 中國人民解放軍，〈北平市軍事管制委員會
成立布告〉（1949 年 1 月 1 日）

由葉劍英將軍（1897-1986）領導的北平市軍事管制委員
會（軍管會）在 1949 年 1 月初成立，這是中國現代史上一件
大事。[1] 國民黨司令傅作義鎮守的北平，已被人民解放軍重重
包圍，瀕臨失守。這座歷史名城終於在 1 月 31 日陷落。勝者

1　葉劍英，〈北平市軍事管制委員會成立布告〉，《北平和平解放前
後》，頁 84。又見北京市檔案館 1-6-273；1-6-280；及 1-12-19。

為王的紅軍於 2 月 3 日大舉入城，軍隊的角色由解放城市轉換成重建古都。毛澤東主席和一眾中共領導人馬上展開建造新城市的計畫，也就是建立新中國的計畫。

共產黨稱這種和平解放北平的軍事行動為「北平方式」，既不傷害老百姓又能保護文物，是種極妙的策略。[2] 葉劍英視這策略為「試金石」，可如法炮製去解放南京（國民黨首府）、上海、武漢、廣州等地。[3] 共產黨在國共內戰後期得以迅速鞏固權力，說明了這方式有效。到了 1949 年 6 月，新政權宣稱北平的占領工作已經「順利完成」。[4] 葉劍英興高采烈地說：「現在北平和平解放了，這是傅作義將軍一個很大的功績，古城沒有受到什麼損失，大家應當珍惜……目前我們的任務是把北平接管好，交的要交好，接的要接好。」[5] 中共因此自詡為中國文化的保護者，而非破壞者。但是，新政權不久就開始限制文化活動，並對書籍和言論加以審查，變成現代史上最專權的政體之一。

10 月 1 日中華人民共和國成立後，中共要迅速將久經戰火蹂躪的國土恢復安寧，是件艱鉅的事。一般的說法是其後的數年，自 1949 年到 1953 年宣告第一個五年計畫之前，政府是逐步重建政治和社會秩序，沒有操之過急，因而贏得飽受戰火煎

2　《社會主義時期中共北京黨史紀事》，第 1 輯，頁 24。
3　見《北平和平解放前後》，頁 101。
4　《社會主義時期中共北京黨史紀事》，第 1 輯，頁 135。
5　《社會主義時期中共北京黨史紀事》，第 1 輯，頁 52-53。

熬的人民所歡迎，認為新政府帶來國家獨立自主，天下太平。
毛澤東承諾過要循序漸進，帶領國家走向一條社會主義道路。
他在 1949 年著名的文章〈論人民民主專政〉中，要求新生國
家由廣泛的人民管治，即工人階級、農民階級、城市小資產
階級和民族資產階級，這些階級都必須由共產黨直接領導。[6]
史學家高崢（James Gao）研究共產黨 1949 年 5 月接管杭州的
經驗，在他的書中表示：「乍看之下，中華人民共和國早期似
乎是走了一條漸進的革命之路，實施了一系列精心設計的政治
運動 —— 每個運動首尾相接、解決特定的問題 —— 以達致從根
本上改革中國社會的最終目標。」[7] 可是，所謂「漸進」與「溫
和」，要看相對什麼而言。研究中國的學者低估了中共為達到
目的，在鞏固權力時所採取的行動之迅速及一系列手段之強
硬。兩項在 1949 年後立刻執行的政策最能清楚說明這一點：
高壓政策和嚴厲的書刊審查。高壓政策最明顯的例子是 1950
年至 1953 年推行的鎮壓反革命運動。中共藉此消除或真或假
的敵人，包括國民黨特務、惡霸、土匪及祕密教派。據估計，
超過七十萬「階級敵人」在運動中被處死。[8] 但比起鎮反運動，

6　毛澤東，〈論人民民主專政〉，《毛澤東選集》，第 4 卷，頁 1473-
　　1486。

7　James Z. Gao, *The Communist Takeover of Hangzhou: The Transformation
　　of City and Cadre, 1949-1954* (Honolulu: University of Hawai'i Press, 2004),
　　p. 247.

8　Julia C. Strauss, "Paternalist Terror"; and Yang Kuisong, "Reconsidering the
　　Campaign."

更重要的政策是針對印刷行業，特別是對書籍絕不留手的查禁。不過，關於這項政策的廣泛和長遠影響，卻少有人探討。

學界有關晚清和民國時期書籍史的研究──從印刷局、書店、書市、商業出版以至暢銷書等方面──相當廣泛。[9]但除了少數論文外，[10]有關1949年以後書籍出版的研究並不多，更遑論探討政府對書籍出版的控制及審查制度。我將在本章分析中共黨國是如何開始審查書籍，如何控制印刷行業，尤其是書籍的出版，以及背後的決策原因。

一般認為中共是採取漸進的手法來鞏固政權，但事實恰恰相反，共產黨是雷厲風行地控制了幾乎所有的文化活動。1917年俄國的布爾什維克黨奪取政權時，發布了由列寧簽署的政令，把出版物和新聞媒體都歸由國家控制，並壓制任何對抗力量。[11]中國共產黨一一跟隨。共軍進駐北平後，立刻建立一套

9　Cynthia J. Brokaw and Kai-wing Chow, ed., *Printing and Book Culture in Late Imperial China* (Berkeley: University of California Press, 2005)；Brokaw and Reed, eds., *From Woodblocks to the Internet*；Christopher A. Reed, *Gutenberg in Shanghai: Chinese Print Capitalism, 1876-1937* (Vancouver: UBC Press, 2004)；王建軍，《中國近代教科書》，頁191-300；及Robert Culp, "'China–The Land and Its People': Fashioning Identity in Secondary School History Textbooks, 1911-37," *Twentieth-Century China* 26, no. 2 (April 2001): 17-62。

10　Nicolai Volland, "Books for New China: Xinhua shudian and the Transformation of Chinese Book Publishing," chap. 5 in "The Control of the Media" (PhD diss., University of Heidelberg, 2003), pp. 243-291簡述了1949年以後新華書店的改革。

11　Brooks, *Thank You, Comrade Stalin!,* pp. 3-18.

管控體制，把印刷（書籍）、視覺（藝術）和廣播（收音機）
媒體都控制了。為了達到這個目的，新政權設計了一套組織精
密的控制網絡。正是這套在 1950 年代開始構思和快速建立的
審查制度，成了以後的基本模式，直到現今的網際網路時代仍
持續蓬勃發展。

歷史先例

我所謂的審查制度，指的是政府行使政治權力來規定可刊
登與不可刊登的內容。[12] 書中所稱的「審查員」，指的是兩種
人：高層的文化官員負責籌劃整體政策，而低層的官員或幹部
則到街上巡查書刊，也駐守在辦公室審查各種書籍期刊，以決
定是否批准出版或發行。

掌權者要求審查異議者的政治言論，這似乎是正常不過的
事。古希臘時期的柏拉圖（Plato），本身並非開明的思想家，
在他的《理想國》（*The Republic*）中有句名言：「看來，我
們應該一開始就對編造故事的人加以審查，他們做得好，我們
就批准，做不好，我們就否決。」[13] 然而，國家的權力中心若
不受約束而動用這種權力時，它就無法受制，後果不堪設想。

12　我借用了 Robert Darnton 的定義。見 *Censors at Work: How States Shaped Literature* (New York: W. W. Norton, 2014), p. 235。

13　Plato, *The Republic,* vol. 1, bk. 2, trans. Paul Shorey (Cambridge, Mass.: Harvard University Press, 1937), p. 177.

審查制度在歷史長河中以不同的形式出現。在啟蒙運動時期的
法國，法王查禁了伏爾泰（Voltaire）和盧梭（Rousseau）的著
作，又派審查員到狄德羅（Diderot）的總部沒收他的《百科
全書》（Encylopédie）的所有文件。[14] 1937 年的納粹德國，希
特勒（Adolf Hitler）和戈培爾（Joseph Goebbels）因取締所謂
「頹廢藝術」（degenerate art）而惡名遠播。[15] 沙皇時期的俄
羅斯，在 1848 年的改革運動中，幾乎扼殺了知識分子的言論
自由，原因是政府有權對作家設下種種限制，甚至連文豪果戈
里（Gogol）的作品也遭到審查。沙皇政府更下定決心，不讓
有害的西方思想傳入。[16] 到了蘇聯時期，尤其是在史達林統治
下，文學作品遭到的查禁變得更嚴厲、更廣泛。[17]

中國查禁書籍的歷史可追溯至公元前三世紀，秦始皇下令
焚毀所有不利統治的書籍。[18] 到了近代，十八世紀的滿清皇帝

14　Darnton, *Censors at Work,* pp. 21-86, esp. p. 58.

15　Olaf Peters, ed., *Degenerate Art: The Attack on Modern Art in Nazi Germany
　　1937* (Munich: Prestel, 2014), pp. 90-257; and Peter Adam, *Art of the Third
　　Reich* (New York: Harry N. Abrams, 1992), pp. 120-127.

16　W. E. Mosse, *Alexander II and the Modernization of Russia*, rev. ed. (New
　　York: Collier, 1958), pp. 24-25；後來的尼古拉斯一世（Nicolas I）所實施
　　的審查制度，見 Jeffrey Brooks, *How Russia Learned to Read: Literacy and
　　Popular Literature, 1861-1917* (Princeton, N.J.: Princeton University Press,
　　1985), pp. 299-300。

17　Swayze, *Political Control of Literature.*

18　司馬遷，〈儒林列傳〉，《史記》，10 卷本（北京：中華書局，1987），
　　第 10 卷，頁 3116。

（尤其是乾隆）查辦禁書，消除反清思想。[19]民國時期（1912-
1949），國民政府嚴厲控制各種出版物；遭蔣介石（1887-
1975）視為傷風敗俗或顛覆南京政權的文學和學術作品，全都
被列為禁書。[20]中國共產黨「一脈相承」，而且變本加厲，力
道更猛。自延安時期起，它就實行有系統的審查，尤其針對
書籍和報章，[21]這在下列三方面可以清楚看出來。第一、1937
年 4 月，在延安清涼山的山洞裡成立的新華書店，是主要的政
府機關，負責挑選、審查及出版符合黨路線的書刊（圖 1 及
圖 2）。[22]第二、兩年後，中共中央委員會成立「中央出版發
行部」，協調印刷品發行事宜；1941 年底，改名為「中央出
版局」。此部門由黨高層博古（秦邦憲，1907-1946）領導，

19　R. Kent Guy, *The Emperor's Four Treasures: Scholars and the State in the
　　Late Ch'ien-lung Era* (Cambridge, Mass.: Council on East Asian Studies,
　　Harvard University, 1987).

20　Lee-hsia Hsu Ting, *Government Control of the Press in Modern China, 1900-
　　1949* (Cambridge, Mass.: East Asian Research Center, Harvard University,
　　1974), pp. 79-186.

21　延安時期的出版史的簡介，見周保昌，〈新華書店在延安初創時期〉，
　　《出版史料》，第 2 期（1983 年 12 月），頁 1-4；宋玉麟，〈回憶延
　　安新華書店〉，《出版史料》，第 2 期（1983 年 12 月），頁 5-7；劉
　　妮編，《清涼山記憶》（西安：三秦出版社，2011）；Volland, "Control
　　of the Media," pp. 73-241；及 Christopher Reed, "Advancing the (Gutenberg)
　　Revolution: The Origins and Development of Chinese Print Communism,
　　1921-1947," in *From Woodblocks to the Internet*, ed. Brokaw and Reed, pp.
　　275-311。

22　周保昌，〈新華書店在延安初創時期〉；宋玉麟，〈回憶延安新華書
　　店〉；及劉妮編，《清涼山記憶》。

圖 1　延安新華書店舊址，陝西延安清涼山。2014 年 6 月 10 日，作者攝。

圖 2　新華書店印刷廠舊址，陝西延安清涼山窯洞。2014 年 6 月 13 日，作者攝。

並由中共中央委員會宣傳部監督，分量更重。第三、1942 年 4 月，中央書記處公布了〈關於統一延安出版工作的通知〉，這份重要文件指示中央出版局「統一指導、計劃、組織全延安各系統一般編輯出版發行工作」。[23] 要「統一」，就表示要中央集權，由黨領導，以期在共區內統一管理印刷品的編輯、出版和發行。[24]

延安時期，毛澤東發動整風運動，在 1942 年發表的著名文章〈在延安文藝座談會上的講話〉時，就要求文學與藝術必須為政治服務，而黨可全權決定什麼可以寫和出版，什麼不可以。[25] 當時流行的口號是「全黨辦報」，正好說明這種思想。[26]

中華人民共和國成立後，出版事業迅速發展，但對文藝的政治控制卻來得更快。1950 年這個社會主義國家發布第一份出版資料，記錄了全國有 6,689 種新書，總共印製了 275,000,000 冊。兩年後，增加至 7,940 種和 786,000,000 冊。[27]

新政權視書籍出版為有助宣傳國家政策的工具，但同時亦認為它能威脅政權，因為書刊既是重要的通訊工具，卻也能散

23　中共中央宣傳部辦公廳、中央檔案館編研部編，《中國共產黨宣傳工作文獻選編，1937-1949》（北京：學習出版社，1996），頁 367。

24　中國社會科學院新聞研究所編，《中國共產黨新聞工作文件匯編》，3 卷本（北京：新華出版社，1980），上卷，頁 86-88。

25　毛澤東，〈在延安文藝座談會上的講話〉，《毛澤東選集》，第 3 卷，頁 849-880。

26　Hung, *War and Popular Culture*, p. 246.

27　當代中國叢書編輯部編，《當代中國的出版事業》，3 卷本（北京：當代中國出版社，1993），上卷，頁 52。

播顛覆政權的內容。中共的審查制度自 1949 年 1 月軍管會接管時正式開始，很快就發展成協調一致、環環相扣的控制網絡。這個審查制度沿用延安模式，此時又多了可以動用的無限資源。歸納起來，審查制度有三個特點：一、它是個多層組織架構的體制，除了制定總體規劃之外，也頒布具體指令管理書刊業；二、在北京的市政府設立檢查機關以篩查書本；三、監督印刷和發行業，防止反動書籍流入市場和潛在讀者群。這樣的行動不應等閒視之，以為只不過是某個部門稍微審查書刊而已。它其實是建立了一個龐大的文化控制網絡，把黨領導、文化幹部、審查員、作者、印刷業、書商、書販和讀者群綑綁在一起，無孔不入地滲透人民的文化生活中。如此的開創格局，讓人看到政府以不斷膨脹的權力去控制書籍出版（進而控制人民的思想），直到現今的網際網路時代，這套控制政策也毫無減慢的跡象。

組織

列寧在他的名著《怎麼辦？》（*What Is to be Done?*, 1902）便已提出，社會主義革命只能由革命精英組成的先鋒隊領導。[28] 這種說法大幅修改了馬克思認為工人自己有能力領導革

28　V. I. Lenin, *What Is to Be Done? Burning Questions of Our Movement* (New York: International Publishers, 1969).

命的主張。中共身為列寧式政黨，建立了一個要求黨員絕對服從命令的嚴密組織。從北平軍管會的設立，就可看到這個嚴密組織的目標，是以恢復國家秩序為主。軍管會有四項任務：消滅一切反動敵對勢力、接管敵方財產、為新成立的市政府制定秩序，還有教育群眾有關社會主義思想。[29] 1949 年 9 月在中華人民共和國建國前訂立，作為臨時憲法的《共同綱領》，雖然保證人民享有「思想，言論，出版自由」（條款五），[30] 但對於被定性為「反革命分子」的人，軍管會早在同年 3 月就否定了他們的權利。[31]

　　列寧十分了解蘇共黨報《火星報》（*Iskra*）接觸群眾的重要，稱它為「全俄羅斯最佳組織的報章」。[32] 收音機的作用也同樣重要。研究蘇聯的學者阿普班（Anne Applebaum）指出，二次世界大戰後，蘇聯紅軍在占領東歐期間，首先接管所有電台。[33] 中國共產黨也認為書籍、報章和電台，是傳播官方政策和宣傳活動的有效方法。

　　占領北平後，軍管會立刻關閉國民黨辦的報社和電台。1949 年 1 月 31 日國民黨投降當天晚上，由早已加入共產黨的

29　〈葉劍英關於軍管會問題的報告要點〉，《北平解放》，上卷，頁 198-200。

30　PRC, *The Common Program*（《共同綱領》）, p. 3。

31　《北平解放》，上卷，頁 422-423。

32　Lenin, *What Is to Be Done?*, p. 156.

33　Anne Applebaum, *Iron Curtain: The Crushing of Eastern Europe, 1944-1956* (New York: Doubleday, 2012), pp. 174-191.

著名前《大公報》記者范長江（1909-1970），帶隊接管國民黨的中央通訊社。他把69名人員交給黨處理，指責他們為「壞分子」。[34]「中央通訊社北平分社」這個招牌也遭拆除，換上「新華通訊社北平分社」的招牌。[35] 中共也掌控了有名的天主教報章《益世報》，並把北平圖書館內的「反動書刊」封存。[36]

軍管會的首要工作是訂定整體政策和監督接管行動，而它成立的四個部門之一的文化接管委員會（文管會），則是負責監管北平文化活動的最前線組織。[37] 審查制度成了文管會的基本控制工具。

中共早於1948年12月在北平南方的良鄉便已構思設立文管會，那時正值北平被共軍圍城之際。文管會由四個部門組成：教育部、文藝部、文物部和新聞出版部；「負責接管一切屬於國家的公共文化教育機關及一切文物古蹟」。[38] 為了幫助運作和提升信譽，文管會任用最佳人選，由學者錢俊瑞（1908-1985）領導（他後來擔任教育部副部長）。錢俊瑞1935年入黨，是個老黨員，經濟學家出身，後來獻身教育。在自傳中，

34　《北平解放》，上卷，頁434-435。文革時期范長江遭到迫害，被斥為「走資派」，據說在1970年自殺身亡。

35　《社會主義時期中共北京黨史紀事》，第1輯，頁11。

36　《北平解放》，上卷，頁400，404。

37　中國共產黨北京市委員會辦公廳，〈文化接管委員會〉，北京市檔案館，1-6-277。其他三個部門是警備司令部，市政府和物資接管委員會。見《北平和平解放前後》，頁84-87。

38　《北平和平解放前後》，頁87。

他明言要推行「黨的教育方針和文藝政策」。[39] 在文管會裡協助他的人，還有話劇家沙可夫（1903-1961）和詩人艾青（1910-1996）。到了 1949 年 2 月，其他左翼名人如劇作家田漢（1898-1968）、出版家胡愈之（1896-1986）及歷史學家吳晗（1909-1969）也加入。[40] 到了 3 月底，文管會已接管了 61 所教育及文化機構，包括北京大學、清華大學和故宮博物館。同時也關閉了所有外國通訊社，禁止外國記者的報導。[41]

　　依據官方說法，軍管會已經成功地完成三個階段的工作：「充分準備、早期接管、全面控制」，結果「使文化古都北平完整無損地回到了人民手中」。[42] 軍管會和文管會都是臨時組織，在建國後很快便被其他更有規模的官方機構如北京市政府所取代。

　　1949 年 10 月以後，文化控制的任務交由中央人民政府出版總署（出版總署）負責。出版總署也是沿用延安時期中央出版局的模式。它於 11 月成立，隸屬政務院（1954 年改稱國務院），接管全國的印刷業和新聞媒體的事務；[43] 署長由文管會的胡愈之擔任，或許沒有人比他更適合此任務。胡愈之在

39　錢俊瑞，〈自傳〉，《錢俊瑞選集》（太原：山西經濟出版社，1986），頁 7。

40　中國共產黨北京市，〈文化接管委員會〉，北京市檔案館，1-6-277。

41　《中華人民共和國出版史料》，頁 20-21；及《社會主義時期中共北京黨史紀事》，第 1 輯，頁 30-33。

42　《社會主義時期中共北京黨史紀事》，第 1 輯，頁 135-138。

43　出版總署於 1954 年 11 月正式結束，所有事宜劃歸文化部管理。

1933 年便已加入中共的地下黨，[44] 但在公開場合，他以「全國各界救國聯合會」發起人之一而為人所知。該會是個左傾的愛國團體，因批評國民黨政府對日本的綏靖政策，會內七位知名人士在 1936 年 7 月曾被蔣介石短暫拘留獄中。胡愈之是中國民主同盟中央委員會副主席，在民國時期屬自由派。但他最廣為人知的身分是出版界的老前輩，在 1949 年前於聲譽卓著的商務印書館擔任資深編輯。建國前，周恩來（1898-1976）總理問胡愈之：「你現在是公開的，還是祕密的？」胡愈之說他的身分還是祕密的。周恩來接著說：「你是祕密的，還是做民主黨派工作。」[45] 胡愈之小心不讓人看出他的「共產黨身分」，尤其是在 1950 年代初，正值毛澤東還在博取民主派人士的擁護，以建立共產新政權的廣泛民意基礎之際。

　　與出版總署聯手工作的是較低層的部門，即北京市人民政府新聞出版處（新聞出版處）。[46] 該部門由軍管會在 1949 年 4 月成立，資深新聞工作者周遊（1915-1995）獲委任為領導。周遊於燕京大學新聞系畢業，是忠誠的共產黨員。抗日戰爭時期（1937-1945），他在晉察冀（山西－察哈爾－河北）邊區

44　胡愈之，《我的回憶》（南京：江蘇人民出版社，1990），頁 26。

45　朱順佐，《胡愈之》（石家莊：花山文藝出版社，1999），頁 257。

46　新聞出版處，〈北京市人民政府新聞處業務與組織情況〉，北京市檔案館，8-1-1。新聞出版處原稱新聞處，為軍管會屬下部門。1950 年 1 月改稱北京市人民政府新聞出版處。1955 年納入北京市政府文化局。見北京市地方誌編纂委員會編，《北京誌：新聞出版廣播電視卷：出版誌》（北京：北京出版社，2005），頁 579-580。

擔任記者。北平落入共產黨手中時，他協助范長江接管國民黨的新聞通訊社。周遊是強硬派，主張用集中的手法來控制新聞業。[47]

自延安時期已被毛澤東認定為意識形態明燈的中央宣傳部（中宣部），是支配大局的機關。[48] 它主要負責全國的思想灌輸和群眾動員，類似蘇聯的鼓動宣傳部（Department of Agitation and Propaganda）。中宣部監督兩個國家部門：文化部和教育部，以協調大型文化活動。[49] 中宣部長陸定一（1906-1996）和副部長胡喬木（1912-1992）嚴格訂立有關出版物的常規。[50] 而胡喬木特別積極對編輯和出版人員下達建議。他自延安時期起便是毛澤東的文膽，建國後掌管新華通訊社和《人民日報》。他的任務是確保文藝不會偏離共產黨的路線。

其他市政府部門有時也會參與審查的決策，尤其是涉及外國書籍。1950 年 11 月中旬的一個會議，討論進口書籍和雜誌的管制；九個參加的部門包括新聞出版處（由周遊代表）、公

47　新聞出版處，〈新聞科 1949 工作總結〉，北京市檔案館，8-1-13。早期的繁體字檔案以「周遊」這名字出現；後來的簡體字檔案用的是「周游」。

48　有關整體宣傳工作，見 Shambaugh, "China's Propaganda," p. 26；及 Brady, *Marketing Dictatorship*。

49　見文化部發給新聞出版處的公函。見新聞出版處，〈函覆文化部沈部長的建議〉，北京市檔案館，8-2-421。

50　陳清泉、宋廣渭，《陸定一傳》（北京：中共黨史出版社，1999），頁 373-385；又見胡喬木傳編寫組編，《胡喬木書信集》（北京：人民出版社，2002），頁 32-34，36-44。

安局、海關、外貿局、郵政管理局及國際書店。[51] 這個會議尤其重要，因為若對外國書刊處理不當，會給新政權帶來麻煩，尤其是當時它已受到有敵意的國家特別是美國的圍堵。這次會議所達成的協議，就是要設計出一套保護中國免受西方邪惡影響的出版體系。

層層疊疊的控制系統會加劇官僚化並阻礙決策的落實，但也反映了中共黨國決心發展一套有效的審查制度，因為審查是使國家在統一思想下團結的必要條件。1949 年後，中共將全國書刊的出版業務交由新華書店統籌。[52] 這個安排，是源於1949 年 9 月底中宣部的指引：「保證文件與負責同志言論的印刷品在文字上絕對準確無訛」以「防止……歪曲原意」。[53] 幾天後，1949 年 10 月 3 日中央召開了全國新華書店出版工作會議，商討涵蓋全國的出版策略。胡愈之致開幕詞，說明出版事業必須由分散走向集中，由局部趨向全國。[54] 毛澤東也出面支持集中制，他親筆題字：「認真作好出版工作！」[55] 會議完

51　新聞出版處，〈管制國外進口出版物第一次會議紀錄〉，北京市檔案館，8-2-706。

52　有關新華書店 1949 年後變革為中央出版社的極佳研究，見 Volland, "Control of the Media," pp. 243-291。

53　見《中華人民共和國出版史料》，頁 219-220。

54　胡愈之，《胡愈之文集》，6 卷本（北京：生活，讀書，新知三聯書店，1996），第 5 卷，頁 293-294。

55　引自費孝通等編，《胡愈之印象記》，修改本（北京：中國友誼出版公司，1996），頁 140。

結時，他在中國共產黨和政務院的總部中南海接見了與會代表及工作人員，列席的還有陸定一和胡愈之。[56] 1950 年 9 月，政府在北京召開更大型的第一屆全國出版會議，訂立更詳盡的出版政策和規矩。[57] 這個長達十一天的會議，可以表明共產黨是如何強調統一全國思想的重要。

　　目前我所能接觸到的檔案資料，甚少提及負責審查書刊工作的政府機關裡，有多少下級審查員在處理日常事務。現階段能取得的有限檔案文件，顯示了北京市政府的新聞出版處初期只有十二個工作人員，[58] 大多缺乏經驗。而工作量年年提升，人手不足引致部門請求上級派員支援。[59] 為解決燃眉之急，北京市委匆忙舉辦了五個幹部訓練班，自 1949 年 3 月到次年 3 月，訓練了 4,133 個新幹部，分派到各部門工作，但我們無法知道最後分派到新聞出版處的有多少人。[60] 雖然每個部門負責書籍出版的人數不詳，但審查員看來充滿幹勁。他們從最基本的審查工作開始，即出版人的登記程序。

56　費孝通等編，《胡愈之印象記》，頁 140。

57　北京市檔案館，8-2-754。

58　新聞出版處，〈本處關於新聞管理工作的初步方案〉，北京市檔案館，8-2-40。

59　新聞出版處，〈本處關於新聞管理工作的初步方案〉，北京市檔案館，8-2-40。

60　《社會主義時期中共北京黨史紀事》，第 1 輯，頁 94。

登記程序

這裡所說的「登記程序」，是指搜集出版社各方面的資料，如工作人員、內容、地點和形式等基本事實與數目。這個程序要確認一些最根本的資料，而且要小心翼翼地留意細節。表面看來，這程序極其單調乏味，但千萬不可等閒視之。登記程序的作用正是在於它的巨細無遺和簡單直接，讓當局可以分清敵我，又可訂立合法與非法的界線。

1949 年 3 月 10 日官方發出的〈北平市軍管會關於北平市報紙雜誌通訊社登記暫行辦法的布告〉如下：

（一）為保障人民的言論出版自由，剝奪反革命的言論出版自由，所有本市已出版或將出版之報紙和雜誌及已營業或將營業之通訊社，均須依照本辦法，向本會申請登記。

（二）凡報社、雜誌和通訊社，於申請登記時，應詳細而真實地報告下列各項並填寫申請書：

（甲）報紙、雜誌或通訊社的名稱。

（乙）負責人的住所，過去和現在的職業，過去和現在的政治主張、政治經歷及其與各黨派和團體的關係。

（丙）社務組織。

（丁）主要編輯與經理人員的姓名、住所。過去和現在的職業，過去和現在的政治主張、政治

經歷及其與各黨派和團體的關係。

（戊）刊期（日刊或週刊月刊等），每期字數、發行的數量與範圍。

（己）經濟來源與經濟狀況，各股東的情況。

（庚）兼營事業。

（辛）印刷所及發行所的名稱和所在地。[61]

　　這些詳細資料可讓政府輕易掌握到每本申請出版的書刊情況，也同時劃定個別出版商能營運的合法範圍。登記過程中最重要的是把取得的資料製成圖表，可讓審查員了解申請人的政治立場和思想傾向。表面上，軍管會聲稱開放言論和寫作的自由，但實情卻像史學家魏斐德（Frederic Wakeman）分析上海軍管會的做法一樣：上海軍管會於 1949 年 5 月占領該城後，也公布了類似的登記要求，而實際上登記的目的是「要限制言論及出版自由」。[62]

　　登記的程序後來因應不同的刊物、出版商和書店，而變得越來越苛求。[63] 值得注意的是，登記程序不限於非共產黨刊

61　《北平解放》，上卷，頁 422。

62　Frederic Wakeman, Jr., "'Cleanup': The New Order in Shanghai," in *Dilemmas of Victory: The Early Years of the People's Republic of China*, ed. Jeremy Brown and Paul G. Pickowicz (Cambridge, Mass: Harvard University Press, 2007), p. 46.

63　見新聞出版處，〈各種刊物申請登記處理情況表〉，北京市檔案館，8-1-2。

物。1949 年 11 月，北京市委遵照軍管會的命令，頒布以下指示：所有共產黨出版物，包括報紙、期刊、黨員讀物及其他宣傳品均要送交市委宣傳部審查批准後「方得出版」。[64] 登記系統很全面，任何人都逃不掉——就連革命老將也不能例外。[65] 資深共黨報人趙毅敏（1904-2002）是《北京解放報》的編輯，也要填表。他在「過去職業」一欄填上「革命職業家」，在「過去政治主張」一欄，他寫下「中共之政治主張即本人一貫之政治主張」。[66]

　　1949 年 3 月一份文管會的報告指出，審查員的調查工作抓得不緊，進度慢，「也不夠了解這是階級鬥爭的武器，是政權的一部分」，「許多反動刊物卻沒有及時取締」，以致「反動報刊乘機作扭曲宣傳」。[67] 報告同時批評沒有在第一時間接管與國民黨有關的《世界日報》。報告實質上反映了領導高層急於盡早穩定新政權。中共將文化藝術收歸官方控制是總體計畫之一。

審查員與審查制度

　　沒有人知道審查員是如何做決定，用什麼準則去批准或否

64　〈市委機關有關各項工作的通知及北京市委軍管會代號表〉，北京市檔案館，40-2-2。

65　北京市檔案館，8-1-7；又見 8-1-1；8-1-27；8-2-291；及 8-2-326。

66　北京市檔案館，8-1-7。

67　《北平解放》，上卷，頁 448。

決出版申請。官樣文章不會透露審查制度的內情，因為審查員的人事檔案不會對外開放。幸好審查員的討論還有部分能留下來，這可從 1949 年後的三處檔案找到：出版總署的內部會議紀錄、用文化部官員名義發布的公文，以及最重要的，審查員完成檢查後所寫的報告。這些報告雖然篇幅不長，但總算提供了一扇窗，讓人窺探審查員的閉門活動和審查制度的內部運作。我們可分析審查員批准或否決出版某書稿時所寫的理由，從而了解有關決策過程的寶貴資料。審查員大多會在報告內附上他們的名字。有時碰到棘手的申請，就由兩個人員，一上司一下屬去處理。可想而知，上司手握出版事宜的最終話語權。正就是他們的評語，透露了審查的內情，所以彌足珍貴。透過這些管道，我們可以分辨出審查員做判斷時所依循的模式和準則。

　　理論上，審查員應該是用馬克思主義觀點——即書中有沒有「階級觀點」這個準則——來評核書稿。[68] 但事實上，他們往往從民族主義角度來衡量一本書的價值；並認為中國已經從帝國主義列強手中取得獨立而感到非常自豪。他們確信中國人民已「站起來了」（毛澤東的話），正邁步走向大國復興。

　　審查員受胡愈之和周遊等領導的訓誡，一定要留意四個不能容許的題目：國民黨（尤其是蔣介石和汪精衛〔1883-1944〕）的、反對共產黨的、反對蘇聯的，以及宣傳法西斯主義

68　新聞出版處，〈對文化供應社出版物的審讀報告〉，北京市檔案館，8-2-226。

和托洛斯基（Trotsky）思想的。[69] 他們尤其顧慮在 1949 年前便已出版的書籍。周遊稱這些刊物為「舊存反動書」，仍在廣泛流傳，必須立即正視。[70] 另外一份報告指出這些舊書是「以剝削階級的立場，傳播不健康思想」。[71]

　　1950 年代初期，新聞出版處派遣審查員作為文化警察去巡查各書店。北京城分成三個區域：南城區（集中在琉璃廠這個歷代著名的書籍及古董市場）、東城區（集中在東安市場和東單區）和西面的西單市場。上級指示審查員：「調查時不暴露我們身分及目的。工作的主要精神是要了解反動書及翻版書分布之基本情況。這些書分布情形、數量、銷售量、出版的書店、出版的年代、販賣的書店。」幹部必須在兩週內完成全部調查工作。[72] 最初審查員的目標是 138 間書店（63 間在琉璃廠，40 間在東安市場，35 間在西單），[73] 調查的主要對象是私營書店。共產黨之所以名為「共產黨」，當然是因為它從骨子裡就不相信任何私人產業。但私營書店之所以令中共深憂，不單是因為它們算得上是「資本主義」的典型商號，也因它們

69　新聞出版處，〈本處緊急處理舊反動書刊工作計劃〉，北京市檔案館，
　　8-2-780。
70　北京市檔案館，8-2-776。
71　北京市檔案館，8-2-293。
72　新聞出版處，〈本處調查反動書及翻版書分析情況工作總結報告〉，北
　　京市檔案館，8-2-789。
73　新聞出版處，〈本處緊急處理舊反動書刊工作計劃〉，北京市檔案館，
　　8-2-780。

在出版行業裡已經根深蒂固，交易甚廣。益昌書店便是一例，它在 1953 年的存貨有 664,000 種書目。[74]

在 1953 年另外一次由審查主任蘇辛群領導的調查中，兩間有名的老店成了目標：晚清年間（1869 年）創立的寶文堂，專營通俗文藝讀物；還有五十年代出版社，是北京市的大書商。審查員要協助這些傳統老店轉型至新時代的社會主義書店。更重要的是，調查員要「研究對私營出版業、發行業加強〔政府〕管理的辦法」。[75] 一發現有問題的書店，便加以嚴密監視。例如位於東單的工商出版社，老闆高慶豐被揭發是前國民黨員，被指出版「反革命」書籍，便立刻受到監管，到後來連書店也遭勒令停業。[76]

我至今還沒找到總共有多少審查員及他們做了多少實地訪查的清單。但一份 1951 年新聞出版處的調查指出，「仍有解放以前出版的反動書刊」可以買到：「1951 年 1 月至 5 月分，我們就曾發現和沒收了 24 種反動書刊，共 42 冊；其中有外文書刊 7 種，21 冊。在沒收同時，我們並對售賣的書商進行了教育。」[77]

在市政府辦公室工作的審查員檢查各類書籍，然後提交兩

74　北京市檔案館，8-2-296。

75　北京市檔案館，8-1-88。

76　新聞出版處，〈本處緊急處理舊反動書刊工作計劃〉，北京市檔案館，8-2-780。

77　新聞出版處，〈函覆文化部沈部長的建議〉，北京市檔案館，8-2-421。

種審查紀錄表：第一種是普通格式的短表，只需填下答案，第二種是長表，可長達幾頁。[78] 最常用的是普通表格，有空位填寫書名、編者或作者、出版者、版次、冊數、定價、出版日期、主要內容、優缺點、能否推薦及備註。[79] 另有一份稍微不同的紀錄表還加上一項：「適合哪些讀者閱讀：工人、學生、一般市民？」[80] 這些審查報告乍看是平淡無奇，公事公辦，但其實記錄了受審書籍的內幕資料。十一項欄目中，審查員最關注的是最後四項：主要內容、優缺點、能否推薦及備註。比方說在「優缺點」一欄，審查員要對「缺點〔，〕包括政治上的或技術上的錯誤或缺點」表達意見。當然政治上的問題肯定罪大得多。若再深究，我們能看出審查員做決定時所依循的模式。

首先，審查員試圖挑出具顛覆性質的書籍，尤其是之前提過的黑名單中四個不能容許的題目。此等書籍被斥為「極端反動」，[81] 就如錢俊瑞所說的，這些書對「尤其是青年少年兒童，毒害很大」。[82] 周遊指示要馬上「肅清」它們。[83]

---

78 短表的例子，見新聞出版處，〈對寶文堂出版物的審查紀錄表〉，北京市檔案館，8-2-227。長表的例子，見新聞出版處，〈對大眾書店出版物的審讀報告及審查紀錄表〉，北京市檔案館，8-2-453。

79 見新聞出版處，〈對寶文堂出版物的審查紀錄表〉，北京市檔案館，8-2-227。

80 新聞出版處，〈新連環畫審查紀錄表〉，北京市檔案館，8-2-159。

81 新聞出版處，〈本處調查反動書及翻版書分析情況工作總結報告〉，北京市檔案館，8-2-789。

82 〈中央人民政府文化部關於調查處理黃色書刊的各項指示通知〉，北京市檔案館，8-2-508。

　　首先要取締的是與國民黨有關的書籍。審查員立刻清除書店裡由商務印書館出版的《中國國民黨史》。[84] 一本兒童識字書裡有張飛機插圖，機尾繪有國民黨黨徽，整本書也因而被歸類為親「國民黨匪幫」；審查員說，讓它出版是「一個嚴重的錯誤」。[85] 一本字典裡有「中華民國的生日（雙十節）」，也因而被禁。[86] 新生活運動是蔣介石 1934 年推行的反共運動，既提倡儒家道德，又教導軍紀，因此與它有關的書籍都一概被禁。

　　與南京政府有關的書，或是自由派作家（故被定性為擁護資產階級價值觀）所寫的書，都不准發行。其中包括陶希聖（1899-1988）寫的《中國政治思想史》。經濟史家陶希聖是蔣介石多年的顧問，審查員指控他為「戰犯」。[87] 1950 年 6 月，在琉璃廠的良友書店和益民書局搜出有關新生活運動的書後，周遊立刻展開調查。其後他向上司胡愈之報告，說整件事情已經完滿解決：書店店長「承認錯誤」，願意將「反動書籍全部交人民政府處理，保證以後決不售賣」。周遊在結語寫道，他們還感謝「人民政府寬大處理」。[88]

83　北京市檔案館，8-2-776。

84　新聞出版處，〈本處調查反動書及翻版書分析情況工作總結報告〉，北京市檔案館，8-2-789。

85　北京市檔案館，8-2-241。

86　北京市檔案館，8-2-293。

87　〈出版總署關於當前查禁舊書中的一些規定〉，北京市檔案館，8-2-757。

88　新聞出版處，〈處理「新生活運動」等 14 種反動書向出版總署報告及批覆〉，北京市檔案館，8-2-417。

這段時期，新聞出版處充公了很多「反動」書籍，長長的名單中有《季鸞文存》，作者張季鸞（1888-1941）是前《大公報》有名的主編，被視為支持國民黨的報人。[89]自由派學者和作家所寫的書也被禁。名單中包括胡適（1891-1962）的《嘗試集》和林語堂（1895-1976）的幽默小品。[90]1954年全國展開批判胡適的運動，說他有「小資產階級思想」和親西方立場。他被貶為「文化買辦」，也是「在文化教育界做殺人不見血的幫凶」。[91]

周遊大聲疾呼要取締外國書籍，認為大多數外文書都帶有「反動政治思想」。[92]他尤其反對讚揚美國的書籍，並要求他的新聞出版處班子特別留心這類作品。這種觀點顯然受到毛澤東在建國初期「一邊倒」的親俄政策影響。毛澤東將戰後的國際陣營一分為二：蘇聯領導的社會主義集團和美國帶頭的帝國主義集團。他說：「騎牆是不行的，第三條道路是沒有的。」[93]這種非黑即白、正邪誓不兩立的冷戰思維，在1950

89　新聞出版處，〈處理東單、東安市場書攤售賣反動書籍經過報告〉，北京市檔案館，8-2-426。

90　北京市檔案館，8-2-776。

91　引自Jerome B. Grieder, *Hu Shih and the Chinese Renaissance: Liberalism in the Chinese Revolution, 1917-1937* (Cambridge, Mass.: Harvard University Press, 1970), p. 321。關於1950年代初期全國批判胡適的運動，見《胡適思想批判》，8卷本（北京：三聯書店，1955-1956）。

92　新聞出版處，〈本處調查反動書及翻版書分析情況工作總結報告〉，北京市檔案館，8-2-789。

93　毛澤東，〈論人民民主專政〉，《毛澤東選集》，第4卷，頁1478。

年 6 月美國介入韓戰及第七艦隊遊弋臺灣海峽時更為增強。毛澤東視此為美帝國主義的挑釁，並長期斥責美國是帝國主義，這些看法自然影響了審查員的判斷。1950 年出版的小學補充教材正可說明這點。此書由五家私營的書商合印，其中一家是知名的寶文堂。書中問：「我們為什麼要仇視美國？」作者的兩個答案是美國侵略朝鮮半島及「占領臺灣」。新聞出版處的審查員批評這樣的答案軟弱無力，沒有把美國的侵略放在歷史和政治的大形勢中去看。審查員認為正確的答案是因為「一百年來美國對中國一貫侵略」。[94] 換句話說，在始自十九世紀清末的西方列強侵占中國領土的暴行中，韓戰和臺灣問題僅僅是西方近期的惡行而已。

　　就審查員看來，書本若不暴露美帝國主義者的邪惡面目，那它就是膚淺薄弱的，這已是足夠的理由禁止其出版。有本名為《戰爭販子》的連環畫，講述馬歇爾（George C. Marshall）將軍來華調停國共內戰。它在呈交新聞出版處尋求核可時，遭到審查主任蘇辛群否決，原因是它對美國保護其在華利益的「真面目」，「暴露的〔原文〕不深澈」。他最後的裁決是：「不宜推薦」。[95]

　　與此相反，有關美國侵略和剝削中國的書刊則獲順利通過。畫家張文元（1910-1992）的連環畫《中國人民的死敵》，很快就獲得審查員蔣雪珠的推許。蔣雪珠說：「〔此書

94　北京市檔案館，8-2-231。

95　新聞出版處，〈新連環畫審查紀錄表〉，北京市檔案館，8-2-159。

有關〕美帝用了各種方法來侵略中國：勾結滿清，蔣匪鎮壓革命和殘殺人民，七七事變美帝以軍火幫助日本來打中國人。」蔣雪珠在「適合哪些讀者閱讀」一欄，下的結論是：「工人、學生、一般市民。」[96]

表揚中國英雄挺身而出對抗外國侵略的書籍則受到讚許，《打野獸》便是最佳例子。作者王亞平（1905-1983）歌頌女戰鬥員郭俊卿在韓戰時勇於反抗美軍的「獸行」。書的題材及時，正好配合官方路線。在「優缺點」一欄，審查員梁正江寫道：「詞意通暢，生動感人。尤其是女英雄一篇。」在「能否推薦」一欄，他總結說：「值得向城鄉大量推薦。」[97]

若說美帝國主義者被打成反派，那麼俄國人則被奉為正派，他們在中國有危難時會伸出援手。在 1950 年代毛澤東「一邊倒」政策的全盛期，湧現了大批歌頌莫斯科成就和中蘇友誼的書刊。1952 年一本名為《是誰戰勝了日本侵略者？》的書稿立刻獲得通過。審查員周以寧列出此書的優點：蘇聯紅軍擊潰「法西斯日本的偉大貢獻」，以及蘇聯是「我們真誠的友人」。他在結語中不忘加上大家都熟悉的一句話：「美帝國主義是我們的死敵」。[98]

96　新聞出版處，〈新連環畫審查紀錄表〉，北京市檔案館，8-2-159。

97　新聞出版處，〈對寶文堂出版物的審查紀錄表〉，北京市檔案館，8-2-227。

98　新聞出版處，〈對五十年代出版社的審讀報告及審查紀錄表〉，北京市檔案館，8-2-454。

　　新聞處究竟審查了多少有關蘇聯的書刊仍屬未知之數，因為沒有一份完整的清單可供參考。但從我能夠看到的檔案資料中，有關蘇聯的題材絕大多數都是讚賞性質的，包括中蘇友好同盟的完滿成果、蘇聯優越的教育制度、蘇聯家庭中幸福成長的兒童、蘇聯紅軍解放柏林的英勇行為，乃至俄國的民間故事。[99] 凡此種種都印證了 1950 年代在中國流行的「蘇聯的今天就是我們的明天」口號。[100]

　　除了有關俄國的書籍之外，其他外文書刊大多引起審查員的疑心。托洛斯基的《俄國革命史》（*The Russian Revolution*）中譯本及希特勒的《我的奮鬥》（*Mein Kampf*）都被取締，因為它們如審查員所說的：「外文書均含有毒素。」[101] 進口刊物受到嚴厲檢查，尤其是從當時仍屬英國殖民地的香港輸入的刊物。[102] 審查制度滴水不漏，進口書籍期刊通常要先在上海、天津或廣州等外貿城市做檢查。有些書刊還要在北京做二檢。[103] 遭抵制的包括《時代》（*Time*）和《新聞週刊》

99　北京市檔案館，8-2-159，8-2-227，及 8-2-453。

100　例如見胡績偉，《青春歲月：胡績偉自述》（鄭州：河南人民出版社，1999），頁 323。

101　有關希特勒，見新聞出版處，〈函覆文化部沈部長的建議〉，北京市檔案館，8-2-421；有關托洛斯基，見新聞出版處，〈本處緊急處理舊反動書刊工作計劃〉，北京市檔案館，8-2-780。

102　北京市檔案館，8-2-249；及新聞出版處，〈對五十年代出版社的審讀報告及審查紀錄表〉，北京市檔案館，8-2-454。

103　新聞出版處，〈管制國外進口出版物第一次會議紀錄〉，北京市檔案館，8-2-706。

（*Newsweek*），兩者均被列為「美國最反動雜誌」。[104]《美國新聞與世界報導》（*US News & World Report*）也是一樣，但獲准進口一份，因為政府的機關報《人民日報》請求訂購一份作為參考之用。[105] 連大學圖書館的研究用書也不例外。1952年中，燕京大學圖書館向新聞出版處申請進口英國作家福斯特（E. M. Forster）的《印度之行》（*A Passage to India*）。這個申請來來回回商討幾次後，最後獲批，審查員說：「本書所持觀點是不正確的，但尚無明顯反動內容。」[106] 不過，這間基督教大學在該年底便被共產黨關閉。

審查員的另一項重要工作是審查國內的書籍，依循的當然是毛澤東的歷史觀。在毛澤東眼中，中國帝制史就是帝王將相和孔儒士紳等剝削階級統治的可恥紀錄。十九世紀開始入侵的外國資本家，對這個久經踐踏和人心沮喪的國土帶來更深的禍害。[107] 可想而知，有關專制皇朝和封建士紳的書，都受到審查員的猛烈批評。

晚清時期的慈禧太后（1835-1908）的照片是違禁品。審

---

104 新聞出版處，〈管制國外進口出版物第一次會議紀錄〉，北京市檔案館，8-2-706；及新聞出版處，〈處理東單、東安市場書攤售賣反動書籍經過報告〉，北京市檔案館，8-2-426。

105 〈人民日報訂購進口出版物的函〉，北京市檔案館，8-2-641。

106 新聞出版處，〈關於可准燕京大學進口《印度之行》等兩書的報告〉，北京市檔案館，8-2-629。

107 有關毛澤東對近代史的概論，見他寫的〈新民主主義〉，《毛澤東選集》第 2 卷，頁 655-704。

查員嚴厲地指斥她「是封建統治階級的代表之一，也是屢次向帝國主義屈膝獻媚、割地求和的洋奴之一，並實際上是帝國主義搜括壓榨中國人民血汗的工具。」結語是：「廣大的中國勞動人民是不會懷念她的。」[108]

另一方面，審查員驚覺竟有不少色情報刊、裸體圖片和神怪武俠書在北京和上海充斥市場，急忙將之取締。[109] 另一種備受懷疑的，是流傳久遠的老黃曆。這種廣受大眾歡迎的曆書滿載實用的資料，包括農耕節氣、擇取吉時、占卜和護身符等。1951 年，北京約有 21 間書店出版及發行曆書。審查員明白老黃曆極為流行，如要移除，就須謹慎行事，因此沒有立刻取締。他們的策略是去找出版商，要求他們刪掉書中有「嚴重危害群眾的部分（如畫符治病等）」後才可出售。[110]

審查官員以另一種手法來處理「通俗讀物」，包括民歌、新年畫、相聲和連環畫。毛澤東向來認為這些大眾文化形式是老百姓創造出來的，真實反映了他們的生活。共產黨也在延安時期利用這些廣泛流傳的民間作品來散播社會主義訊息。[111] 但中共認為這些傳統大眾文藝並非毫無問題。它們往往充斥宗教神怪色彩、封建帝王思想和跟時代脫節的歷史人物故事，都

108　北京市檔案館，8-2-143。

109　北京市檔案館，8-2-427；8-2-429；8-2-442；8-2-508；8-2-509；及 22-12-523。

110　新聞出版處，〈取締舊曆書情況〉，北京市檔案館，8-2-256。

111　Hung, *War and Popular Culture*, pp. 221-269.

需要改造，輸入社會主義思想的新題材（如社會主義的敬愛領
袖、勞動模範和農業大豐收），以「舊瓶裝新酒」的手法替
代。[112] 審查員結合幾種方法來應對此等通俗讀物。首先，既有
的刊物由政府收購並下架。周遊積極推動這種做法。[113] 其次是
用革新後的刊物替代舊有作品。這方法先在上海推行，接著則
是北京跟著做。[114] 第三是鼓勵私營出版社與政府合作，設計含
有新社會主義內容的讀物。[115] 最後的殺手鐧是政府把私營印刷
館買斷，使這些古舊書刊無法重印。根據官方的說法，他們打
從一開始就有取代通俗讀物的計畫，強調不能讓之不受規管。
他們說：「這工具必須逐步由國家掌握。」[116]

假如我們深入檢視這些審查報告表，就會明白檢查工作的
仔細和艱辛。雖然審查員的評論往往過於簡練及流於公式化，
但他們緊跟著上級設定的路線走。他們做事認真，甚至動手鏟
除犯禁的文字及失實的描述，確保從他們手上審查過關的書
稿是意識形態正確的。《新相聲》便是一例，它是老舍（1899-
1966）與兩名助手編輯的書，於1951年7月呈交新聞出版處審
批。名作家老舍寫的《駱駝祥子》（1937）描述老北京一個人

---

112 Hung, *Mao's New World*, pp. 182-209.
113 北京市檔案館，8-2-151。
114 新聞出版處，〈本處關於處理舊連環畫的情況報告〉，北京市檔案館，
　　8-1-73。
115 北京市檔案館，8-2-778。
116 新聞出版處，〈本處關於處理舊連環畫的情況報告〉，北京市檔案館，
　　8-1-73；及 8-2-778。

力車夫悲慘的生活。老舍在 1949 年底從美國回歸祖國，擁護新政權。他熱心提倡民間文化，響應了毛澤東推動的「到群眾去」的號召。他擔任中國民間文藝研究會副會長並主編《說說唱唱》期刊，以期推動這個目標。[117] 老舍支持共產主義事業並有社會影響力，就連黨高層（尤其是周恩來）也設法爭取他的支持。[118] 因此大家都認為他申請的書稿必定能一帆風順地通過審查。

　　但事實卻非如此。審查員沈予找出書稿中兩處不正確的陳述，最後「不推薦」出版。據沈予的說法，第一個錯誤是：老舍寫「7 月 1 日是共產黨節」。沈予認為正確的說法是：「7 月 1 日是共產黨的生日。」第二個錯誤是書中的另一句：「1927 年 7 月 1 日中國共產黨在上海開第一次代表大會。」沈予認為正確的說法是：「1921 年 7 月 1 日中國共產黨在上海開第一次全國代表大會。」這兩個錯誤看來不算嚴重，雖然老舍和助手的確把第一次黨代表大會的年分弄錯並漏掉「全國」二字，改正也算容易，但沈予還是堅持己見。

　　幸好沈予的上司蘇辛群駁回沈予的否決。在重審後（可能基於老舍的名聲），蘇辛群認為老舍弄錯這些基本事實只是一時大意，他撤銷原來的裁決，並提議：「兩點錯誤可以告訴他

---

117 《社會主義時期中共北京黨史紀事》，第 1 輯，頁 205-206。

118 中國人民政治協商會議北京市委員會文史資料委員會編，《周恩來與北京》（北京：中央文獻出版社，1998），見卷頭插圖。

們，動員他們改一下。」[119] 這本書最後獲准出版。連老舍這位有名的親共作家所寫的書稿，也會為了點小錯而差點遭到否決，就可想而知審查員的裁定尺度有多嚴。審查員之所以這麼嚴苛，顯然是為了盡量避免犯錯及偏離官方路線。

那麼什麼題材的書才是官方認為安全的？ 1951 年 6 月，北京市政府公布了一份「推薦本市優良通俗讀物一覽表」。所列的有《人民大團結》這類書籍，宣告共產主義新時代的來臨；還有《兄妹開荒》，以延安時期為背景，歌頌勞動神聖的秧歌劇。這些都是安全的作品。[120]

出版及發行

自延安時期起，共產黨便已非常關注書刊的發行問題，到 1949 年後更是有增無減。整體而言，審查制度不限於登記、檢查程序、實地巡查和審閱書稿申請，還包括印刷和發行；中共黨國不斷在後兩者加強控制。故此，書本的一生，從稿件到落入讀者手中，都離不開審查員的控制。中國共產黨透過這種一條龍的做法，把每一本書都牢牢地掌控起來。

文化部在 1954 年 11 月就審查制度召開一次會議，官員提出一個對付反動書籍和黃色刊物的辦法，就是立法規定印刷此

---

119 新聞出版處，〈北京市通俗讀物審查記錄表〉，北京市檔案館 8-2-250。
120 新聞出版處，〈推薦本市優良通俗讀物一覽表〉，北京市檔案館，8-2-423。

等不良書刊為非法活動，以阻止它們的流通。官員警告說：
「如有祕密印刷者，作違法論處。」[121] 官方以審查來控制印刷
商販的想法早在古時的朝廷便已開始，一直延續到國民政府。
到了 1950 年代，這項措施更得到大批來華的蘇聯專家極力支
持。[122] 在 1952 年 8 月的出版會議上，一班俄國人自鳴得意地
向跟他們學習的中國人說：印刷社在蘇聯「都直接歸中央的管
轄」。[123] 在專制政權手裡，中央集權是必然的。中國共產黨
採取直接控制印刷商的做法，可省卻下級審查員不少麻煩。

　　在「人民民主專政」初期，官方仍有些許政治上的容忍
度，故此准許書籍的私營銷售，但對這情況卻一直放心不下。[124]
又因私營書店擁有年代久遠的廣大發行網絡，官員坦言這種情
況不是「我們一時所能完全代替」的，所以下令「必須對私營
發行業穩步地進行改造」，以求最終限制所有私營書店和印刷
廠。[125]

　　胡愈之是眾多文化高官中第一個指出發行管道的重要。
1949 年前，中國還沒有遍布全國的發行網絡，胡愈之因而提
出「統籌兼顧」的策略，把出版書籍的每一個流程都集中處

---

121 〈中央人民政府文化部關於調查處理黃色書刊的各項指示通知〉，北京
　　市檔案館，8-2-508。
122 有學者估算過在 1950 年代，來華的各行各業蘇聯專家有一萬八千多
　　名。見沈志華，《蘇聯專家在中國》（北京：中國國際傳播出版社，
　　2003），頁 4，408。
123 北京市檔案館，8-2-265。
124 有關私營出版業，見北京市檔案館，8-2-511。
125 北京市檔案館，8-1-110、8-2-137，及 8-2-670。

理。[126] 他相信這樣做會讓書籍（也就是資訊）流通得更廣泛，是建立強大社會主義中國的必要條件。他提出第一步要做的，是集中統一全國當時已是最重要的國營書店，即新華書店，使它成為國營印刷和發行中心。[127] 領導高層都表贊同。到了1949 年 10 月，各地已開設了七百多間新華書店分店，數目還不斷上升。[128] 官方就這樣透過規管發行來控制資訊流通，使政府能主宰人民的閱讀自由。

北京市政府為配合中央的這個目標，逐步終止私營書店發行的權利。1954 年 9 月，新聞出版處發布命令，所有私營出版社必須「使他們的出版物直接和間接地通過我們發行」，為的是「逐步割斷私營出版社、批發商、零售商三者之間的聯繫」。[129] 到了 1956 年初，行動大功告成，私營的大書店被迫與政府建立公私合營關係。[130]

審查員不只針對私營的大書店（如寶文堂），還不放過書販，即售書行業的最底層營生者。1951 年 6 月，有人去信市政府，表示東安和西單市場有攤販售賣希特勒的《我的奮鬥》等禁書。文化部長沈雁冰（1896-1981，即著名小說家茅盾）立刻提議：「讓他們自動拿掉這些書。」[131] 雖然沒人知道書

126　胡愈之，《胡愈之文集》，第 5 卷，頁 414-431。

127　費孝通等，《胡愈之印象記》，頁 139，147。

128　費孝通等，《胡愈之印象記》，頁 138-145。

129　北京市檔案館，8-1-110。

130　當代中國叢書編輯部編，《當代中國》，第 1 卷，頁 56。

販如何應對，但以常理來說，這些做小買賣的都擔當不起忽視此等勸告的後果。

報章上「讀者來信」一欄被視為來自人民的聲音，共產黨說革命是為群眾而搞的，因而「讀者來信」符合毛澤東提倡的群眾路線。但是這些來信也可用作國家執行審查制度的藉口。此類投訴信件所涉及的事件包羅萬有。[132] 例如，1950 年 12 月，新聞出版處收到工人張北野的來信，投訴舊式曆書「把世界共產黨之紀念節、中國人民政府之一切紀念節」都漏掉，所以他推斷「此曆書是反動派的宣傳品」，並要求取締。[133] 另一位讀者來信說他不喜歡《怎樣跳交際舞》一書，因為它教人跳華爾滋等社交舞，他認為那是「宣揚資產階級的一套虛偽的禮貌和儀式」，是用來「蒙蔽革命的青年幹部們」。[134] 1951 年 11 月，《人民日報》刊登湖南長沙的一封讀者來信，請求政府查禁「宣傳帝國主義思想」的某類連環畫。[135] 我們不清楚來信是怎樣挑選出來的，但胡喬木對它們讚不絕口，而且這類欄目也經常在官方報章出現。胡喬木認為這不僅證明民眾支持政府的審查政策，還顯示共產黨在聆聽人民的聲音。[136]

---

131 新聞出版處，〈函覆文化部沈部長的建議〉，北京市檔案館，8-2-421。

132 例子見北京市檔案館，8-2-429；及 8-2-433。

133 新聞出版處，〈市民張北野檢舉舊曆書的來信及本處調查報告〉，北京市檔案館，8-2-257。

134 北京市檔案館，8-2-14。

135 《人民日報》，1951 年 11 月 6 日，第 3 版。

136 胡喬木傳編寫組編，《胡喬木書信集》，頁 38。

遇到的困難

對審查員來說，諸事並非一帆風順。他們面對的種種困難，有些是政治的，有些是組織結構的。首要問題是在審查制度中，黨與國家的權力區分不清。平行的官僚體制——即隸屬中共中央的中宣部相對國務院的出版總署——跟蘇聯的官僚體制十分相似。在蘇聯，共產黨享有至高無上的地位，更是凌駕國家體制。[137] 這樣的雙重制度引發三個後果：黨的權力與國家的權力互相拉扯帶來很多司法權的重疊，黨不斷集中的權力，以及黨對國家各部門的持續滲透。中國的審查制度導致如報人鄧拓（1912-1966）所說的「雙重領導」的困局。北京市的新聞出版處要聽從兩個不同的上級指令：出版總署和中宣部，因而引起混亂和兩個部門之間的矛盾。[138] 到最後，如鄧拓所說，總是中宣部取得領導角色。[139] 此外，黨幹部和國家官員彼此的分野變得模糊，引來不可避免的角色衝突。就某些重要黨員來說，他們的政治身分尤其複雜。胡愈之正是一例，他身為出版總署署長的國家級官員、民主同盟中央祕書長，卻又是忠於共產黨的地下活躍分子。當涉及審查裁決時，國家層面的職責畫分會變得不清不楚。除了新聞出版處外，其他的政府部門如

---

137 Friedrich and Brzezinski, *Totalitarian Dictatorship and Autocracy*, pp. 205-218.

138 引自袁鷹，《風雲側記：我在人民日報副刊的歲月》（北京：中國檔案出版社，2006），頁58；又見《社會主義時期中共北京黨史紀事》，第1輯，頁146。

139 引自袁鷹，《風雲側記：我在人民日報副刊的歲月》，頁58。

公安局和海關等也有話事權，某些部門還會設立自己的審查機制，[140] 後果是審查的裁決混淆不清。

　　另一問題來自政策本身。出版總署的指示很多都是概括的條文。[141] 胡愈之署長發表的講話通常是理論多而實際指示少，使下屬執行時無所適從。胡愈之強調「人民出版事業」對建設新中國非常重要。在 1950 年第一屆全國出版會議上，他明言出版總署的總方針應當是「民族的、科學的、大眾的」。[142] 這只不過是重申 1949 年《共同綱領》中毛澤東的論點。這樣籠統的政策大綱當然無助前線審查員評核書稿。他們往往要運用自己的判斷力，亦要謹慎斟酌行事。

　　隨著工作量大增，出版總署面對兩個急切的難題：審查員人手不足及缺乏經驗。情況就像公安局裡只有一名審查員負責檢查進口的外文期刊雜誌，而且根據報告，他的「英文程度並不太高」。[143] 胡愈之在 1951 年提議補救的辦法：於北京開辦訓練班。他要求全國各地保送幹部來京學習。這些人要「政治可靠」，並且有「初中畢業以上的文化水平」。受訓幹部暫定為 120 人。胡愈之期望這些訓練能「提高其政治和業務水平」。[144]

140　新聞出版處，〈管制國外進口出版物第一次會議紀錄〉，北京市檔案館，8-2-706。

141　關於出版事務的全國總體政策和規條，見《中華人民共和國出版史料》。

142　胡愈之，《胡愈之文集》，第 5 卷，頁 425。

143　新聞出版處，〈管制國外進口出版物第一次會議紀錄〉，北京市檔案館，8-2-706。

144　北京市檔案館，8-2-754。

但學員數量有限，遠遠不能應付與日俱增的工作需求。

　　審查員大多是年輕的幹部。審查員周應鵬在一篇回憶文章中寫道：「我當時在北京市人民政府新聞出版處出版管理科工作，只有22歲。」[145] 還好，他與同事沈予得到處長周遊的提攜。然而，他的經驗不足導致審查工作參差不齊。事實上，每個審查員拿捏的標準都不同，原因是他們沒有明確的規條可跟隨。所做的決定大多基於個人的見識、經驗及對規條的理解。判斷的落差當然有，老舍的《新相聲》便是一例。不同的地方也得出不同的裁決。《金瓶梅》是個典型的例子，這本明朝小說滿載情慾放縱的故事，1954年在上海列為禁書，但在北京卻可自由流通。兩個城市有兩種看法，這書在上海被視為下流色情，但北京的審查官員卻認為這書：「在文學史上有其一定的地位，我處尚未作一般淫書看待。」[146] 出現這種落差，不僅僅是地方觀念有所不同，更反映了從上而下沒有一套清晰明確的指引。

　　胡愈之期望年輕的審查員經過訓練後最終會變得「專業化」。[147] 我們很難知道胡愈之說的審查工作專業化究竟是指什麼。事實是這項工作比較要求政治忠誠，而不是技術的掌握。1952年7月的一份檢討報告指出，出版總署的領導官員非常

145　周應鵬，〈良宵盛會喜空前：憶新中國成立後「第一屆全國出版會議」〉http://www.pep.com.cn/cbck/200909x/201012/t20101227_993513.htm（2016年2月6日檢索）。

146　北京市檔案館，8-2-509。

147　胡愈之，《胡愈之文集》，第5卷，頁426-427。

震驚，因為發現有不少書刊由於可疑、甚至站不住腳的理由而錯誤地評為禁書。總署繼而下了嚴厲的評語：「我們檢查本署今年上半年所發查禁或處理書刊的文件，發現其中有好幾件是不妥當的，應該予以糾正。」為什麼會發生這些錯誤？總署承認：「主要地是我們至今在思想上對於查禁書刊缺乏明確的標準。我們往往憑某幾個人的好惡辦事，以感情代替政策。」報告建議：「我們可以並且應該以馬克斯〔原文〕主義觀點來批評新出版的書，但決不能查禁一切非馬克斯主義的書。我們不能以查禁來代替批評。」[148] 然而，報告卻沒詳加說明「政策」是什麼及如何能不偏不倚地實施。

　　審查制度是政府手中的政治工具，用來保障政權的正統地位，使反對的書刊和圖像從此消失。哲學家科拉科夫斯基（Leszek Kołakowski）在他甚具影響力的馬克思主義史的論著中，指出蘇聯極權政體有兩項重要的意識形態特徵，深植列寧主義的教條中：「國家逐步消滅公民社會和吞併所有形式的社會生活。」[149] 事實的確如此，蘇聯的審查制度無孔不入，權力極大，不單壓迫自己的人民，還在全盛時期強加於東歐各國。[150] 中共則以更嚴峻的手法確保異議之聲響不起來。

---

148 〈出版總署關於查禁或處理書刊的指示〉，北京市檔案館，8-2-753。

149 Leszek Kołakowski, *Main Currents of Marxism: Its Origins, Growth, and Dissolution*, 3 vols., trans P. S. Falla (Oxford: Clarendon Press, 1978), 3:7.

150 Applebaum, *Iron Curtain*; Norman Naimark and Leonid Gibianskii, eds., *The Establishment of Communist Regimes in Eastern Europe, 1944-1949* (Boulder, Colo.: Westview, 1997).

　　中共早在 1949 年 1 月底占領北平之前，便已設計好一套文化政策來控制書刊和傳播媒體。建國後，北京的審查工作是透過一個環環相扣的三層架構來完成。這三層架構包括中共中央宣傳部、國務院屬下的出版總署，以及較低層的北京市政府新聞出版處。這樣的三頭馬車必然導致決策上的混亂，卻成為鞏固共產黨勢力的震懾工具。說中共官員設計了一個有效的審查系統，不是指他們計畫得完美無缺，而是指他們的確是堅持不懈地按照官方的意識形態去控制書刊，對抗資本主義的影響和帝國主義的入侵。

　　高層文化官員如胡愈之和周遊在上層制定總體政策，低層幹部如蘇辛群和周應鵬在辦公室埋頭苦幹 —— 兩者都是審查過程中不可或缺的。胡愈之無疑是審查制度的最佳推手之一。他畢生的工作經歷，既致力訂定基本政策，又監管中共黨國出版業精密網絡的發展。雖然是祕密老黨員，但他公開的身分是民盟領導人，以求獲取開明知識分子的信任，並協助毛澤東和周恩來擴大支持共產黨的民眾基礎。1986 年，胡愈之九十歲去世時，出版界的悼詞都頌揚他是新聞出版界的「開拓者」，「為新聞出版事業〔貢獻他〕的一生」。[151] 他的遺孀稱他為「周恩來同志的好學生」。[152]

　　自建國初期起，中共逐步設立一套全面的審查系統，監督

---

151 費孝通等編，《胡愈之印象記》，頁 433-446。
152 費孝通等編，《胡愈之印象記》，頁 235-239。

書籍出版的整個流程。共產黨透過它的登記、印刷和發行系統，嚴密控制付印的書刊。這種由始至終的全盤管制比蘇聯和東德等國家所實行的還要徹底。在蘇聯，遭政府禁止的地下刊物（samizdat）還能避開查封，在讀者之間祕密流傳。[153] 即使在德意志民主共和國（東德），那些覺得自己無理被禁的作者，仍可去信文化部提出抗議。[154] 中國的查禁更加嚴苛。沒錯，地下報刊有流通過，尤其在文革時期，近年也有一些。[155] 可是在中國嚴密的監視系統下，報刊編輯很容易被當局認出而導致入獄。

　　儘管中國領導人從 1970 年代末鄧小平時期起已極力推動市場改革，中共黨國仍未放鬆對印刷文化的掌控。1987 年 7 月 6 日，國務院頒布了〈國務院關於嚴厲打擊非法出版活動的通知〉，訂立了新規則：

153　Roy Medvedev, ed., *The Samizdat Register* (New York: W. W. Norton, 1977); *The Samizdat Register II* (New York: W. W. Norton, 1981); and Andrei Sinyavsky, "Samizdat and the Rebirth of Literature," *Index on Censorship* 9, no. 4 (1980): 8-13.

154　Darnton, *Censors at Work*, pp. 178-179.

155　有關 1970 年代中國的地下刊物，見 Claude Widor, *The Samizdat Press in China's Provinces, 1979-1981: An Annotated Guide* (Stanford, Calif.: Hoover Institution Press, Stanford University, 1987)。有關現代地下刊物的討論，見 Link, *Uses of Literature*, pp. 138-142；Ian Johnson, "China's Brave Underground Journal," *New York Review of Books*, December 4, 2014, pp. 52-53；"China's Brave Underground Journal II," *New York Review of Books*, December 18, 2014, pp. 70-72；及 Bei Ling, "Bei Ling: The State of Underground Literature in China," October 13, 2009, http://www.igfm.de/bei-ling。

一、除國家批准的出版單位外，任何單位和個人不得出版
　　在社會上公開發行的圖書、報刊和音像出版物，違者
　　屬非法出版活動。

二、任何國營、集體、個體印刷（裝訂）廠，均不得承印
　　（裝訂）非法出版物。

三、任何國營、集體、個體發行單位和個人，均不得銷售
　　非法出版物。[156]

這通知雖然詳盡，卻沒有解釋「非法出版物」指的到底是
什麼。這種模糊不清的條文，使原本就已擔驚受怕的文藝和學
術界不寒而慄。它除了模稜兩可之外，還把更多任意而行的權
力交託給審查員，而他們的立場（連同其判斷）都跟著搖擺不
定的政治風向而經常改變。

中國仍然是個威權主義國家，憲法上所說的人民享有出版
和言論自由只留於書面上。網際網路只會加強國家機器對資訊
傳播的控制能力，因為北京已經建立了世上無人能及的網絡監
視系統。中共透過更高端的精密科技，提高了對資訊的壟斷。
從 1950 年代中國的查禁史實來看，審查制度無疑是中國共產
黨一個極為根深蒂固的傳統。

---

156 〈國務院關於嚴厲打擊非法出版活動的通知〉，1987 年 7 月 6 日，http://
www.people.com.cn/electric/flfg/d4/870706.html.

第二章

審查及整肅都市報：《北京日報》

1952 年 9 月某天，毛澤東應報社的邀請，用人民革命軍事委員會的信紙寫上「北京日報」四個大字，為即將創刊的北京市黨委機關報題上報頭名稱（圖 3）。[1] 毛主席親筆題字是罕有的支持，讓這份 1952 年 10 月 1 日創刊的首都新報紙的工作人員感到無上光榮，也增加了這份報紙的權威性。但毛澤東的認可亦是把雙刃劍，既象徵共產黨的支持，當然也明確表示黨擁有報社的控制權，由此引申的含意，就是黨擁有全國所有報紙的控制權。

十月革命取得成功，列寧認為報紙是發動革命「最強大的武器」。[2] 同樣，毛澤東也早已視報紙為推動中共政治理念的必要工具。建國前的延安時期是中共黨史上最關鍵的時刻，毛

---

1 〈毛主席為北京日報寫的報頭〉，北京市檔案館，114-1-11。毛澤東在 1964 年重寫一次。

2 引自 Brooks, *Thank You, Comrade Stalin!*, p. 3。

圖 3 《北京日報》創刊號首頁，1952 年 10 月 1 日。報頭是毛澤東的題字，報下端是創刊詞。作者攝。

澤東利用黨報《解放日報》來編寫國家未來的發展藍圖、把馬克思主義中國化和傳播社會主義思想。[3] 1949 年 1 月底人民解放軍接管北平後，北平市軍事管制委員會馬上關閉國民黨的報社並驅逐外國記者，對傳媒施加控制，所用的方法與查禁書籍如出一轍。1950 年代初，政府也逼令《大公報》遷址。這份 1949 年前便已發行的自由派報紙，被下令從天津搬到首都。共產黨員繼而進駐了報館的管理層，報紙也受到中央人民政府出版總署的監督。這份開明報紙自此成為中共黨國的另一喉舌。[4] 政府也緊緊看管自己的所有黨報。

　　在這一章裡，我主要借助從北京市檔案館裡能看到的《北京日報》檔案資料，包括編輯委員會及黨支部的會議紀錄，分析中共的內部運作及對這份重要都市報的控制。討論的重點是《北京日報》的多層決策過程、專欄、社論、讀者來信，以及最重要的，報社人員因 1960 年代初黨主席毛澤東和國家領導人劉少奇的意識形態分歧而引發的內部辯論。《北京日報》的編輯與劉少奇有不少關聯，最終使他們在其後的文化大革命中遭到整肅。

3　Patricia Stranahan, *Molding the Medium: The Chinese Communist Party and the Liberation Daily* (Armonk, N.Y.: M. E. Sharpe, 1990); and Hung, *War and Popular Culture*, pp. 221-269.

4　〈中央關於重視運用大公報的通知等〉，北京市檔案館，43-1-22；及〈關於報社遷京計劃和建造大樓給國務院的報告〉，北京市檔案館，43-1-23。

新的都市報

中華人民共和國成立後，北京市委第一書記兼市長彭真
（1902-1997），本身也是中共政治局這權力中心的委員，在他的
領導下，市委開始考慮要在首都出版一份黨報。《北京日報》這
份新的都市報，報導形式類似史學家布魯克斯（Jeffrey Brooks）
所觀察到的蘇聯《真理報》（Pravda）的三種報導方法，
即詮釋（帶有思想主題的故事）、互動（爭取讀者的支持）和
提供資訊（為大眾報導新聞）。[5] 此外，這份新的北京報紙還
多加一點：培訓工作，以培養基層報人和日後的宣傳員。

《北京日報》在 1952 年 10 月 1 日正式創刊，這是刻意安
排在建國三週年那天舉行。一份內部通訊〈北京日報工作條
例〉透露了該報的辦報方針：

> 《北京日報》是中共北京市委的機關報，是北京市人民
> 的報紙。它是本市黨和人民進行社會主義革命、社會主義
> 建設和對敵鬥爭的有力武器，是黨聯繫群眾的一個橋梁，
> 是黨和人民的耳目和喉舌。[6]

這樣的辦報方針類似延安時期的老黨報《解放日報》和同期影
響力更大的《人民日報》。[7] 不過市長彭真隨即補充，《北京

5　Brooks, *Thank You, Comrade Stalin!*, p. 6.
6　〈北京日報工作條例（草案）〉，北京市檔案館，114-1-160。

日報》會集中注意北京市民的需要。[8]內部通訊還特別強調，這份新都市報「必須是黨性、群眾性、地方性的有機結合」。[9]

《北京日報》作為政府的耳目喉舌，與西方記者信奉客觀公正報導的目標明顯不同。《北京日報》很清楚地不會有什麼獨立自主的角色，只會跟隨市委的命令。第一章提過，延安時期有一個流行的說法：「全黨辦報。」[10]在創刊詞中，《北京日報》加了一個新口號：「全市辦報。」[11]當然，沒有多少西方記者會相信報紙真的能夠獨立自主，但力求客觀報導——秉持中立，以及分隔事實與價值觀——仍是多數人所堅持的頭等信念。[12]《北京日報》身為中共政策和社會主義信念的官方宣傳機關，並不理會這些西方觀念。

要比較《北京日報》與西方報紙是相當容易的事，因為它們來自兩套不同的社會價值觀：一套是單一政體的，另一套是多元社會的。但中國報業與蘇聯報業在歷史發展階段也有甚多差異。1917年列寧和布爾什維克黨在俄國取得政權時，報業曾有短暫的開放，尤其是在新經濟政策時期（1921-1928）。黨內的爭論如托洛斯基與其他三個布爾什維克領袖——史達林、

7　有關《解放日報》，見 Stranahan, *Molding the Medium*。

8　〈北京日報編輯出版方針（草案）〉，北京市檔案館，114-1-15；又見114-1-3；114-1-4。

9　北京市檔案館，114-1-15。

10　北京市檔案館，114-1-119；及114-1-160。

11　〈創刊詞〉，《北京日報》，1952年10月1日，第1版。

12　Schudson, *Discovering the News*, p. 6.

季諾維也夫（Zinoviev）和加米涅夫（Kamenev）── 對經濟
政策的辯論，都一一在蘇聯共產黨的官媒《真理報》報導。
這種相當開放的程度卻在第一個十年期結束，也就是 1920 年
代中期史達林掌權，開始對托洛斯基和加米涅夫等宿敵嚴厲打
擊之時。[13] 1949 年後中國報業的發展軌跡卻不同：毛澤東等人
在 1949 年奪權後立刻對傳媒加緊控制，並且從一開始就只是
口頭上宣稱尊重新聞自由。

蘇聯的影響

　　建國初期，在毛澤東的「一邊倒」親蘇政策下，中國的報
人緊跟著莫斯科路線走。新聞記者與其他代表團一樣，被派往
蘇聯這世上首個社會主義國家學習其先進經驗。1950 年 4 月，
中共中央宣傳部副部長周揚（1908-1989）帶領代表團前往莫
斯科，在這三星期多的學習行程中參觀了《真理報》及各大通
訊社。胡績偉（1916-2012）是訪問團成員，在延安時期已是
資深記者，他在自傳中說：「我們像小學生一樣，似乎什麼也
不懂，都想了解……『蘇聯的今天就是我們的明天。』『《真
理報》是我們（中國報紙）最理想的楷模』，這確實是我們當
時一致的結論。」[14]

13　Angus Roxburgh, *Pravda: Inside the Soviet News Machine* (New York: George Braziller, 1987), pp. 25-26；又見 Brooks, *Thank You, Comrade Stalin!*, p. 19。

14　胡績偉，《青春歲月：胡績偉自述》，頁 322-323。

　　蘇聯的編輯把報章分成幾個部分。《真理報》的頭版類似共產黨的通告，長篇報導黨全體大會，並不厭其詳地列出高層領導人的名稱及一大堆頭銜。重要的國際新聞也登上頭版。報紙的其餘部分針對日常生活的各項問題劃分為不同欄目。例如「黨的生活」報導共產黨員的政治活動。[15] 中國報章的做法也十分接近，甚至直接採用蘇聯的辦報模式，例如《北京日報》就用了「黨的生活」作為欄目的名稱。[16]

　　《真理報》為了針對不同的讀者，把編輯部人員分成幾個部門，包括工業部和農業部。中方迅速跟著做，並稱之為「專業化」。[17] 蘇聯報人專注經濟發展和工業化，也影響了中方追隨者，因為這正合符新興國家加速發展的實際需求。中方報章把「以經濟建設為中心」奉為熱門口號。[18] 蘇聯和中共報紙都滿載正面的報導，描述兩國政府各自驕人的成就、模範工人的勵志故事及人民生活的美滿景況。

　　自列寧時代起，蘇聯報紙便強調深入基層群眾。「讀者來信」是蘇聯報紙深受歡迎的欄目，用作聆聽人民的聲音。中方跟隨這個做法並無難度，因為它符合毛澤東自延安時期起便提倡的「群眾路線」，藉以發動幹部和知識分子向群眾學習。[19]

15　Roxburgh, *Pravda*, pp. 26, 61, 76-79.

16　見《北京日報》，1952 年 10 月 1 日，第 4 版。

17　鄧拓，《鄧拓文集》，4 卷本（北京：北京出版社，1986），第 1 卷，頁 282-284。

18　胡績偉，《青春歲月：胡績偉自述》，頁 323。

19　Hung, *War and Popular Culture*, pp. 221-269.

蘇聯報紙也化身為申訴大使，把讀者的投訴轉交政府相關部門，還會跟進個案以確保行政機關回應了人民關心的事。[20]「讀者來信」在《人民日報》和《北京日報》也是備受歡迎的欄目。中國的報紙也扮演調解員的角色，將讀者的投訴傳遞至相關部門，但還是比不上蘇聯報紙。中國報紙的「讀者來信」很大程度上類似書籍審查員收到讀者對某書刊的投訴。最大的差異在於報紙編輯所收到的來信可能是負面的，也可能是正面的；而書籍審查員接獲的大多是對某些作者的指控，懷疑作者偏離了黨的路線。

內容

　　監督《北京日報》運作的市委，一開始就表明報紙工作必須「確實保證完全放在政治上、思想上絕對可靠的幹部手中」。[21] 這重要的任務交託兩位有資深新聞經驗的北京市黨委去執行：范瑾（1919-2009）和周遊。范瑾的父親是地主，她在 1938 年 1 月加入共產黨，1940 年代在甚有影響力的《晉察冀日報》擔任記者，受該報總編輯、現代中國極具聲望的報人

20　Sheila Fitzpatrick, "Signals from Below: Soviet Letters of Denunciation of the 1930s," in *Accusatory Practices: Denunciation in Modern European History, 1789-1989*, ed. Sheila Fitzpatrick and Robert Gellately (Chicago: University of Chicago Press, 1997), p. 89.

21　〈本報有嚴重政治歷史問題人員情況〉，北京市檔案館，114-1-127。

鄧拓指導。[22] 范瑾擔任《北京日報》社長時，也兼任中共北京市委宣傳部副部長。而曾任北京市人民政府新聞出版處長的周遊，則任《北京日報》的副社長兼總編輯。[23] 1949 年前，周遊在晉察冀邊區從事新聞工作，1949 年後，他則監管首都的出版書刊業，這樣的豐厚經歷使他成為新報章日常營運的最佳負責人。開始時，范瑾和周遊領導 296 人的報社班子，其中有多少人屬於編輯部則不詳。[24] 到了 1960 年，報社人員增至 409 名，其中 120 人屬於編輯部。[25]

《北京日報》創刊時出紙四版。頭條新聞是〈慶祝中華人民共和國成立三週年〉，附上孫中山（1866-1925）和毛澤東的照片，並排而列（見圖 3）。此後遇上國慶等特別節日會出紙六版。頭版循例是報導國內外的大事和重要發展。隨後的幾版則有不同的欄目，包括「黨的生活」和「讀者來信」，清楚展現來自蘇聯報紙的影響。[26]

列寧告誡蘇聯新聞業，表示俄羅斯人口半數是文盲，所以

22　范瑾，〈懷念與敬意：回憶市委領導對北京日報的關懷〉，《新聞與傳播研究》，第 1 期（1983），頁 48-58；有關鄧拓的英文傳記，見 Timothy Cheek, *Propaganda and Culture in Mao's China: Deng Tuo and the Intelligentsia* (Oxford: Clarendon Press, 1997)。

23　周遊，〈堅持唯物主義，堅持實事求是：紀念北京日報創刊 30 週年〉，《新聞與傳播研究》，第 1 期（1983），頁 59-67。

24　《北京日報三十年》（出版地不詳：出版社名、年分不詳），頁 213。

25　〈北京日報編制人數初步意見〉，北京市檔案館，114-1-127。

26　例如見《北京日報》，1952 年 10 月 1 日，第 4 版。

報紙的用語一定要簡單直接。[27]《北京日報》也有一項類似的指導方針：「語言文字要精練簡潔……使普通讀者都能夠了解。」[28] 方塊文章都盡量簡短以留住讀者的注意力。此外，為了接觸更多讀者並令版面不致太單調，《北京日報》跟隨《人民日報》的做法，靈活地加入圖片、漫畫和連環畫。很多作品來自著名藝術家之手筆，如李樺（1907-1994）的《戰勝保守思想》系列。[29] 總的來說，中國報業使用圖像表達的手法，在形式和內容上顯然比蘇方來得更精細和更有創意。

《北京日報》既然是市委的報紙，就肩負解釋官方政策和提供施政資訊的責任，就像布魯克斯所說的蘇聯報章所起的作用一樣。該報及時適當地報導了 1954 年 6 月國家公布的第一部憲法、[30] 1957 年的整風運動、[31] 1958 年推行的「三面紅旗」——社會主義建設總路線、大躍進和人民公社——即毛澤東的急速現代化大計。[32]

《北京日報》的外國新聞報導並不如《人民日報》那麼廣泛，但總算是個讓市委對外介紹北京的途徑。頭版大篇幅專門報導蘇聯的卓越成就是可預料的，尤其是在每年十月革命慶典

27　引自 Roxburgh, *Pravda*, p. 17。

28　北京市檔案館，114-1-15；又見 114-1-160。

29　《北京日報》，1952 年 10 月 22 日，第 3 版。

30　《北京日報》，1954 年 6 月 15 日，第 1 版。

31　《北京日報》，1957 年 5 月 1 日，第 1 版。

32　《北京日報》，1958 年 7 月 31 日，第 1 版。

的期間。[33] 史達林死後，《北京日報》於 1953 年 3 月初撰寫悼文，稱他為「當代最偉大的天才，世界共產主義運動偉大的導師」。[34] 朝鮮最高領導人金日成 1958 年 11 月 22 日國是訪問中國，也在頭版登載，展示這兩個亞洲社會主義國家的緊密關係。[35] 譴責美帝國主義的文章則多不勝數，特別是關於它侵略中東阿拉伯國家的報導。[36]

　　《北京日報》一如其名，用大篇幅專門報導首都的新聞。其中一個顯著的專題是連續報導石景山鋼鐵廠的成就，這個全國數一數二的大規模煉鋼廠位於北京西郊。到了 1953 年第一個五年計畫期間，相關的報導來得更加頻密，顯示中國正加速工業化的步伐。[37] 范瑾和周遊知道要爭取北京讀者的心，就要用本地人熟悉的文化和社會語言，讓居民有種自家人的感覺。因此，報紙專欄分為「北京店員」、「北京婦女」及「北京兒童」，以求增加本地歸屬感。[38]

　　到了 1956 年初，《北京日報》經重新編排版面後，本地

33　例如見《北京日報》，1952 年 11 月 7 日，第 1-2 版；及 1958 年 11 月 7 日，第 1-4 版。

34　《北京日報》，1952 年 3 月 9 日，第 1 版。

35　《北京日報》，1958 年 11 月 23 日，第 1 版。

36　《北京日報》，1958 年 7 月 19 日，第 1 版。

37　《北京日報》，1954 年 3 月 27 日，第 1 版；及 1958 年 5 月 28 日，第 1 版。

38　《北京日報》，1952 年 10 月 22 日，第 4 版；1952 年 10 月 26 日，第 4 版；及 1952 年 11 月 14 日，第 4 版。

新聞更加成為重點，占了頭兩版，而國際新聞則退居第四版，還增加了「大眾科學」及「體育和運動」等欄目。[39] 這些變動無疑是為了吸引更多本地人注意。

《北京日報》得到讀者熱烈的回應。1952 年它的售價是 6 分錢一份，1957 年的售價降至 5 分錢，[40] 月費合計 2 元以下，而 1950 年代中期北京較低級的建築工人的月薪是 33.66 元。[41]《北京日報》的發行量從 1952 年的 27,000 份，倍升至 1953 年底的 56,000 份。[42] 到 1950 年代後期，發行量達至 100,000 份。[43] 1962 年的發行量是 149,284 份，略遜《人民日報》的北京發行量 159,009 份。[44]《北京日報》也仿效蘇聯報章，偶爾做些調查去評鑑自己的角色和徵集公眾意見。它做的一項調查顯示《人民日報》的讀者多是官員和教師，而《北京日報》的讀者多是工人和小職員。[45] 不過，銷售量提升的原因離不開共產黨在背後動員。1958 年的一份市委內部文件指示：「除個人自

---

39 〈北京日報版面革新計劃（草案）〉，北京市檔案館，114-1-40。

40 1952 年報紙每份售價 600 元人民幣（見《北京日報》，1952 年 10 月 1 日），這是依據 1948 年 12 月 1 日中共的中國人民銀行制定首個貨幣系統的價錢。1955 年，人民銀行發行新紙鈔，以新人民幣 1 元兌換舊人民幣 1 萬元。因此舊制 600 元等於新制 6 分。

41 李唯一，〈中國工資制度〉（北京：中國勞動出版社，1991），頁 96；有關 1950 年代的工資制度，又見嚴仲勤，《當代中國的職工工資福利和社會保險》（北京：當代中國出版社，2009），頁 41。

42 北京市檔案館，114-1-22。

43 北京市檔案館，114-1-80。

44 北京市檔案館，114-1-159。

45 北京市檔案館，114-1-159。

費訂閱以外，每一個黨的支部（農村支部除外）至少要訂閱一份《人民日報》和一份《北京日報》，可以用黨費、團費、工會會費開支。」[46]

1958 年 3 月，它的姊妹報《北京晚報》創刊，黨委要求它「面向基層、補日報之不足」。[47]《北京晚報》比起日報來說，幾乎清一色是本地新聞。[48] 1950 年代末期，第三份報紙《北京農民報》面世，以鄉郊讀者為對象，主要報導農業事務。[49]

環環相扣的控制系統

《北京日報》是怎樣運作？編輯工作如何？報社與政府之間又有什麼關聯？這些問題是了解社會主義中國如何控制報業的關鍵。當然，《北京日報》作為市委的喉舌報，理應執行它的基本任務，即循規蹈矩地傳播官方消息。報社表面團結一致忠心愛黨，但據內部資料顯示，它的內部運作遠遠稱不上和諧協調。中共官員建立了一套系統，嚴厲控制在報紙上什麼內容可以登或不可以登，跟書籍發行的控制相似。這個系統包括對編輯政策橫向和縱向的監管。報社高層還發動內部清算，施行

46　北京市檔案館，114-1-80。

47　〈改進北京晚報的初步意見〉，北京市檔案館，114-1-120。

48　例如 1961 年 3 月 19 日的頭條新聞是有關模範農村郵差任成水的故事，他是北京西南房山縣的忠誠共產黨員。見《北京晚報》，1961 年 3 月 19 日，第 1 版。

49　北京市檔案館，114-1-121；及 114-1-204。

查禁手段，及搜集支持中共政權的讀者來信。

　　橫向監管方面，《北京日報》外表看來是由編輯部管理，由范瑾和周遊領導，定期與編委會成員討論重大事情。若涉及中共的重要政策時，編委會便會召開「編委會擴大會議」，邀請不屬編委會的報社高層參加，做集體決策。監督報社意識形態的是《北京日報》的「黨支部」，代表中共在報社的核心價值。一份市委紀錄很強調「支部對〔政治〕學習的領導」。[50]北京市委第二書記劉仁（1909-1973）提醒報社同仁：「不抓支部，黨的方針、政策、主張就會梗塞，好多工作到不了底。」[51]

　　這種橫向監管還加上黨高層領導由上而下的縱向監督。史學家石莊那（Patricia Stranahan）研究《人民日報》，發現中共中央委員會對報章全方位監控，就算「沒有任何中央委員會的人在報社任職」。[52] 同樣的情況也在《北京日報》出現。共產黨對《北京日報》壓頂的影響，來自中央和市委兩方面。這種控制可見於三個層面。編委會的頂頭上司是鄭天翔（1914-2013），他是北京市委常委，負責宣傳工作。檔案資料顯示，鄭天翔通常不會參加編委會的會議，卻經常對報紙該如何強調國家大事提出指示。他會修改放在桌上待他通過的社論或特

50　〈北京日報黨總支會議記錄〉，北京市檔案館，114-1-25；又見 114-1-171。

51　中共北京市委劉仁傳編寫組編，《劉仁傳》（北京：北京出版社，2000），頁 422。

52　Stranahan, *Molding the Medium*, p. 168.

寫稿，及嚴厲批評他認為不夠水準的文章。舉例說，1963 年
他斥責一篇《北京晚報》的報導，認為嚴重誇大了中國的棉花
產量。[53] 社長范瑾需要經常詢問他的意見，以免偏離官方的觀
點。[54] 鄭天翔雖然大權在握，卻得聽從北京市長彭真的指示。
彭真時刻都在關注《北京日報》的出版。他甚少交代具體事
項，但經常就報紙的大體方針給予主編們籠統的「指示」。[55]
多年後，范瑾回想起市長經常打電話提點他們，必須及時刊
出中共的公告。[56] 第三條縱向監督來自市委之外權力更高的機
構：中宣部。中共的決定時常由中宣部傳給北京市委，再經范
瑾發給編委會，這個步驟在報社裡稱為「傳達」。這樣由中央
領導發下指令到報社的方式是最具權威的。報社編委很少會
獨立行事。一旦有大事發生，編委時常請求各層上司給予指引
——報社稱之為「請示」。[57] 這三條縱向層面的監管——來自
鄭天翔、市長彭真及中宣部——能確保《北京日報》有統一口
徑。如此橫向結合縱向的監管系統，形成更嚴格的控制，比起
蘇聯官方對《真理報》、《消息報》（*Izvestia*）等報紙的監
控，有過之而無不及。[58]

53　北京市檔案館，114-1-179。

54　北京市檔案館，114-1-237。

55　見彭真對《北京日報》新年社論寫的評語，北京市檔案館，114-1-225。

56　范瑾，〈懷念與敬意：回憶市委領導對北京日報的關懷〉，頁 49。

57　〈編委擴大會議〉，北京市檔案館，114-1-176。

58　Roxburgh, *Pravda*; and Brooks, *Thank You, Comrade Stalin!*.

培訓與整肅

除了新聞工作者要做詮釋、互動和提供資訊的報導外，《北京日報》的主編還比蘇聯同行多了一個使命，就是要培養後輩，將新聞工作室變成短期學堂，訓練未來的專業幹部和宣傳大員。〈北京日報工作條例〉清楚說明，報社其中一項任務是「幹部培養工作」，因為「不斷地提高〔新聞業〕幹部水準，是不斷地提高報紙水準的一個重要條件」。[59]

培訓有兩種形式：專業的和意識形態的。報社為資淺的編輯和記者開辦短期的「新聞訓練班」，學習編輯形式及提升報導技巧。[60] 1961 年的訓練班完成後，據報 28 個學員中，有 12 人（43%）是「政治思想表現較好、業務進步較快的學員」；13 人（46%）比較平庸；以及「政治思想覺悟較低，工作不夠努力，不適合作新聞工作的〔有〕3 人（11%）」。[61]

不過，更重要的還是意識形態的教育。這項工作基本上是由黨支部負責，指導報社安排記者上學習班，並每年抽調幹部短期離職受訓。[62] 事實上，這兩種培訓課程難以區分，因為不論是哪個課程，參與者都要接受市委高層的政治灌輸。例如，學員在受訓時要讀懂毛澤東的名著如《矛盾論》和《實踐

59　北京市檔案館，114-1-160。

60　北京市檔案館，114-1-130；又見 114-1-160；及 114-1-229。

61　北京市檔案館，114-1-130。

62　北京市檔案館，114-1-160。檔案並未提及他們被送往哪裡學習。

論》。[63] 一份 1960 年的報告透露了以下的好消息：「〔所有學員〕普遍認識到做好新聞工作，首先要關心政治，認真學習黨的方針政策，聽黨的話，按照黨的指示去作。」[64]

黨支部另外一項同樣重要的任務，就是肅清《北京日報》內的不良分子，這是一項自報社成立以來便成了永無休止的任務。正常情形下，滿懷壯志的青年要加入中國共產黨，必須先做預備黨員，為期一年。要成為正式黨員，他們必須通過一個稱為「轉正」的步驟，他們的身分來歷和工作現況都受到黨支部嚴格的評審。[65] 這個步驟很嚴苛，而且也有重要的象徵意義，讓人看到誰在主宰一切。檔案資料顯示負責評審的高層官員經常大筆一揮，對個別人士留下武斷和貶低的評語。1953 年 8 月的一場評審會上，評審官商議一個吳姓預備黨員的轉正申請，最後達成決議：「該同志工作有一定能力，有點小資產階級的思想意識，不虛心，工作不正常，考驗他對黨真誠後才轉黨，延長一期。」[66] 該會議紀錄沒有交代吳同志的背景，因此我們不明白他為何被斥為有政治問題。但再清楚不過的是，在報社和北京市黨委裡，誰大權在握，誰決定報社人員的命運。

市黨委的控制方式最能讓人感到它威力的地方，是肅清在報社裡的所謂「敵人」。1955 年 7 月，中共中央委員會推展遍

及全國的「肅清一切暗藏的反革命分子運動」，以整肅黨內的隱藏敵人時，《北京日報》積極回應，立刻展開內部調查。[67] 這樣的運動並非前所未有：延安時期中共也有類似行動，調查陝甘寧（陝西－甘肅－寧夏）邊區裡疑似國民黨間諜的黨員。[68] 但這次是在中華人民共和國成立後推行。社長范瑾警告：「我社幹部政治情況十分複雜，存在著極為嚴重的不純現象。」她向上司承認，報社管理層在僱用這些人之前並未徹底調查他們的背景，這個疏忽她要承擔很大責任。[69] 黨支部官員的調查結果甚為驚人。報社共有幹部 247 人，當中有「重大政治歷史問題」的幹部有 28 人。這批人之中，23 個是與編輯部這個全報社最重要的部門有關聯：五人當過特務，五人是國民黨的「骨幹分子」，兩人是「現行反革命活動」分子，一人是「叛黨分子」，一人是「托匪分子」，另有九人仍受調查。[70] 此等揭發令人心寒：即使中華人民共和國已建立數年，「敵人」仍然深藏不露，靜待時機去搞破壞。可惜報告沒有提供姓名，也沒有透露這些問題人物在建國六年之後身世遭揭穿的原因及方法。范瑾只是說這些人「平常工作消極……敵視人

---

67 《北京日報》，1955 年 7 月 3 日，第 1 版。

68 陳永發，《延安的陰影》（臺北：中央研究院近代史研究所，1990），頁 1-186。

69 〈本報關於幹部問題的總結、報告、情況等〉，北京市檔案館，114-1-43。

70 北京市檔案館，114-1-43。

民」。[71] 這樣含糊的指控和調查過程中所處的混亂狀態，令人懷疑這就像早前在延安的做法一樣，很多此類被揭發的「敵人」，都是冤枉或因政治仇恨而遭人陷害的。

1957 年推行的整風運動及接著的反右運動，促使《北京日報》再次整肅報社。不出所料，報社的管理層跟從了中央政府的指示，立即展開調查。經過一番詳細追查後，它在 1958 年揭發了共七個「右派分子」，隨即把他們「開除黨籍」。[72] 范瑾一眾再次循例地公開「自我批評」一番，承認犯錯是因為他們這些領導人之中「存在著資產階級思想」。這次整肅像上次一樣，讓報社有機會再對黨中央表達堅定不移的忠誠。報社在呈交黨委的報告中說得清楚：「在百家爭鳴和整風過程中，在黑雲亂翻，資產階級右派分子呼風喚雨、推濤作浪的那些動盪的日子裡，我們的報紙在政治方向上是明確的 —— 堅持了社會主義的政治方向。」[73]

1960 年代初，毛派分子推動的反修正主義鬥爭引起廣泛的恐慌。那個時候，毛派激進分子與劉少奇領導的實幹派之間的意識形態分歧變得更加劇烈。毛澤東控制的中共中央委員會發出指引，范瑾隨即跟從，發起一場內部檢查以剷除報社裡的「修正主義分子」。三組有問題的人士之中，16 人列為有「嚴

71　范瑾，〈關於批評與自我批評等問題的發言〉，北京市檔案館，114-1-39。

72　〈本報黨員情況統計報表〉，北京市檔案館，114-1-90。

73　〈本報宣傳報導檢查〉，北京市檔案館，114-1-68。

重政治問題」，包括「審查中發現有嚴重政治歷史問題和嚴重
修正主義、右傾機會主義思想觀點的分子」，立刻遭到批鬥。
另外，10 人列為需要長期下放勞動鍛鍊，12 人列為「不適合
作報紙工作」。這次的整頓均有上報姓名，顯示指控尤為嚴重
及主編決意揭發並清除此等人士。一連串的政治運動引致多場
整肅，後果是餘下夠資歷的報社人員不足以應付日常工作。一
份 1960 年代內部備忘錄透露：「日報編輯部只有編輯記者 79
人，晚報編輯人員只有 21 人。」正因勝任的記者和編輯人數
不斷減少，范瑾不得不發出緊急請示：「我們請求市委急速抽
調一批具有相當政治理論與寫作水準的幹部」[74]，前來支援。

內部審查

　　什麼新聞適合刊登？這個看似簡單的問題對《北京日報》
來說實在難以解答。之前說過，市委要求《北京日報》交由政
治最可靠的人管理，所以一開始它便下令編委會設立「調查制
度」去小心評價每篇稿件。發稿之前，作者的「政治面目」必
先經過仔細查察。[75] 報紙編輯不單要防範外面來源不可靠的投
稿，對來自報社的供稿也要加以提防。

　　范瑾與周遊認為，必須訂立一套編輯和記者可依循的準

74　北京市檔案館，114-1-127。
75　〈北京市委關於改進北京日報工作的決議（草案）〉，北京市檔案館，
　　114-1-37。

則。他們在一份編委備忘錄中提議：「為了防止政治性和技術性差錯的發生，整頓工作秩序，特制定以下發稿和改稿程式。」這個出版程式指定審稿要經過仔細的監察步驟。重要的稿件，一律「先內後外」，即社論和頭條新聞要先由總編輯審改，然後才呈交市委領導如彭真和劉仁通過。出版規則還包括基本細節，如哪些人員和哪些部門才有權把獲得通過的稿件送往排版房。[76] 毫無疑問，有權力決定哪些稿件可以見報的，不是編輯委員會，而是北京市委。

　　為確保報社人員跟從已規定的做法，范瑾和周遊訂立了一套稱為「批評界限」的準則，稿件大概分為三類：「不發」、「少登」和「可發」。「不發」的稿件包括批評國家的經濟及社會制度、洩露國家市場供求情況、討論工業品質和暴露中國落後情形。「少登」的是那些雖然不是禁發，但還是要盡量避免的題目，如有關大型火災、工業災難、煤氣中毒及物價上漲。「可發」的是有關日常生活的題材，如民眾要求產品多樣化以供選擇及商店改善服務態度等。[77] 從這個準則看，最後能刊登的，很明顯是不會讓政府丟臉的。當涉及報導敏感的政治事件，如政府貪汙腐化、宗教活動和民族矛盾，《北京日報》就有很大的盲點。

76　〈北京日報關於發稿、審稿和改稿程序暫行規定〉，北京市檔案館，114-1-98。

77　〈本報編委會會議記錄〉，北京市檔案館，114-1-158；又見〈編委擴大會議〉，北京市檔案館，114-1-176。

　　然而，這些準則並不總是具體清晰，經常令編輯部感到混亂和惶恐。報紙上已刊出的文章，往往不久後就被指為過於涉及政治和軍事等敏感議題。一份 1960 年題為〈本報關於宣傳報導中保密檢查及改進意見〉的內部文件顯示，市委領導批評《北京日報》刊登了犯禁的題目，包括一篇有關北京幾所大學聯合舉辦電子工程研究的報導，被斥為「暴露了三個保密工廠的廠址」，[78] 這類題目因國家安全問題已不准觸碰。

　　隨著政治形勢的改變，一些可發的題目清單也不能維持不變。當了多年共產黨員的范瑾和周遊，明白在政治險灘上遊走時要明哲保身。然而，個別編輯偶爾也會發聲反對。例如 1962 年 5 月 14 日的編輯會議上，副總編輯羅林（1919-1992）抱怨：「在新的歷史時期怎樣辦好報紙是個根本方針問題……〔但現在〕有些東西不能報導，有些又不能像過去那樣報導。」[79] 羅林的抱怨難得曝光，卻點出中國新聞界如履薄冰的困境。報人得不斷警醒自己，不可逾越官方批准的出版紅線。

讀者來信

　　《北京日報》像蘇聯報章一樣，堅稱決心「反映人民群眾的意見和要求」，還要「揭發和批評北京市所屬各單位當前工

78　〈本報關於宣傳報導中保密檢查及改進意見〉，北京市檔案館，114-1-122。

79　北京市檔案館，114-1-158。

作中的缺點和錯誤」。[80] 這裡所說的「人民群眾」是以「勞動
人民為主，即工人、農民、國家機關和企業的幹部，學校的
教職員和學生」。[81] 編輯和撰稿人都認真看待這份任務。《北
京日報》從創刊號開始便有「讀者來信」一欄，可見他們特別
留意與讀者交流的工作。[82] 但《北京日報》比蘇聯同行更多走
一步。日報編輯體諒很多讀者只能勉強讀懂報紙，甚至「寫
〔信〕不方便」，便提出「請到報社來談」的建議。[83] 這種
面談方式，更能打破報社與讀者之間的隔膜。[84] 這樣靈活的手
法，至少可維護《北京日報》是真正屬於人民的形象。

　　「讀者來信」一欄定期刊登，很快便成為最受歡迎的欄
目。《北京日報》在 1952 年收到 2,855 封來信。[85] 翌年則是創
紀錄的 29,355 封。[86] 到了 1959 年，總數回落至 18,492 封，原
因不明。[87] 1962 年頭三季的來信達 12,175 封。[88] 報社在 1952
年接見了 188 位讀者，是首次有紀錄的數目。[89] 1959 年有 475

80　〈北京日報情況介紹（草稿）〉，北京市檔案館，114-1-56。
81　北京市檔案館，114-1-37；又見 114-1-22；及 114-1-56。
82　《北京日報》，1952 年 10 月 1 日，第 4 版。
83　見〈讀者來信〉，《北京日報》，1952 年 10 月 2 日，第 2 版；又見
　　〈1959 年來信工作總結〉，北京市檔案館，114-1-97。
84　北京市檔案館，114-1-97。
85　《北京日報》，1953 年 1 月 7 日，第 2 版。
86　北京市檔案館，114-1-22。
87　北京市檔案館，114-1-97。
88　北京市檔案館，114-1-159。
89　《北京日報》，1953 年 1 月 7 日，第 2 版。

位讀者來訪。[90] 而 1962 年的首三季，共有 283 位讀者到訪。[91]

1953 年收到的 29,355 封來信中，9,481 封被報館列為「批評信件」——但批評什麼和批評程度有多重？[92] 叩門而來的讀者究竟和報社人員談些什麼？這些來信及來訪真的能「反映人民群眾的意見和要求」？它們有沒有如《北京日報》聲稱的「批評北京市所屬各單位當前工作中的缺點和錯誤」？

菲茲派翠克研究 1923 年蘇聯官方為廣大農村人口開辦的《農民報》（*Krest'ianskaia Gazeta*），發現報紙的「讀者來信」題材廣泛，包括指責地方官員濫權，集體農莊（kolkhoz）的收入分配不公，私墾自留地，甚至走後門求職。報紙登了很多針對集體農莊主席和農村領導的譴責信，請求領導高層深入調查並糾正地方官員的錯誤。[93] 可惜的是，北京市檔案館所藏的《北京日報》檔案中，沒有包含原本的信件，只有統計數字。唯一留存的只有已刊登的信件摘錄。我們大可假定，如果只是摘錄，它們大多經過小心處理，甚至經報社人員改寫得好看一點才發表。因此，目前對這些來信做任何評價，都只算是初步功夫。

《北京日報》的編輯把 1952 年收到的 2,855 封來信分成三

90　北京市檔案館，114-1-97。

91　北京市檔案館，114-1-159。

92　北京市檔案館，114-1-22。

93　Sheila Fitzpatrick, "Suppliants and Citizens: Public Letter-Writing in Soviet Russia in the 1930s," *Slavic Review* 55, no. 1 (Spring 1996): 78-105.

類：830 封有關財經，1,187 封有關政法，838 封有關文教。[94]
1959 年收到的 18,492 封來信分類稍微不同：其中關於工業、
基建、財貿、農業的占約 40%，有關文教衛生的占 25.3%，有
關行政法律的占 31.7%。[95] 編輯人員沒交代劃分的準則。我們
細究之下，會發現刊登出來的信件涵蓋大量不同主題。例如，
工業勞動模範劉英源來信稱頌中央政府的增產節約運動。[96] 但
大部分的來信，都與民生問題有關。例如，天安門廣場東的東
單，一小學教師在國際婦女節來信，表示立志做好教導兒童的
工作。[97] 在京城西北的海澱區，一名女子堅決反對父母的保守
思想，爭取擇偶自由，這自由已受 1950 年 5 月政府頒布的新婚
姻法所保障。[98] 有些來信可歸類為譴責信，包括投訴首都西南
的宣武區，有不法資本家盜賣國家資產，為自己的工廠帶來好
處；[99] 石景山鋼鐵廠醫院拒絕出診服務，導致該廠有工人的兒
子因為在家裡煤氣中毒失救死亡，醫院因而遭到讀者批評。[100]

　　稍前提過，中國報人在蘇聯同業的影響下擔當調解員的任
務，熱心處理讀者關注的事並將他們的投訴轉交相關的政府部

94　《北京日報》，1953 年 1 月 7 日，第 2 版。

95　北京市檔案館，114-1-97。

96　《北京日報》，1952 年 10 月 1 日，第 4 版。編輯提及很多人知道《北
　　京日報》即將創刊，便提前寄信至報社。

97　《北京日報》，1954 年 3 月 9 日，第 2 版。

98　《北京日報》，1953 年 1 月 11 日，第 2 版。

99　《北京日報》，1955 年 1 月 6 日，第 2 版。

100《北京日報》，1953 年 1 月 12 日，第 2 版。

門。這樣出力氣的服務也有些成果，例如有讀者投訴在未獲通知便突然沒水供應，於是北京市自來水公司便對設置新水管時的疏忽而回信致歉。[101] 同樣地，當有讀者投訴工人伙食太差後，北京市人民機器總廠回應會立即改善伙食。[102] 這樣的互動過程為《北京日報》添了名聲，給人的印象是個真正為讀者服務的報業機構。不過，我們若更深入點看，就會發覺儘管題目五花八門，但這些「意見」信看起來和政府公告大體相似，只不過是以人民的名義發表。整體而言，來信充滿對前景的樂觀，多數是贊成國家政策及擁護中共政權。至於《北京日報》原本建議對政府的「缺點和錯誤」提出批評的來信，即使有，也是少之又少。

這些讀者來信不涉及政治，只以人民日常生活為主。然而，從另一角度看，它們也可說是極其政治化，因為寫這些來信的人十分擁戴中共，大多都提及有利官方的消息，誇大政府的功績。1953 年 3 月，《北京日報》刊登了一名朝鮮人民軍的來信，表示「感激中國人民〔在韓戰中〕的支援」。[103] 1957 年 6 月 9 日的另一類來信是支持政府禁止自由主義在中國的發展。來信者譴責當時屬於知識分子報紙的《光明日報》的總編輯儲安平（1909-1966），因為他公開批評中共是個獨裁的「黨天下」政權──這是 1957 年鳴放運動早期已為人熟

---

101 《北京日報》，1953 年 1 月 9 日，第 2 版。
102 《北京日報》，1953 年 1 月 12 日，第 2 版。
103 《北京日報》，1953 年 3 月 12 日，第 2 版。

知的事件。寫信的人抨擊儲安平是「搬出極大的帽子來扣共產黨」，質問他的「發言有何根據」並總結：「我們國家要走社會主義道路，黨員領導正是保證走這條光明大道的重要條件之一。」[104] 不久之後，官媒便對儲安平展開全面批鬥。

　　表面上，這些「意見」信可以看成是「公眾」的，因為它們是表達輿論的一種形式。事實上，它們是中共探測及評估民情的方便之門，尤其是在推展鳴放運動等大型政治動員的時候。偶爾的確會有幾封來信投訴地方官員濫權或個別工廠違法，但極少公開譴責中共。即使有這些來信，獲得刊登的機會也不大。政治學者張伯賡（Julian Chang）正確地觀察到中國和蘇聯兩者的宣傳系統都有一個明顯之處，就是它們「對群眾沒有公開使用譏諷的言詞」。[105] 但這不代表共產黨信任群眾，這點可從《北京日報》的讀者來信看到。「人民的聲音」一定要謹慎地監控，民意的疏導也要有利於社會主義革命。

危機四伏

　　蘇聯往往以萬眾一心的外表掩飾領導層的政治鬥爭，中共領導人也一樣，彼此的矛盾極少公開。但到了 1950 年代末期

---

104 《北京日報》，1957 年 6 月 9 日，第 2 版。

105 Julian Chang, "The Mechanics of State Propaganda: The People's Republic of China and the Soviet Union in the 1950s," in *New Perspectives on State Socialism in China,* ed. Timothy Cheek and Tony Saich (Armonk, N.Y.: M. E. Sharpe, 1997), p. 110.

情況有變，最高領導層之間的意識形態出現重大分歧。一方是毛澤東，主張不斷階級鬥爭（即「政治掛帥」）及在「三面紅旗」下加速集體化；另一方是劉少奇，傾向比較務實有序的經濟計畫，容許自留地和農村自由市場。毛澤東認為劉少奇搞資本主義復辟，並於 1959 年 9 月警告有「資產階級分子」已經混進黨裡，要立刻展開批鬥。[106] 這件往事現在已是廣為人知。我們更知道在這次政治鬥爭中，北京市長彭真和北京市委高層，以及《北京日報》的總編輯和主管，都比較支持劉少奇。這批人其後在文化大革命初期遭毛派清算。根據一般說法，范瑾和周遊在這次權力鬥爭中完全擁護劉少奇。不過，這種說法卻忽略了更為複雜的人情世態，看不到報社內的劇烈辯論、喧鬧內訌和對政局的焦慮不安。

　　《北京日報》最後所贊同的，確實是劉少奇的務實主義路線，但中間經歷了不斷變化的過程。至少在 1950 年代末到 1960 年代初，該報仍持續熱烈地報導毛澤東的三面紅旗政策。毛澤東的急進經濟計畫所帶來的成功消息（後來證實是誇大了的）成了報紙重要的頭條新聞。例如 1958 年 10 月 2 日，一篇題為〈歡呼總路線，歌唱大豐收〉的報導占了頭版。[107] 1959 年 8 月 30 日，另一則頭條新聞稱讚河北省模範的建明人民公社的成就。[108]

---

106 引自 Roderick MacFarquhar and John K. Fairbank, ed., *Cambridge History of China*, vol. 15 (Cambridge: Cambridge University Press, 1991), p. 71。
107 《北京日報》，1958 年 10 月 2 日，第 1 版。

然而，市黨委高層對這樣的吹捧報導並不認同。根據北京市黨委出版的《劉仁傳》，第二書記劉仁在得知《北京日報》刊登了一則題為〈朝陽土爐一舉蓋雙鋼〉的報導時大發雷霆。這篇 1958 年 10 月底的文章，報導了北京東城朝陽區的總鋼鐵產量一日達 265 噸，遠遠超過北京特殊鋼鐵廠和石景山鋼鐵廠當日合計的產量。劉仁炮轟編輯刊登劣質和誇張失實的報導。[109] 劉仁的意見是得到彭真的認可，彭真對大躍進很有意見。《北京日報》編委會的會議紀錄也讓人看到，他們因毛澤東的群眾運動所帶來浮誇產量滿載紙上而深感不安。[110] 曾任《人民日報》總編輯的鄧拓，於 1958 年加入北京市委，領導宣傳部工作。1961 年 3 月，他寫了一連串散文，登在《北京晚報》副刊「五色土」（後統稱為「燕山夜話」）一欄，諷刺毛澤東不切實際的工業發展目標和狂熱的大躍進運動。[111] 文化大革命初期，鄧拓被毛派打成「大毒草」，是「反黨反社會主義黑線」。[112]

---

108 《北京日報》，1959 年 8 月 30 日，第 1 版。

109 《北京日報》，1958 年 10 月 23 日，第 1 版；及中共北京市委劉仁傳編寫組編，《劉仁傳》，頁 391。

110 北京市檔案館，114-1-139；114-1-140；及 114-1-141。

111 鄧拓的文章首先在 1961 年 3 月 19 日的《北京晚報》刊登。見馬南邨（鄧拓），〈生命的三分之一〉，《北京晚報》，1961 年 3 月 19 日，第 3 版。有關鄧拓在《北京晚報》文章的討論，見 Cheek, *Propaganda and Culture*, pp. 240-254。

112 《北京日報》，1966 年 5 月 29 日，第 3 版。

　　報社內部並非風平浪靜。為了免受政治牽連，共產黨官員都特意說話含糊和難以捉摸，包括市長彭真。早在 1958 年 11 月，彭真為《前線》——市委的理論刊物，由鄧拓主編——創刊號所寫的發刊詞裡，提醒同僚「不能違背客觀規律，任意亂幹」，這明顯是不贊同毛澤東急進的工業化計畫。但之後彭真馬上又用上不會挑起事端的毛派政治術語：「北京市黨的組織是緊處在毛澤東同志和黨中央跟前的。」[113] 市委此類模稜兩可和含糊的話語，實在令《北京日報》的編輯無所適從。

　　起初范瑾和同事都採取謹慎的態度，這是不難理解的。他們召開編委會議和舉辦學習班，去討論來自上層卻又矛盾重重的政治決策。到了 1960 年代初，會議比以前的次數更頻密、時間更長，顯示要審慎處理的事情越來越多，集體決定越來越難達到一致。就如 1961 年 7 月 8 日，《北京日報》、《北京晚報》和《前線》各編輯人員在北海公園舉行會議，籌劃正確的出版策略；但除了幾個大道理外，什麼結論也談不出來。[114] 其中一個與會者都同意的大道理，是范瑾和周遊所謂的報社總體「方向性」，即「那些能夠體現黨的政策，解決當前主要矛盾的重大典型經驗」。[115] 但「方向性」一詞很難界定又易變，指示又過於抽象，難以落實到具體情況。這類公式化的口號，

113　彭真，《彭真文選，1941-1990》（北京：人民出版社，1991），頁313，316。

114　宋連生，《鄧拓的後十年》（武漢：湖北人民出版社，2010），頁90。

115　北京市檔案館，114-1-120。

通常都是有意而為，在世事難料的形勢下，這是迴避政治難關的最保險方法。

報社中人因而處於混亂和沮喪之中。毛澤東當然是共產黨的最高領導，他的話是神聖的、不容置疑，但編輯人員抱怨主席的指示太難跟隨。1963 年 10 月 22 日一場編委會會議討論了「反官僚主義」，出席者有八位，包括范瑾、周遊、羅林、何光（1920-2015），但他們無法決定報社下一步該如何走：

> 范瑾：沒看得簡單，信心不大。紅線問題〔指毛澤東對社
> 　　　會主義革命和三面紅旗的主張〕不容易解決。發揮
> 　　　集體力量不夠。紅線要找還是可以找到，鑽研不夠
> 　　　階級教育。
>
> 羅林：主要還是思想方面，許多方面〔黨高層政策〕只是
> 　　　提了一下，不很明確，編委會都不太明確的話，下
> 　　　面更不明確了。工作盲目性很大。
>
> 何光：真正該派的，放手。不該派的又不放手。[116]

雖然這次對話簡略，會議紀錄不時又寫得很籠統，但會議室內明顯彌漫著焦慮和茫無頭緒的氣氛。沒幾個編輯能看透中共中央委員會的政策，因為政策大多互相矛盾又變化不定。何光在 1964 年 1 月 6 日的另外一個編委會上慨歎：「貫徹主席

---

116 〈本報總編輯會議記錄〉，北京市檔案館，114-1-177。

思想是不容易的。」[117]

編委會的會議不時變成懺悔大會。與會者怕別人認為自己偏離黨的路線，便借此場合坦白交代自己，也告發他人。這種手法可追溯至延安時期，用來讓黨員公開承認自己的錯誤，表白對黨的忠誠及重申效忠革命事業的決心。1950 年，中共中央頒布重要文件，決定「在報紙刊物上展開批評與自我批評」的政策，也就是恢復延安時期的做法。[118] 在實行毛澤東的「政治掛帥」要求時，范瑾承認：「〔我們〕在宣傳內容上沒有突出政治，抓活思想差，對毛澤東思想宣傳不夠。」[119] 編輯李野（1922-2012）在 1964 年 3 月 23 日的編委會議上如此表白：「幾年來沒很好學習主席著作，黨的方針政策，加上長期脫離實際，對自己要求不高，滿足現狀，思想懶惰。」[120]

很多報人為避免碰到政治地雷，下筆都小心翼翼。有人採用兩種防衛術：騎牆，以及只發表別人的看法，自己不表態。使用第一種防衛術的人被嘲弄為：「牆頭草，哪頭風硬聽那頭。」[121] 范瑾也取笑用第二種防衛術的人：「其實照抄也不保險。」一種怕事的氛圍漸漸吞沒了《北京日報》。這使范瑾惱怒，呼籲報社同仁：「不要讓大家膽子愈來愈小。」[122] 但

---

117 〈本報編委會會議記錄〉，北京市檔案館，114-1-200。
118 《建國以來重要文獻選編》，第 1 冊，頁 190-193。
119 〈大學主席著作，改進報紙工作〉，北京市檔案館，114-1-221。
120 北京市檔案館，114-1-200。
121 北京市檔案館，114-1-233。

這樣的忠告無人理會，因為恐懼很快就能令人怕事聽話。

很多人意識到毛澤東開始又再施展他的無比權力，所以都明哲保身，公開對他表態效忠。編委會議上頻頻大量討論以下的毛澤東思想主題。第一、1965 年 1 月的編委擴大會議上，「階級鬥爭這條綱」的說法及毛澤東的不斷革命理論，再次成為焦點。不少時間都花在討論在國家經濟發展中如何強調階級鬥爭這個主題。[123]

第二、強調學習毛澤東思想是無比重要的。1964 年 3 月的會議上，范瑾傳遞鄭天翔的指示，要大家「〔恢復〕革命精神：高舉毛澤東旗幟，高舉總路線，自始至終不動搖」。[124]學習毛語錄立即成為編輯的首要任務。[125]

第三、反修正主義鬥爭成為會議的主題，要求「思想戰線上兩條道路鬥爭」，強調激進派所稱的毛澤東「無產階級革命路線」對劉少奇的「資產階級反動路線」的鬥爭。[126] 務實派所贊同的「自留地」等話題，都受到嘲諷和譴責。[127]

第四、「學習解放軍」成為另一個主要討論話題，顯示

---

122 〈本報編委會會議記錄〉，北京市檔案館，114-1-200；及〈本報總編輯會議記錄〉，北京市檔案館，114-1-199。

123 〈編委擴大會討論毛著的問題〉，北京市檔案館，114-1-216，及 114-1-185。

124 北京市檔案館，114-1-200。

125 北京市檔案館，114-1-216。

126 北京市檔案館，114-1-201。

127 北京市檔案館，114-1-200；及 114-1-221。

毛派激進分子越來越依賴軍隊，尤其是國防部長林彪（1907-1971），來支持他們打擊「修正主義分子」。[128] 毛澤東1964年1月在《人民日報》指示新聞工作者學習解放軍，及林彪在《解放軍報》要求學習毛澤東思想——這兩篇文章成了編輯和記者都要讀懂的文件。[129]

即使如此，市長彭真卻仍舊要求大家對毛澤東的政策做另一番解讀。他用隱晦的話，叫編輯人員不要死板地讀毛主席的著作，要活學活用。例如在1965年的講話中，他指出：

> 濫用革命熱情是很不妥當的，會議〔學習毛選〕也開得過多……群眾表面不說，心裡厭煩……開會：多、大、長、重、空〔即空洞〕。

他再次批評生產指標胡亂誇大，警告最終「會出毛病」。[130] 彭真對毛澤東的群眾運動大唱反調，最終導致他下臺。他成了文化大革命初期遭到清算的最高層官員之一。北京市黨委長期以來就被毛澤東視為抗拒他政策的頑強堡壘，如今遭到攻擊；到了1966年6月，它更經全面改組。毛澤東迅速以支持他激進路線的李雪峰（1907-2003）取代彭真，成為第一書記。[131]

---

128 北京市檔案館，114-1-200。
129〈中央和市委領導同志對報紙工作的指示〉，北京市檔案館，114-1-198。
130 北京市檔案館，114-1-200。
131《北京日報》，1966年6月4日，第1版。

資深編輯及記者鄧拓於 1966 年 5 月自盡。其他清算接踵而來：劉仁於同年 7 月被囚禁。范瑾和周遊被羞辱後復被打倒，掛上「反革命修正主義分子」的罵名。范瑾的「地主」出身無疑是她的罪狀之一。[132] 現今大家已知道，那時誰與北京市政府關係密切，誰就被牽連，包括副市長吳晗，他在 1960 年寫的歷史劇《海瑞罷官》，被激進分子視為影射毛澤東 1959 年在盧山會議上罷免彭德懷元帥（1898-1974）的事件。[133]

有學者指出自延安時期起，中國共產黨的報紙便發揮了教科書的作用，以推廣官方政策為首要任務。[134]《北京日報》的基本功能是當北京市委的左右手。它的目標不是做客觀公正的報導，而是宣傳中共的偉大成就。儘管它熱烈吹捧中華人民共和國的無數成就，但檔案資料顯示的現實卻令人不安：嚴緊的編輯管控系統，窒礙的審查制度，還有熟練篩選新聞，謹慎過濾讀者來信，以及報人夾在共產黨兩派勢力的鬥爭中，惶惶不可終日。

《北京日報》的個案揭示了兩個重要特點，卻因過往缺乏可靠資料，局外人所知不多。首先，中共的編輯管控是個環環相扣的系統，在報社內外並存，自 1952 年 10 月創刊起便已牢

132《北京日報》，1966 年 6 月 7 日，第 4 版；1966 年 7 月 19 日，第 5 版；北京市檔案館，114-1-155；及 114-1-234。

133《北京日報》，1966 年 4 月 5 日，第 2-3 版。

134 見 Stranahan, *Molding the Medium*, p. 166。

牢設立。共產黨為了穩固政權，展開一連串的明查暗訪，誓要肅清報業裡「一切暗藏的反革命分子」。《北京日報》雖然受到蘇聯報業運作的影響，但管控系統比蘇聯同業的更厲害，「讀者來信」的操縱便是一例。

其次，一般的說法是范瑾、周遊和報社高層明顯地支持劉少奇和他的務實手法，而不支持毛澤東和他的激進路線。但報社內部的矛盾其實更加複雜：編輯高層確實有嘗試遵循毛澤東的高速經濟發展政策，並重申對毛主席效忠，但他們卻同時要求遵守客觀的工業發展規律。大體上，儘管編輯和記者的作用是當北京市黨委的喉舌，他們卻仍然活在憂慮與惶恐之中。報人賴以自保的伎倆，是對官方路線只能說些模稜兩可的話、不表態、少做少錯、口惠實不至，並舉行一次又一次的自我批評大會，以避開政治和意識形態的險灘。

《北京日報》被激進毛派於 1966 年 9 月勒令停刊，那時正值文化大革命之初。[135] 1967 年 4 月復刊時，它已經由激進分子把持。范瑾、周遊及其他市委高層如彭真和劉仁，因在政治鬥爭中跟錯路線而被清算。他們的悲慘經歷暴露了近代中國報業史中極其坎坷的事實：1949 年以後的中國從未真正有過新聞自由，以及中國新聞記者，包括在政府體制內運作的人，都活得身不由己，而且很容易成為高層派系鬥爭中的犧牲品。

---

135 北京市地方誌編纂委員會編，《北京誌：新聞出版廣播電視卷：報業、通訊社誌》（北京：北京出版社，2006），頁 151。

　　文化大革命後，范瑾和周遊得到平反。范瑾獲任北京市人大常委會副主任。[136] 周遊成為作家，活躍於文壇。到了今天，《北京日報》仍然是首都最重要的都市報。文革之後的1993 年，首次有可靠的統計數據，指出這份報章每日發行量是 523,600 份，員工有 753 人。[137]《北京日報》繼續是市委的喉舌報，在共產黨設下的思想框架內循規蹈矩地工作。

　　《北京日報》當然不是中央政府嚴密監視的唯一都市報紙：所有官方媒體都跳不出這個管束框架。根據三卷本的權威中國新聞工作參考文獻所稱，國家新聞事業的首要作用是「推進社會主義現代化建設」。[138] 新聞學者孫旭培當過《人民日報》記者，他指出自 1980 年代起，就有兩個口號一直支配中國的新聞報導：「以正面宣傳為主」及「穩定壓倒一切」。當有大事發生，孫旭培寫道：政府會立即施加限制，「除正面報導和權威部門發布的動態消息外，不再做任何報導，不發任何評論」。[139] 在國家主席習近平（1953- ）領導下，政府訂立了

136　范瑾的兒子俞正聲（1945- ）在 2013-2018 年間擔任中國人民政治協商會議全國委員會主席。

137　北京市地方誌編纂委員會編，《北京誌：新聞出版廣播電視卷：報業、通訊社誌》，頁 266，284。這些 1993 年的資料是我截至目前為止能夠找到的官方數據。

138　方漢奇編，《中國新聞事業通史》，3 卷本（北京：中國人民大學出版社，1992-1999），第 3 卷，頁 434。

139　孫旭培，〈三十年新聞立法歷程與思考〉，《炎黃春秋》，第 2 期（2012），頁 4-5；又見孫旭培，《坎坷之路》，頁 359-416。

嚴厲的新聞審查制度，尤其是涉及少數民族和宗教等政治敏感事件。這些限制不大可能在短時間內消失。

第三章

打擊民間流行教派：
一貫道與群眾動員

1949 年 1 月 4 日，解放軍即將占領北平之前，中國共產黨成立的華北人民政府宣布要取締一切民間教派和祕密組織：

> 查會門道門不僅為封建迷信組織，且常為反動分子操縱利用，以進行各種反革命活動。在過去抗日戰爭中及目前解放戰爭中，都曾發生破壞作用，例如充當敵探、刺探軍情、散播謠言、煽惑人心，甚至組織武裝暴動，擾亂社會治安……自布告之日起，所有會門道門組織，應即一律解散，不得再有任何活動。[1]

中共以此公告天下，是要對舊社會中它視為兩股邪惡勢力的「會門」（幫會）和「道門」（民間教派）開戰。以往這些組織緊密相連，以致坊間都把兩者混為一談。中共認為它們反

1　《人民日報》，1949 年 1 月 22 日，第 2 版。

共，非馬上清除不可。1949 年 10 月中華人民共和國成立後，新政府對會道門的攻擊越來越厲害。1950 年 9 月 25 日，中共西北局頒布特別指令，對華北教派中影響力最大的一貫道展開取締行動。[2]

在中國歷史上，朝廷與民間宗教不時發生激烈的衝突。自晚清到民國時期，這類衝突見於政府以建設現代文明社會之名排斥宗教迷信。二十世紀初的晚清維新派，以至 1920 年代末到 1930 年代初南京的國民黨改革派，都大量拆毀道觀，沒收廟宇財產，將得來的資產用於興建村校。[3] 但中華人民共和國對宗教的打擊更狠，範圍更廣，協調行動更強。共產主義中國作為無神論國家，也像蘇聯一樣，無法容忍宗教。馬克思甚至嘲笑宗教是「人民的鴉片」。[4] 而中共對宗教的鬥爭，手法跟 1920 年代的莫斯科一樣。[5] 有關這段歷史，已有大量紀錄佐證。[6]

一直以來，學界對於中共在 1950 年代政權初立時打擊正

2　〈西北局關於開展反對一貫道活動的工作指示〉，《黨的文獻》，第 4 期（1996），頁 11-13。

3　Prasenjit Duara, "Knowledge and Power in the Discourse of Modernity: The Campaigns against Popular Religion in Early Twentieth-Century China," *Journal of Asian Studies* 50, no. 1 (February 1991): 67-83; Rebecca Nedostup, *Superstitious Regimes: Religion and the Politics of Chinese Modernity* (Cambridge, Mass.: Harvard University Asia Center, 2009), pp. 67-149; and Shuk-wah Poon, *Negotiating Religion in Modern China: State and Common People in Guangzhou, 1900-1937* (Hong Kong: Chinese University Press, 2011), pp. 67-91.

4　Marx, *Critique of Hegel*.

統宗教這段歷史甚感興趣，於是出現了很多優秀的論著，包括 2016 年發表的一篇文章，講述中共在蘇州沒收佛教房產，及有步驟地摧毀大批道觀佛堂。[7] 宗教史家尉遲酣（Holmes Welch）在他極具創見的著作《毛澤東時代的佛教》（1972）中，稱之為「滅佛」行動。[8] 另外還有 2011 年的專題論著，研究 1950 年代初共產黨在上海鎮壓他們視為帝國主義傀儡的天主教會。該書涵蓋了新政權鎮壓上海宗教的史實，包括沒收教會資產，關押神職人員，驅逐外國傳教士等；但也記載了教會領袖英勇反抗的歷史，雖然最後還是敵不過國家機器的封殺。[9] 可是，官方鎮壓民間教派，尤其是攻擊一貫道這些往事，卻較少人知道。雖然偶爾有一些學者留意到政府鎮壓一貫道的行動，如 1980 年政治學者李侃如（Kenneth Lieberthal）關於共

5　John Anderson, *Religion, State and Politics in the Soviet Union and Successor States* (Cambridge: Cambridge University Press, 1994), pp. 1-5; Sheila Fitzpatrick, *Stalin's Peasants: Resistance and Survival in the Russian Village after Collectivization* (New York, Oxford University Press, 1994), pp. 59-65; and Viola, *Peasant Rebels under Stalin*, pp. 38-44.

6　簡介見 Goossaert and Palmer, *The Religious Question*, pp. 138-404；有關中共攻擊天主教教會，見 James T. Myers, *Enemies without Guns: The Catholic Church in the People's Republic of China* (New York: Paragon, 1991), pp. 83-226。

7　Jan Kiely, "The Communist Dismantling of Temple and Monastic Buddhism in Suzhou," in *Recovering Buddhism in Modern China*, ed. Jan Kiely and J. Brooks Jessup (New York: Columbia University Press, 2016), pp. 216-253.

8　Holmes Welch, *Buddhism under Mao* (Cambridge, Mass.: Harvard University Press, 1972), pp. 42-83.

9　Mariani, *Church Militant*, pp. 109-168.

產黨 1949 年底占領華北商業重鎮天津的研究就曾提及，[10] 但官方打擊民間教派的真實意義及其過程，卻甚少有人探究。中國民間教派的本質、這些教派的政治含義及它們在社會主義中國遭到怎樣的對待，都是至關重要的題目，尚待學者探討。

官方打壓民間宗教團體並不罕見。這些組織通常被稱為「教派」、「異教」或「救世團體」（類似活躍於民國時期的民間教派）。[11] 眾所周知，這類教派在傳統中國特別興盛，尤其是在改朝換代或社會動亂之際。[12] 社會學家楊慶堃（C. K. Yang）稱這些民間教派為「擴散式宗教」（diffused religion），是中國宗教常見的現象，長久以來都是農村社會生活和道德觀念的核心。[13] 這些教派——尤其是那些宣揚千禧末世教義和救世主承諾重建政治新秩序的教派——都被官方稱為「邪教」，當權者害怕它們會顛覆政權及偶爾會以軍事對抗政府。清朝著

---

10 Kenneth G. Lieberthal, *Revolution and Tradition in Tientsin, 1949-1952* (Stanford, Calif.: Stanford University Press, 1980).

11 Prasenjit Duara, *Sovereignty and Authenticity: Manchukuo and the East Asian Modern* (Lanham, Md.: Rowman and Littlefield, 2003), pp. 87-129; David Ownby, "Recent Chinese Scholarship on the History of 'Redemptive Societies'," *Chinese Studies in History* 44, nos. 1-2 (Fall 2010/Winter 2010-2011): 3-9; and S. A. Smith, "Redemptive Religious Societies and the Communist State, 1949 to the 1980s," in *Maoism at the Grassroots*, ed. Brown and Johnson, pp. 340-364.

12 de Groot, *Sectarianism and Religious Persecution*.

13 C. K. Yang, *Religion in Chinese Society: A Study of Contemporary Social Functions of Religion and Some of Their Historical Factors* (Berkeley: University of California Press, 1961).

名的白蓮教之亂，便是民間教派反抗統治者的一例。[14]

中共執政後，對一貫道等民間宗教甚為猜疑和不安。毛澤東和黨高層認為這些教派比正統宗教（如佛教和羅馬天主教）更危險，因為它們在農村的影響力滲透四方，尤其是華北，所以取締它們是刻不容緩的事。

中國人民政治協商會議在 1949 年 9 月通過《共同綱領》，正式提出反革命分子的問題：「中華人民共和國必須鎮壓一切反革命活動，嚴厲懲罰一切勾結帝國主義、背叛祖國、反對人民民主事業的國民黨反革命戰爭罪犯和其他怙惡不悛的反革命首要分子。」[15] 不過，「反革命」一詞是個籠統的觀念，涵蓋中國共產黨所有敵人，包括不被政府認可的宗教團體。[16]

1950 年 10 月 10 日，中共中央委員會頒布〈關於鎮壓反革命活動的指示〉（雙十指示），要取締一貫道等教派。[17] 這個指示是中華人民共和國歷史上一件大事，因為它界定了中共對宗教，尤其是民間教派的政策，從而導致國家權力迅速擴展至人民的宗教生活中。

14　Daniel Overmyer, *Folk Buddhist Religion: Dissenting Sects in Late Traditional China* (Cambridge, Mass.: Harvard University Press, 1976), pp. 38-52；有關其他千禧末世教派如八卦教的反抗，見 Naquin, *Millenarian Rebellion in China*。

15　PRC, *The Common Program*（《共同綱領》）, p. 4。

16　〈中華人民共和國懲治反革命條例〉，《人民日報》，1951 年 2 月 22 日，第 1 版。

17　〈中共中央關於鎮壓反革命活動的指示〉，《建國以來重要文獻選編》，第 1 冊，頁 420-423。

　　新政權對民間宗教的攻擊始於 1949 年，這為翌年 7 月政務院（國務院前身）和最高人民法院頒布更為暴力的鎮壓反革命運動鋪好了路。[18] 該場鎮反運動透過一連串宣傳手法推行，是個激烈的群眾運動，目的是為了鞏固共產黨的統治。毛澤東全力支持該場運動，在 1951 年清楚下達命令：「鎮反是一場偉大的鬥爭，這件事做好了，政權才能鞏固。」[19] 他視早前發動的打擊會道門行動為該次大型鎮壓反革命運動的一部分。同樣的群眾動員技巧也在後來的抗美援朝（1950-1953）等政治運動中廣為應用。

威脅

　　一貫道由王覺一在晚清時期創立，[20] 儘管他聲稱該教義是在更早之前（尤其是明朝後）便已祕密流傳下來。[21] 這個複雜

18　《人民日報》，1950 年 7 月 24 日，第 1 版。

19　毛澤東，〈關於鎮壓反革命〉，《毛澤東文集》，第 6 卷，頁 119。

20　馬西沙、韓秉方，《中國民間宗教史》，頁 1150-1167。

21　有關一貫道的簡史，見李世瑜，《現代華北祕密宗教》（上海：上海文藝出版社，1990），頁 32-130；馬西沙、韓秉方，《中國民間宗教史》，頁 1092-1167；孚中編，《一貫道發展史》（臺北縣：正一善書出版社，1999），頁 1-296。Zhongwei Lu, "Huidaomen in the Republican Period," *Chinese Studies in History* 44, nos. 1-2 (Fall 2010/Winter 2010-2011): 10-37；及 Joseph Bosco, "Yiguan Dao: 'Heterodoxy' and Popular Religion in Taiwan," In *The Other Taiwan: 1945 to the Present,* ed. Murray A. Rubinstein, (Armonk, N.Y.: M. E. Sharpe, 1994), pp. 423-444。

又集大成的民間信仰，將儒、道、釋、耶、回等宗教融合成一家，教義深奧隱密。雖然一貫道信奉多種教義，但其中心思想，如人類學者焦大衛（David Jordan）和宗教史家歐大年（Daniel Overmyer）指出，是圍繞佛家無生老母及彌勒佛的神話。[22] 依據它的教義，世界會因三劫 —— 過去、現在、未來 —— 之最後一劫來臨而陷於混亂。佛法無邊慈悲無涯的無生老母，會派遣彌勒未來佛及其他神祇拯救凡間，因此教導眾生要信奉一貫道來消災避禍。[23]

　　二十世紀初期一貫道師尊張光璧，又名張天然，傳道力非凡，在華北特別是天津一帶信眾極多。抗日戰爭期間，他仍獲得日本占領軍允許，可繼續傳道。他甚至一度在汪精衛的南京傀儡政府擔任小差事，並吸引政府內一班高官加入一貫道成為信徒。[24] 但他戰後因通敵罪下獄，[25] 名聲受損，[26] 於 1947 年去世。國民政府戰勝日本後，在 1946 年下令取締所有民間祕密組織。但因為一貫道在民間享有盛名，政府將它改名為「中華

22　David K. Jordan and Daniel L. Overmyer, *The Flying Phoenix: Aspects of Chinese Sectarianism in Taiwan* (Princeton, N.J.: Princeton University Press, 1986), pp. 213-218；又見 Overmyer, *Folk Buddhist Religion*, p. 106。

23　李世瑜，《現代華北祕密宗教》，頁 45-55。

24　有關張天然的生平簡介，見李世瑜，《現代華北祕密宗教》，頁 48-50；又見 Jordan and Overmyer, *Flying Phoenix*, pp. 213-217。

25　宋光宇，〈一貫道的昨天、今天和明天〉，《聯合月刊》，第 10 期（1982 年 5 月），頁 75。

26　見上海市政府 1949 年前取締一貫道的指示，上海市檔案館，Q6-10-413；及 Q155-4-33。

道德慈善會」的行善組織，並與它保持聯繫。這種聯繫其後卻被共產黨視為罪證，指控該教派是被「國民黨匪幫所掌握與利用的反革命工具」。[27] 一貫道面對中國內戰結束及共產黨即將獲勝的局面，預報最後一劫很快來臨。教派中許多領導人都逃離大陸，避居臺灣和香港。[28]

中共新政權對神祕莫測卻又廣為流傳的一貫道深感不安，有以下六點特別的原因：

第一、一貫道高舉神靈至尊，勝過凡間俗例 ── 這是中國歷代民間信仰中的常見觀念 ── 卻與新政權的唯物史觀背道而馳。

第二、這教派追隨者眾，成了一股不可估量的民間力量，可以挑戰共產黨管治的合法地位。1950 年新華通訊社的《內部參考》透露，一貫道在西北地區如甘肅省盤根錯節，深入民心。[29] 綏遠的一貫道道徒大約有三十萬人以上，占全省人口的11%。[30] 河北省的情況更甚，尤其是北京近郊的農村，15% 的人口都參與各教派，其中以一貫道的組織最為龐大。[31]

第三、該教派的發展迅速，於 1949 年共產黨接管之後尤甚，這符合歷來改朝換代和社會政治不穩時民間宗教特別活躍

27　〈堅決取締一貫道〉，《人民日報》，1950 年 12 月 20 日，第 1 版。

28　宋光宇，〈一貫道的昨天〉，頁 75。

29　《內部參考》，1950 年 9 月 25 日，頁 145。

30　慶格勒圖，〈建國初期綏遠地區取締一貫道的鬥爭〉，《內蒙古大學學報》，第 33 卷，第 3 期（2001 年 5 月），頁 45。

31　〈京郊取締一貫道工作總結〉，北京市檔案館，1-14-165。

的發展模式。1950 年 9 月，西北局在報告中警告一貫道「〔在西北各地〕不斷蔓延，陝、甘、寧大部分漢族地區已有很大數量」，更「有的全村在道」。[32]

第四、一貫道的隱密行徑令人難以分辨出誰是道徒。北京副市長兼公安局長馮基平（1911-1983）認為他們是「無形的敵人」。[33]

第五、政府發現很多共產黨員，包括支部書記和共青團員，「也參加了一貫道」，嚴重令黨陷於不穩局面。[34] 單就北京某地區來說，警隊中有 23% 被揭發是一貫道信徒。[35] 更令人震驚的，是一次內部組織調查時發現「在市公安局一貫道約 1,100 人」。[36]

最後，一貫道反對共產黨。據官方稱，一貫道到處造謠：「八路軍提倡『共產共妻』，無恥地歪曲了集體主義理想。」[37] 道徒也暗中顛覆共產黨的土改政策。[38] 他們還勾結反政府勢力。杭州的公安局斷言美帝國主義和國民黨在背後操控了這個

---

32 〈西北局關於開展反對一貫道活動的工作指示〉，頁 11。
33 馮基平，〈繼續改進首都的社會秩序〉，《北京市重要文獻選編，1951》，北京市檔案館、中共北京市委黨史研究室編（北京：中國檔案出版社，2001），頁 55。
34 《內部參考》，1950 年 9 月 25 日，頁 145。
35 〈京郊取締一貫道工作總結〉，北京市檔案館，1-14-165。
36 〈北京市公安局關於取締一貫道工作的情況及經驗教訓的報告〉，《北京市重要文獻選編，1951》，頁 262。
37 〈京郊取締一貫道工作總結〉，北京市檔案館，1-14-165。
38 〈京郊取締一貫道工作總結〉，北京市檔案館，1-14-165。

邪教。[39] 1950 年韓戰爆發時，中共痛斥一貫道首領散播謠言，說第三次世界大戰即將來臨，而共產黨很快就會失去管治中國的能力。因此一貫道陰謀擾亂國家穩定，在民眾之間引起「恐美心理」。[40] 該年公安部指出，一貫道是目前國內「最大的反革命組織」，一定要鎮壓。[41] 公安部長羅瑞卿（1906-1978）指出，打擊一貫道是鎮反運動的核心，誓言要「認真做好取締反動會道門工作」，以致「取得鎮反徹底勝利」。[42]

鎮壓

鎮反運動是按部就班推行的。首先由政府調查一貫道的組織。毛澤東先下令山西省的地方官員有計畫地偵查 1949 年到 1950 年內一貫道的活動後，才對其首領採取行動。[43] 不到幾天，便拘捕及囚禁了山西境內的重要道首。北京市當局也暗中有步驟地偵查京郊地區的一貫道活動，搜集「大批的罪惡事實材料」，達到「即時地掌握在我們手中，控制敵人」的目的。據

39　Gao, *Communist Takeover of Hangzhou*, p. 142.

40　〈京郊取締一貫道工作總結〉，北京市檔案館，1-14-165；及 Lieberthal, *Revolution and Tradition*, pp. 108-109。

41　〈中共中央批轉中央公安部「關於全國公安會議的報告」〉，《建國以來重要文獻選編》，第 1 冊，頁 444。

42　羅瑞卿，《論人民公安工作》（北京：群眾出版社，1994），頁 147。

43　毛澤東，《建國以來毛澤東文稿》，13 冊本（北京：中央文獻出版社，1988），第 2 冊，頁 71。

估計，該區的一貫道信眾多達十萬，骨幹分子有 2,432 人。[44]

　　原先的官方政策是「首惡者必辦，脅從者不問，立功者受獎」，以鎮壓與寬大相結合的策略來奉行《共同綱領》所訂立的基本原則。[45] 公安部隊拘捕一貫道九個等級的領導中，有上層的師尊到中層負責傳道的點傳師。[46] 他們記下低層領導的資料，並鼓勵普通成員以「退道」方式脫離這個教派。當地的公安開始逐步瓦解一貫道的組織。自 1950 年底到 1951 年初的短短幾個月，北京地區便有九萬多人退道。[47] 政府答應道徒一旦與一貫道脫離關係，停止宗教活動，不再參加集會，便既往不咎。還有另一種手法，就是政府要求普通道徒揭露和指責道首，盡力去「控訴或追究該道點傳師、壇主過去欺騙罪行，追回被騙之財物」。[48]

　　鎮反運動初期，由 1949 年至 1950 年代中，一貫道不少首領雖然被捕，但很少被判死刑等重典。毛澤東警告：「殺人不能太多，太多則喪失社會同情，也損失勞動力。」[49] 但在 1950

44　《北京市重要文獻選編，1951》，頁 259-260。

45　〈摧毀反動統治，建立人民政權〉，《北京市重要文獻選編，1950》，北京市檔案館、中共北京市委黨史研究室編（北京：中國檔案出版社，2001），頁 130。

46　〈北京市人民政府布告，嚴厲取締一貫道〉，《人民日報》，1950 年 12 月 19 日，第 4 版。

47　〈京郊取締一貫道工作總結〉，北京市檔案館，1-14-165。

48　《北京市重要文獻選編，1951》，頁 260。

49　毛澤東，〈關於鎮壓反革命〉，《毛澤東文集》，第 6 卷，頁 121。

年夏，韓戰爆發之後，政府的立場變得更嚴厲。中國和美國在朝鮮半島的武裝衝突，成為號召人民支持新政權和壓制異議的好時機。毛澤東在 1950 年 12 月強硬地宣告：「對鎮壓反革命分子，請注意打得穩，打得準，打得狠，使社會各界沒有話說。」[50]

　　早期處理一貫道的手法如今被批評為太仁慈、不一致和無法發揮作用，不久開始有人批評這是個「右傾偏向」的錯誤，嚴重低估了該教派的威脅。政府警告民眾，對民間教派「寬大無邊」是很危險的。上海市委斥之為「太平麻痺」，原因是過於輕敵。[51] 1951 年初，《人民日報》的社論指出：「對於反革命的寬容就是對人民的殘忍。」[52] 羅瑞卿批評官員對一貫道的廣泛影響力判斷錯誤，他引用四川情況為例：「如四川全省原估計只有點傳師以上道首 1,077 名……一個市不完全的統計已查出 6,559 名，全省將大大超過原知數字。」[53] 使事情更加棘手的是，一貫道的首領經常更改教派的名稱以逃避偵查。在西南各省被發現的 217 個新教派中，146 個（即 67%）其實是一貫道的化名。[54]

50　毛澤東，〈關於鎮壓反革命〉，《毛澤東文集》，第 6 卷，頁 117。

51　〈開展鎮壓反革命群眾運動的宣傳要點〉，上海市檔案館，A22-1-14。

52　《人民日報》，1951 年 3 月 7 日，第 1 版。

53　羅瑞卿，〈中共中央轉發羅瑞卿關於取締反動會道門情況的報告〉，《黨的文獻》，第 4 期（1996），頁 18。

54　郭玉強，〈建國前後取締一貫道的鬥爭〉，《中共黨史資料》，第 60 期（1996 年 12 月），頁 129。

　　政府打擊民間教派的行動到了 1950 年下半年加速起來。北京市委在 12 月 18 日當晚，即京城正式宣布取締一貫道的前夕，包圍大批道首，取走教派的文件並充公財物。[55] 當局為了展示控制的決心，處決了一些一貫道首領，並大肆宣揚。在 1951 年 1 月處決的包括兩個年老頭目：劉燮元，據說是日本特務，後為國民黨服務；劉翔亭，抗日期間為侵華日軍服務。[56] 1951 年 1 月 19 日《人民日報》頭條新聞大書：〈反動道首劉燮元等伏法〉。[57]

　　處決一直持續，北京市政府更大張旗鼓。1951 年 2 月 18 日，當局又處決了 31 個道首，還有 27 名國民黨特務。根據《光明日報》報導：「於當日分別綁赴刑場，執行槍決。」[58] 同年 3 月，另一批反革命分子被處死，有 199 人，包括某個王廷樞。政府指一貫道首王廷樞是個「惡霸地主」，外號「南霸天」和「閻王爺」，曾抓捕幾十個愛國學生，並逼令很多貧困農民自殺。報章稱 1949 年建國後，王某仍不知悔改，繼續祕密組織道徒，「屢次傳遞反動文件，散布反動謠言」。[59] 同時，舊日的道徒變身為告密者。1951 年夏，西安有 113 個反革命分子

55　〈北京市人民政府布告〉。
56　〈嚴懲怙惡不悛的會道門首惡〉，《人民日報》，1951 年 1 月 19 日，第 1 版；又見《光明日報》，1951 年 1 月 19 日，第 3 版。
57　《人民日報》，1951 年 1 月 19 日，第 1 版。
58　《光明日報》，1951 年 2 月 19 日，第 1 版。
59　《光明日報》，1951 年 3 月 26 日，第 1 版。

和特務，以及 159 名一貫道「同謀犯」，被前道徒認出並向當局告發。[60]

官方傳媒也開始採取行動。共產黨明白有效的宣傳一定要配上讓人認識的面孔，才能使作惡之徒的形象更清晰更具體。報章常顯著地登載一貫道頭子的照片（標題是「罪惡昭彰」），[61] 以及被判死刑的名單。[62] 1950 年 12 月《人民日報》一篇題為〈堅決取締一貫道〉的重要社論指出：當局要求民眾徹底摧毀這個教派的組織，「這是鞏固人民民主專政的一個重要的工作」。[63]

到了反教派運動的後期，新政權的協調工作做得更好，執行時更加猛烈。各地區都為這場運動搶當先鋒，紛紛設立了「取締反動會道門辦公室」。[64] 1952 年 9 月底慶祝中華人民共和國成立三週年時，羅瑞卿宣布鎮反運動「獲得偉大成就」，他接著說：「三年來……在全國範圍內進行了鎮壓反革命的劇烈鬥爭……給了蔣介石反動派殘留下來的反革命勢力，即相當大量的土匪、惡霸、特務、反動黨團、反動會道門等五方面的反革命分子以毀滅性的打擊。」[65] 10 月時，在重要的第五次全

---

60 《內部參考》，1951 年 8 月 31 日，頁 107。

61 《光明日報》，1951 年 1 月 19 日，第 3 版。

62 《光明日報》，1951 年 5 月 23 日，第 1-6 版。

63 〈堅決取締一貫道〉，《人民日報》，1950 年 12 月 20 日，第 1 版。

64 郭玉強，〈建國前後取締一貫道的鬥爭〉，頁 126。

65 羅瑞卿，〈三年來鎮壓反革命工作的偉大成就〉，《人民日報》，1952 年 9 月 29 日，第 2 版。

國公安會議上，大會決定因應不同的地點和社會情況，必須以不同的方法打擊民間教派。[66] 到了 1953 年，取締一貫道運動推行四年半後，政府宣布工作徹底勝利。[67]

　　鎮反運動中被處死的確實人數仍未有定論，有學者說超過 71 萬人。[68] 這個總數中，與一貫道有關的數字更難估計。羅瑞卿在 1951 年 8 月提交政務院的報告中，指出在被處死的反革命分子中，7.7% 是「反動會道門頭子、反動黨團骨幹分子」。[69] 被處決的民間教派頭目的總數究竟有多少，恐怕要等更多的中國檔案館對外全面開放後才能知道。但毋庸置疑的是，共產黨暴力鎮壓的手法確實是既堅決又有效的。

動員群眾

　　要明白取締一貫道運動的意義，非要徹底理解它的本質不可。共產黨說鎮反運動是 1950 年代初期三個「偉大的群眾運動」之一，另外兩個是土地改革及抗美援朝。[70] 取締一貫道運動絕不是單純反民間宗教；正如羅瑞卿指出，它基本上是一場動員群眾的政治運動。他稱鎮反運動是對中國反動勢力傾力出

66　羅瑞卿，《論人民公安工作》，頁 145-149。

67　羅瑞卿，〈取締反動會道門工作初見成效〉，《論人民公安工作》，頁 169-173；又見郭玉強，〈建國前後取締一貫道的鬥爭〉，頁 124。

68　Yang Kuisong, "Reconsidering the Campaign," p. 120.

69　羅瑞卿，《論人民公安工作》，頁 98。

70　《光明日報》，1951 年 5 月 15 日，第 1 版；及 1951 年 10 月 1 日，第 2 版。

擊，又說：「在這個劇烈鬥爭中，給了廣大人民群眾以有效的政治教育和階級教育。」[71] 正是這一原因，使得鎮壓一貫道的做法，為日後接踵而來的政治運動立下示範作用。

當然，政府發起群眾運動以推廣官方政策並擴大國家權力，是近代史上常有的事，例如 1930 年代中，史達林為促進生產而推行的斯塔漢諾夫運動（Stakhanovite movement）。[72] 政治學者朱莉（Julia Strauss）認為中國共產黨群眾運動的獨特之處，是它「由衷地希望群眾參與其中」。[73] 群眾運動要辦得成功，舉辦者（這裡指中國政府）一定要有民眾熱心配合，齊心參與。假如以為中華人民共和國即使在建國初期，作為警察國家，一定會把意願強加於人民頭上的，則這種看法未免過於簡單。實際上，官方要施政，就必須得到底下人民的支持。在取締一貫道運動中，民眾受了鼓動而熱情參與，起了幫助中共達成目標的作用。

很多黨領導人明白大型的群眾運動，若要成功就要靈活運用宣傳。毛澤東說鎮壓反革命無論在城市或鄉村，都要「大張旗鼓，廣泛宣傳，使人民家喻戶曉」。[74] 1950 年 10 月，劉少

71　羅瑞卿，〈三年來鎮壓反革命工作的偉大成就〉。

72　Lewis H. Siegelbaum, *Stakhanovism and the Politics of Productivity in the USSR, 1935-1941* (Cambridge: Cambridge University Press, 1988).

73　Julia Strauss, "Morality, Coercion and State Building by Campaign in the Early PRC: Regime Consolidation and After, 1949-1956," *China Quarterly* 188 (December 2006): 898.

74　毛澤東，〈關於鎮壓反革命〉，頁 120。

奇在發給西北局關於一貫道威脅的指引中，更明確要求「展開宣傳教育」，以對付邪教組織。[75]

　　從一開始，中共就用兩種常用的宣傳手法：第一種手法把一貫道描繪成顛覆政府的分子，痛斥他們與剝削階級勾結。這手法把一貫道看作是與中國境內的國民黨殘餘勢力結謀。1950 年 6 月，甘肅省回民的連場暴動中，據說涉及一貫道道徒的參與，官方媒體聲稱那是「〔國民黨〕匪特煽動」的大規模暴動。[76]北京西郊有一貫道壇主趙子光，被揭發是國民黨特務，過去曾鎮壓學生運動，而今又組織情報網做顛覆新政權的工作。[77]

　　第二種手法是把這些教派造反分子歸類為「成分壞」。[78]根據北京市黨委的報告指出，一貫道的道首多為「地主、富農、資本家」。[79]官方媒體指控這些階級敵人蠱惑民眾，詐騙錢財，強姦女道徒和散播末日大亂的謠言。[80]共產黨的手法明顯是要人民相信他們的兩大敵人——國民黨和地主——合謀製

75　劉少奇，〈關於開展反對一貫道活動給西北局的信〉，《黨的文獻》，第 4 期（1996），頁 10。

76　《內部參考》，1950 年 6 月 26 日，頁 97。

77　《光明日報》，1951 年 3 月 26 日，第 1 版。

78　羅瑞卿，〈中共中央轉發羅瑞卿關於取締反動會道門情況的報告〉，頁 19。

79　〈京郊取締一貫道工作總結〉，北京市檔案館，1-14-165。

80　〈京郊取締一貫道工作總結〉，北京市檔案館，1-14-165；又見《光明日報》，1950 年 6 月 9 日，第 4 版。

造混亂和帶來災難。官方宣稱一貫道與這些階級敵人有關聯，是想激勵人民保持警惕，要揭發階級敵人的陰謀詭計，使他們受到懲罰。

中共宣傳員推行群眾動員明顯是從三方面著手：組織、傳媒及公審。組織方面，政府當前的急務是訓練足夠又可靠的幹部去消滅民間宗教。共產黨 1949 年打敗國民黨後，這場運動就要面對人手嚴重不足的問題，成了立刻控制北京的極大障礙。[81] 北京公安局只好倉促地訓練一大批保安部隊，並吹噓這是「一支取締該道的有力大軍」。[82] 其他大城市也跟隨，例如上海市政府在 1950 年代初召集了 7,280 人，組成它所謂的「宣傳網」隊伍。[83] 但人手還是嚴重不足，因為宣傳員要處理的是排山倒海般的全國問題。

1951 年北京公安局號召各級幹部，「在市委領導下」組織及動員群眾，一起「摧垮」一貫道，同時又號召京城的群眾「協助政府檢舉一貫道」。[84] 市長彭真極力提倡市民積極參與鎮反運動，他認為：「光靠我們公安幹部，要鎮壓這麼多的反革命分子是不可想像的……把廣大群眾都發動起來，有幾萬萬隻眼睛、幾萬萬雙手，公安機關就神通廣大了，反革命活動的

---

81 Gao, *Communist Takeover of Hangzhou*, pp. 42-68.
82 《北京市重要文獻選編，1951》，頁 260。
83 〈鎮壓反革命宣傳工作的小結〉，上海市檔案館，A22-1-14；及〈關於全面取締反動會道門工作中宣傳工作的通知〉，上海市檔案館，A22-1-93。
84 《北京市重要文獻選編，1951》，頁 260。

空隙就很少了。」[85]

　　政府除了訓練公安隊伍，招募宣傳隊員及積極下令各政府部門參與鎮壓一貫道外，還動用最有影響力的官方媒體來提高群眾的政治意識。在這些行動中，聽覺和視覺的方法如秧歌、漫畫、連環畫及電台廣播等，也是必不可少。共產黨十分清楚把訊息用簡單方法表達極為重要。宣傳員知道，使用秧歌這種喜聞樂見的民間文藝形式來接觸農民十分有效。「新秧歌」──一種改革後的農村舞蹈，頌揚共產黨統治的成就──和配上短劇的秧歌劇，自延安時期起便流傳下來，用來傳遞反教派訊息給村民。[86] 建國初期，首都派出一團 900 人的秧歌隊，分成四組，到京郊的農村宣傳官方政策。[87] 這種利用秧歌的方法，顯示宣傳官員能夠適時調整他們的宣傳手法以迎合觀眾。政府文件明確指出，在「郊區：宣傳對象不同於城區，主要為農民」。[88] 宣傳員希望這些廣受歡迎的民間舞蹈或戲劇，能使民眾更加熱烈地響應官方宣揚的政策。

　　打擊一貫道的手法也透過多種視覺方式進行。自延安時期

85　彭真，〈公安工作要依靠群眾〉，《彭真文選》，頁 253。

86　David Holm, *Art and Ideology in Revolutionary China* (Oxford: Clarendon Press, 1991).

87　〈西北局關於開展反對一貫道活動的工作指示〉，《黨的文獻》，第 4 期，頁 12；又見《北京市重要文獻選編，1948.12-1949》，北京市檔案館、中共北京市委黨史研究室編（北京：中國檔案出版社，2001），頁 739。

88　《北京市重要文獻選編，1948.12-1949》，頁 737。

起，尤其是在毛澤東發表著名的「延安講話」之後，共黨藝術家利用文化和藝術來為政治服務。[89] 1952 年便有國營中央電影局出品的電影《一貫害人道》揭露一貫道的罪行。[90]《人民日報》的漫畫家方成（1918-2018）把蔣介石描繪成一貫道的點傳師，向著了迷的信眾傳授「破壞經」。這幅漫畫裡的邪惡形象意味著政教勾結，正在暗中破壞新政權的和平與社會秩序。[91]

連環畫是另一種傳遞共產黨思想的常用方式。這種藝術形式向來極受教育水平不高的人歡迎，在上海和天津等城市尤其流行。1949 年之後，連環畫一如所料，成為用來推銷官方政策以贏得群眾贊同的另一方式。田作良（1921-1997）的《仙班》系列正好說明這點。1951 年 5 月的《人民日報》刊登了《仙班》這個連環畫形式的虛構故事，描繪一貫道點傳師張法倫怎樣作惡多端。他是個沒有家室的地主，卻把自己說成是拯救眾生的彌勒菩薩，在祕密地點召集信眾傳授反動思想。他實際上並不是什麼菩薩，而是誤導人民、毆打信徒、欺騙他們錢財的道首。他主張禁慾，骨子裡卻是個色情狂，常淫辱年輕貌美的女信徒。1949 年之後，公安拘捕了張法倫，在他家裡搜出祕密收藏的反共傳單。最後，他不得不承認自己的「反革命罪行」。[92]

89　Hung, *War and Popular Culture*, pp. 221-269.

90　《一貫害人道》電影，由中央電影局、北京電影製片廠製作，1952 年。

91　方成，《點傳師》，《人民日報》，1955 年 8 月 4 日，第 2 版。

92　田作良，《仙班》，《人民日報》，1951 年 5 月 9-12 日，第 3 版。

　　電台廣播也用來宣傳政策。1950 年代初，上海市委宣傳部指示宣傳員製作反一貫道的特備廣播節目，然後去「組織工廠、里弄群眾收聽」。[93] 官方十分依靠電台廣播打擊一貫道頭目的公審會，例如 1951 年 5 月在瀋陽的反革命分子控訴會，據說就有一百多萬人收聽現場直播。[94]

　　共產黨又要求認同社會主義事業的宗教領袖公開支持這場運動，實質是利用宗教來鬥宗教。著名的佛教高僧巨贊（1908-1984）據稱熱烈支持反民間宗教的政策。他說一貫道「並不是一種宗教，它沒有教主，沒有確實的歷史，也沒有一定的教理和經典，它只是一種欺騙群眾為害人民的封建反動組織」。[95] 當然，沒有人知道巨贊是真心支持政策，還是為了保障自身安全而說這些話。無論如何，新政權的政策能得到這樣一位深具影響力的高僧所贊同，中共因而得到急需的支持，更何況巨贊本身還是人民政治協商會議的一員。

　　中共官員通常把一貫道的信眾說成是目不識丁和思想單純的老百姓，被人誘哄入會。官員明白要打動群眾，一定要讓人看到這些邪教受害者的真面目並聽到他們吐苦水。最有效的方法莫過於突出個別道徒的苦況。這些主角通常經過當局精心挑選和審查。其中一個例子是北京小販耿志忠，他退了道後，將

93　〈關於本市貫徹鎮壓反革命運動的宣傳工作通知〉，上海市檔案館，A22-1-93。

94　《光明日報》，1951 年 5 月 17 日，第 1 版。

95　《人民日報》，1950 年 12 月 26 日，第 3 版。

不幸的入道經過來個現身說法：

> 三年前，咱們老夫妻倆的獨生子病死了，五十歲的人喪了命根子，心痛得不行。一貫道鑽了空子，就來渡我入道，說入了道可免八十一劫，還可以看到死掉的孩子。我本來就有點迷信，他這麼一勸，我就糊裡糊塗入了道⋯⋯
>
> 我沒錢可出，壇主想了一個辦法，叫我出力，天天給他們打掃佛堂⋯⋯
>
> 有一次，壇主要我去勸道了⋯⋯壇主說：「勸一千勸一萬，不如勸一個上案的〔有錢人〕」。我總是不明白有錢人就這樣好，連神佛老爺也喜歡。[96]

後來耿志忠被一個「工人」（即有正確階級背景的人）所救，那工人很機敏地察覺到這個宗教組織騙人的一面。耿志忠最後終於明白了，說：「這些鬼傢伙，壞事做盡了⋯⋯今天人民當了家，決不允許他們再搗亂。」[97]

當然，宣傳若要有效，政府就必須拿出看得見的證據來支持對一貫道的指控。政府盡力搜集及展覽罪證，又舉辦公審會。這類公開展覽會在中共黨史裡並非罕見。延安時期在共產

---

96 耿志忠，〈我怎樣退出了一貫道〉，《人民日報》，1950年12月24日，第3版。

97 耿志忠，〈我怎樣退出了一貫道〉，《人民日報》，1950年12月24日，第3版。

黨控制的邊區裡，就舉辦了很多工業產品等展覽會。[98] 但與那些著重共產黨成就的展覽會不同，反一貫道的展覽羅列了邪教的種種罪行。1949 年後，這類罪證展覽會更在方便的地點如人流多的公園和大街上舉行。

北京天安門廣場附近的中山公園便是一個理想的場所。自1951 年 1 月中開始，首都的公安局在此舉辦「一貫道罪證展覽」，陳列「一貫道進行反革命活動的種種罪證」，及從老百姓手中敲詐得來的金銀財寶。[99] 公園內設立了幾個展覽室，擺滿四類證物，據稱是從一貫道多個師尊沒收過來的。第一類是貴重物品，包括銀元和金手鐲，據說是點傳師和壇主等人從信眾那裡騙走的。有些寶物據說是從師尊張天然的無數財產中搜獲出來的。展覽主辦方堅稱，張天然無恥地搜刮了信徒的大量金銀珠寶。第二類是叛國通敵證據，其中有國民黨頒給道首的委任狀，還有道首與軍閥和侍奉日軍的漢奸的合照。就連美國國旗也成為展品，正是官方所說的一貫道與帝國主義勢力勾結的鐵證。第三類是道門頭子「荒淫無恥和揮霍無度」生活方式的物品，如豪華家具的照片和暗自收藏的春宮畫。最後一類是經書和扶乩，用來騙人入道。[100] 政府將各類證據作對照，證明

98　中國革命博物館編，《解放區展覽會資料》（北京：文物出版社，1988），前言，頁 1。

99　〈記一貫道罪證展覽〉，《人民日報》，1951 年 3 月 3 日，第 3 版。

100　《光明日報》，1951 年 1 月 18 日，第 3 版；及《人民日報》，1951 年 3 月 3 日，第 3 版。

這些道首不單生活奢淫，還勾結國民黨和西方帝國主義勢力，是十分危險的人物。據《人民日報》報導，這次展覽吸引大批觀眾：「中山公園內通往水榭的走道上，每天都排滿了長長的觀眾行列。」[101] 上海也有類似的展覽，包括街頭流動陳列站。[102] 在綏遠的歸綏（今天的呼和浩特）舉辦的一貫道罪行展覽，光是一個月便吸引了 17 萬人參觀。[103] 中央下令地方政府要負責確保展覽會辦得成功。

對一貫道的各種攻擊中，最具爭議的或許是公審會（圖4）。人聲鼎沸的集會大多由官方舉辦，但它們不能缺少群眾的熱烈參與。這類型的集會沒有固定的名稱，可以是「公審會」、「控訴會」、「群眾大會」、「動員大會」，或簡單地叫「大會」。[104] 中國的公審會類似蘇聯 1920 年代及 1930 年代的樣板公審大會，[105] 為針對某群人而安排公眾集會以暴露他們的罪行。當局明白要舉辦一種既可作政治宣傳又有娛樂成分

---

101 〈記一貫道罪證展覽〉，《人民日報》，1951 年 3 月 3 日，第 3 版。

102 上海市人民政府公安局，〈取締反動會道門宣傳工作手冊〉，上海檔案館，A22-1-93。

103 慶格勒圖，〈建國初期綏遠地區取締一貫道的鬥爭〉，頁 47。

104 有關公審會的名稱，見《新華月報》，第 4 卷，第 1 期（1951 年 5 月 25 日），頁 19-21；又見《光明日報》，1950 年 3 月 27 日，第 4 版。

105 Elizabeth A. Wood, *Performing Justice: Agitation Trials in Early Soviet Russia* (Ithaca, N.Y.: Cornell University Press, 2005)；及 Sheila Fitzpatrick, *Tear Off the Masks! Identity and Imposture in Twentieth-Century Russia* (Princeton, N.J.: Princeton University Press, 2005), pp. 203-239；有關近代歐洲史上的公審會，見 Sheila Fitzpatrick and Robert Gellately, eds., *Accusatory Practices: Denunciation in Modern European History, 1789-1989* (Chicago: University of Chicago Press, 1997)。

圖 4　1950 年代初，反一貫道的公審會（地點不詳）。

資料來源：http://dangshi.people.com.cn/BIG5/n/2014/0608/c85037-25118652.html
（2020 年 2 月 28 日檢索）。

的大型集會，才能引起群眾的興趣，其目的是使出席大會的人
有積極的反應，鼓勵他們投入官方發起的反民間教派的運動。

　　北京和上海成為公審熱點是預料中事。[106] 1950 年代初，

106 《光明日報》，1951 年 3 月 25 日，第 1 版；及《新華月報》，第 4 卷，
　　第 1 期（1951 年 5 月 25 日），頁 19。

上海市委要求各區組織公審會，「控訴反動會道門騙人害人的罪行」。[107] 到了 1951 年 6 月，該市報導有七、八十萬人參加過各種控訴會。[108] 公審會也在天津等大城市舉行，例如天津附近的萬德莊在大會會場上掛著橫幅，說明這是「萬德莊居民控訴大會」。[109]

控訴大會幾乎可以在任何場所舉行，只要能容納一大群人就行，這包括之前提過的公園（北京的中山公園），慶典重地（首都的天壇），市鎮空地，甚至是學校飯堂。[110] 通常是由地方官員召集一大群看熱鬧的人來參與。空地上搭建臨時講台。被告往往被押到台上或空地中心，聽令跪下，像官方報章所說的「跪在人民面前」。[111] 個別或一班原告會挺身而出，大聲斥責被告，將其罪行一一道來，尤其是在 1949 年共產黨接管前所犯下的罪行。觀眾通常會怒火中燒，齊聲喝罵，要求嚴懲罪犯。大會常常以高喊毛主席和中國共產黨萬歲作結，感謝黨最終為人民主持了正義。[112]

北京 1951 年 5 月 20 日的控訴大會上，有個侯永昌現身，控訴地方惡霸又是一貫道壇主的張永海。外號「坐地虎」的張

---

107 〈關於本市貫徹鎮壓反革命運動的宣傳工作通知〉，上海市檔案館，A22-1-93。
108 〈鎮壓反革命宣傳工作的小結〉，上海市檔案館，A22-1-14。
109 《新華月報》，第 3 卷，第 6 期（1951 年 4 月 25 日），插圖。
110 《光明日報》，1951 年 1 月 18 日，第 3 版；及 1951 年 5 月 18 日，第 1 版。
111 《光明日報》，1951 年 5 月 18 日，第 1 版。
112 《光明日報》，1951 年 5 月 22 日，第 1 版。

永海，據稱是國民黨特務。他被指殘忍地欺凌和殺害別人。據
說自共產黨接管了他住的村子後，他暗中號召國民黨剩餘勢力
去重奪該村，但都被解放軍擊退。這次大會，侯永昌氣沖沖
地跑到台上，痛陳張永海的罪行，然後「老淚橫流地轉過身
來，向著毛主席像，向著政府首長，深深地鞠躬，高喊『毛主
席萬歲！共產黨萬歲！』」全場也隨著他高喊「槍斃特務張永
海！」兩日後，張永海被判死刑。[113]

　　這樣的公審與蘇聯的經驗相似。例如蘇聯少年先鋒隊員
莫羅佐夫（Pavlik Morozov）公開譴責父親囤積穀物，欺騙政
府。[114] 很多中國家庭的年輕一代都像他一樣，在公審會中控
訴上一代。有兒子痛罵父親，姪甥揭露叔舅，妻子告發丈夫，
指他們盲目跟隨一貫道，令家人鄉里蒙受不能言盡的傷害。[115]
官方報章經常報導這些公審會並大加肯定，稱這些控訴會出現
了不少「動人場面」。[116] 道首余一清在上海被捕後，官方報導
他兒子親身揭發父親的罪行，高呼：「在感情上他是我父親，
在立場上他是我的敵人。」[117] 像莫羅佐夫一樣，余一清的兒子
受到官方報章的褒獎，稱他大義滅親，是重視國家利益高於個

---

113 《光明日報》，1951 年 5 月 22 日，第 1 版；及 1951 年 5 月 23 日，第 2 版。

114 Robert Conquest, *The Harvest of Sorrow: Soviet Collectivization and the
　　Terror-Famine* (New York: Oxford University Press, 1986), p. 295; and
　　Fitzpatrick, *Tear Off the Masks!*, pp. 203-239.

115 《新華月報》，第 4 卷，第 1 期（1951 年 5 月 25 日），頁 19。

116 《光明日報》，1951 年 5 月 22 日，第 1 版。

117 〈為什麼要取締反動會道門〉，上海市檔案館，A22-1-93。

人家族利益的無私好市民典範。[118]

最惡名昭彰的例子是馮紹謙要檢舉的人。他指控的是華北勢力極大的龍華會頭目卻犯下種種惡行的祖父。據《人民日報》報導：

我爺爺叫馮錦修，河北省霸縣馮村人，過去是妙峰山佛教龍華會福通盤盤主。敵偽統治時，勾結殺人不眨眼的劊子手——岡村寧次〔在華日軍總司令〕和大漢奸王揖唐……

十五年前，他就在霸縣吸著人民的血，那時我還小，詳細的事情記不太清楚了，有的為了信道傾家蕩產，為了給他這個「活佛」交錢就得賣兒賣女……

不知道爺爺的雙手沾滿了血，不知道爺爺是這樣毒辣無恥的人……迫我父親含著眼淚，抽打母親……

母親在爺爺手裡過日子像滾刀山，母親就這樣屈死在我爺爺——惡棍手裡。九年前，我就成了沒娘的孩子……

我知道了爺爺是個徹頭徹尾的大壞蛋……誰也不能饒恕他……我到……派出所去檢舉他。過了三、四天，爺爺被抓走了，我心裡高興得真不知說什麼好，我希望政府趕快把他槍斃了，給霸縣的老鄉們報仇，給我媽媽報仇，給人民除害……

---

118 〈為什麼要取締反動會道門〉，上海市檔案館，A22-1-93。

　　我要……參加這個會……我不准許人民公敵活著……我
要親眼看著他在人民面前倒下去！[119]

　　在公審會上，被告常遭指斥為毫無人性可言。控訴會經常
變得歇斯底里，參與者非要把道首和反革命分子獵捕不可，尤
其是在大會中群眾受到猜疑、仇恨和怒火所煽動。中國的反民
間宗教控訴大會就像 1930 年代的史達林式公審樣板一樣，用
來鼓動公眾情緒和贏取群眾支持。

　　但公審是複雜的政治文本。譴責用語通常都是毫不留情、
情緒化和時刻煽動人心的，卻也是很難理解的，因為它使用公
式化的口號和官方術語，很容易掩蓋真正的聲音。既然公審用
語是公式化和受人控制的，官方當然禁止未經批准的意見和無
法預料的觀點出現。

　　譴責大會表面上是自發的集會，但實際上卻是經過官員小
心編排的。光從政府叫這些活動做「動員大會」這一點，就透
露了個中底蘊。[120] 會上破口大罵的人未必是基於正義感，很
可能是出於惡意或私人恩怨的報復心態。這樣狂熱的情景也是
容許個人對新政權表白忠誠的良機，尤其是在立國初期一片革
命熱潮的聲浪中。

　　公審會可視為一台戲，配上緊張的情節、激動的人群、公

---

119 馮紹謙，〈我檢舉了爺爺〉，《人民日報》，1951 年 4 月 17 日，第 3 版。
120《新華月報》，第 4 卷，第 1 期（1951 年 5 月 25 日），頁 19。

開的指責及某程度上添加的娛樂成分，這是一種雙管齊下的手段，結合教育群眾和壓制宗教。因此公審場所既像個學校，又像個法庭。嚴格來說，控訴會不需要跟隨公義和法規，並時常把個人和公眾的界線混淆。事實上，它們是脅逼和羞辱他人的公開場合，而政府明顯地在整個過程中力圖指揮整個公審的一舉一動。

大會得出的結果是可以預料的：被告獲一致裁定有罪，公義似乎得到彰顯。這樣的結果被人說成是全賴共產新政權的優越和正確領導才能實現。公審會有什麼確實影響雖然難以斷定，但它明顯地促成一班忠心耿耿、心悅誠服的活躍分子所組成的關係網絡，隨時為新政府效命。總而言之，一種監視和互相猜疑的新文化迅速形成，開始滲透整個社會。

遇到的困難

到了 1953 年中，政府聲稱取締一貫道運動圓滿結束。可是，檔案資料和內部通訊所顯示的，這場鬥爭卻是荊棘滿途。當局遇到的第一個問題是要找到足夠的宣傳人手。很多人就算受過訓練，後來卻發現他們能力不足，無法勝任。另外，令官員懊惱的是大量宣傳人員來自可疑的階級背景。例如湖北某縣有 105 個宣傳員，其中竟然「有 13 個是地主、富農成分，32 個流氓地痞，只有 25 人合乎條件」，[121] 這透露了招收及訓練

---

121 《內部參考》，1951 年 6 月 20 日，頁 64-66。

前線幹部時所遇到的種種困難。

　　要辨認出一貫道頭目更為困難。當局用兩種主要準則來判斷這些頭目是否反革命：一種是勾結國民黨的政治敵人，其中有些還為侵華日軍服務；另一種是階級敵人，即地主、富農及資產階級。所謂民間教派的道首串通國民黨和西方帝國主義，其實是很難證明的。此外，指控這些人是地主和資本家有時也基於薄弱的證據。公審會在官方控制下所達成的裁判，是基於群眾的情緒多於法律程序。它往往只是跟隨官方文本而辦的政治活動。毛澤東的確曾經警告「殺人不能太多」，但正因為「反革命」是個詆毀性質的政治術語，而不是出自法律裁決，以致濫殺無辜在鎮反運動中並不罕見，在民情洶湧時尤其容易發生。[122]

　　另一個大問題是一貫道道徒滲透各地區的民團、農村管理層及黨組織等。有些甚至還在政府部門擔當要職，因此揭露他們的身分是十分困難的。[123]中共黨國在施行鎮壓時，也遇到地方官員的反抗。據資料顯示，有些公安「對取締一貫道和逮捕其首惡者就有意見」，這無疑是因為內部複雜的社交網絡和人際關係所致。[124]

　　一般來說，在城市的群眾動員比在鄉下的進展順利。[125]

122　Yang Kuisong, "Reconsidering the Campaign," p. 113.
123　羅瑞卿，〈中共中央轉發羅瑞卿關於取締反動會道門情況的報告〉，頁19。
124《內部參考》，1951年4月12日，頁67-68。
125《內部參考》，1951年6月25日，頁85。

一些鄉鎮官員不滿地說：雖然會開了，話講了，但「大多數群眾還是什麼都不知道」。[126] 換言之，公審會不一定符合主辦者的期望。地方官員指出很多大會都是匆匆召開，安排混亂。更糟的是，堂堂正正一個嚴肅的政治集會，往往變成鬧哄哄的場所，據一份天津的報導，許多控訴會都「不能激發市民對反革命分子的仇恨。」[127]

取締一貫道是鎮反運動的一部分，是中華人民共和國成立初期發生的複雜政治宗教事件。比起中國歷代常見的朝廷與地方宗教對抗事件，它的影響更深；它是新政權全面打擊農民宗教傳統，並希望用無神論取而代之的大型行動。它也是新政權對視為威脅的某個特定民間教派的暴力鎮壓。為了建設新國家，共產黨認為把此等教派斬草除根是必要的，也認為群眾動員有重要意義，有助全面實施毛澤東的群眾路線，也就是說，建設一個社會主義國家，需要人民熱烈參與及鼎力支持，不能讓他們置身事外、袖手旁觀。之前提及，北京市長彭真呼籲市民積極參與消滅反革命分子的行動。群眾心甘情願地參與，是平民百姓擁護政府政策的表現。官員認為公審教派頭目是一種有效的群眾動員，因為這些群情洶湧的政治場面最能吸引大多是文盲的民眾，而且對犯下嚴重錯誤的道首可以用上革命大道

---

126 《內部參考》，1951 年 6 月 20 日，頁 65。
127 《內部參考》，1951 年 4 月 12 日，頁 68。

理來尋求公義。反一貫道的鎮壓明顯是個大型的群眾動員。

　　毫無疑問，群眾動員是個極為有效的政治工具。據一份官方報告，自立國初期到文化大革命之前，中共中央和北京市委一共發動了 44 場大型群眾動員運動，包括 1950 年代初遍及全國的鎮反運動和抗美援朝運動，1963 年的節約運動，以及 1965 年的活學活用毛主席著作運動。[128] 這樣無日無之的群眾運動，顯示了毛澤東建設新中國的幾個特點：第一、理想化地認為群眾運動必定有助於建設社會主義天堂。第二、相信若沒有及早全面提升和鼓動人民的政治意識，就難以達成經濟和社會進步。第三、毛澤東認為資本主義路線在黨和政府內部正在死灰復燃，這些運動正是根治的靈藥。最後，認為群眾運動是個理想的政治舞台，用來訓練革命接班人，如文化大革命時期的紅衛兵。群眾動員是徹底實現了毛澤東的群眾路線主張，反一貫道運動正好是一例。

　　一貫道甚至到 1953 年官方宣布完滿結束鎮反運動之後，也從未完全消失。它很可能轉入地下活動，與其他同類的教派不時重新出現，繼續令政府感到受挫。[129] 例如 1980 年代，據報一貫道在河南和雲南再次出現。[130]

　　雖然一貫道在中國大陸遭禁，但在臺灣卻能自由傳播。

---

128 市委研究室，〈工業問題座談會紀要：（21）解放以來、工廠裡開展了哪些群眾運動？〉，北京市檔案館，1-9-585。

129《新華月報》，第 7 卷（1954 年），頁 25。

130 郭玉強，〈建國前後取締一貫道的鬥爭〉，頁 134-135。

僅管它早前在臺灣被列為非法組織，但 1980 年代中，蔣經國
（1910-1988）開放黨禁後，它成為合法組織。一貫道經過革
新加入基督教教義後，在臺灣茁壯成長。[131] 有些成員還是卓
越的商界領袖。道徒也熱心慈善事業，包括在大學校園供應平
價的素食飯餐給清貧的農村子弟。[132]

　　中共只知貶斥一貫道是邪教組織，沒有理會它在中國宗教
史上的重要地位。[133] 研究中國宗教的學者普遍認為，民間宗教
能夠吸引大批信眾，是因為它的儀式和教義都與人間的福祉攸
關。佛教普渡眾生脫離苦海的教義，亦是一貫道和其他民間宗
教的中心思想，具有獨特的吸引力。這種楊慶堃稱為「拯救的
教義」（salvational proposition），事實證明在危難關頭最為
大眾所接納，因為宗教信仰承諾的，不僅是來世的報償，還有
現世社會弊病和人生苦楚的救贖。[134] 在今天的中國，很多民

---

131 孚中編，《一貫道發展史》；Yunfeng Lu, *The Transformation of Yiguan Dao in Taiwan: Adapting to a Changing Religious Economy* (Lanham, Md.: Rowman and Littlefield, 2008), pp. 146-151；Bosco, "Yiguan Dao：'Heterodoxy' and Popular Religion in Taiwan,"；Robert P. Weller, *Alternate Civilities: Democracy and Culture in China and Taiwan* (Boulder, Colo.: Westview, 1999), pp. 92-93；及 Goossaert and Palmer, *Religious Question in Modern China*, pp. 356-357。

132 Yunfeng Lu, *Transformation of Yiguan Dao*, pp. 59-60.

133 Ownby, *Falun Gong*, pp. 23-44, 161-227; and Maria Hsia Chang, *Falun Gong: The Ends of Days* (New Haven, Conn.: Yale University Press, 2004), pp. 32-59, 96-123.

134 C. K. Yang, *Religion in Chinese Society*, p. 231.

間教派在農村捲土重來。[135] 原因雖然不明，但有學者相信可能是由於鄧小平在 1970 年代末的經濟開放所致。在鄧小平的市場主導改革下，中國變得比較開放和有活力，不像毛澤東時代實行的那套嚴苛的馬克思主義集體經濟模式。但經濟成就亦帶來貪汙猖獗、收入不均擴大、環境日益惡化及農村人口流離失所等弊病。這個國家時下所經歷的是消費過度和崇尚物質主義。快速的轉變和社會的紛亂所帶來的不安和對未來的迷惘，產生了中國所謂的「信仰危機」。[136] 焦慮與不快助長宗教復興。當愁困的人再也不能從以前崇拜過的毛澤東思想或現今的物質享樂主義找到出路時，他們便會投向宗教去填補空虛。

民間教派的捲土重來對中華人民共和國構成了挑戰。如法律學者彭德（Pitman Potter）指出，後毛澤東時代的政府面對兩難局面，既要容許較大的宗教活動空間，好能對外呈現北京的開明形象，同時又要緊握共產黨的大權，去杜絕任何可能挑戰政權的宗教力量。[137] 實際上，政府一直在監視各種宗教活動，而且會毫不猶疑動用武力粉碎異議，與 1950 年代的做法並無分別。

鎮壓法輪功便是最近的一個例子。政府動員全國力量去反

135　Ian Johnson, *The Souls of China: The Return of Religion after Mao* (New York: Pantheon Books, 2017), pp. 16-32, 73-93, 125-151, 195-215, 301-332.

136　Goossaert and Palmer, *Religious Question in Modern China*, p. 191.

137　Pitman B. Potter, "Belief in Control: Regulation of Religion in China," *China Quarterly* 174 (June 2003): 317-337.

對的法輪功，是一個混合佛教信仰和氣功治療的民間教派。這次的禁制與半世紀前取締一貫道運動十分類似，有同樣的邏輯、目標和手段。1999 年 4 月，法輪功教徒在北京黨國權力中心的中南海門前搞了一次大型的和平示威，令中共高層大為震驚，像 1950 年代的一貫道，法輪功擁有大批信眾，而且像一貫道，很多黨高層和官僚也是它的成員。[138] 再者，法輪功也像一貫道那樣受到當權者質疑，認為它不是單純的宗教團體，更像個顛覆政權的組織，需要用盡一切辦法去迅速壓制它。官方以公開拘捕教派頭目和大規模動員去貶低教派聲譽的手法，都是為人熟知的。中國政府繼續把不獲批准的宗教團體視為挑戰共產黨專政的組織，一定要嚴厲控制，甚至用盡國家資源去取締它們。

138　Nancy N. Chen, *Breathing Spaces: Qigong, Psychiatry, and Healing in China* (New York: Columbia University Press, 2003), pp. 170-179.

第四章

文化館：遍布基層的宣傳網

　　中國共產黨的控制可以說是永無休止的宣傳運動。其中一種宣傳方法就是建立文化館，即中共黨國自 1949 年始便設立的基層宣傳站，向人民傳播社會主義思想。根據中國的官方說法，這些文化館是「群眾文化」和黨教育人民的機制中「一個有機組成部分」。[1]

　　史學家肯尼斯（Peter Kenez）把前蘇聯說成是「宣傳大國」。[2] 這個說法也同樣適用於中華人民共和國。過去二十多年來，學界對中共宣傳這個題目已有廣泛的研究，包括制度架構、網絡、溝通方法，以至決策當局。[3] 但焦點大多落在國家

1　〈北京的文化館〉，北京市檔案館，1-12-870。「群眾」與「文化」是常用詞，但「群眾文化」作為一個富政治含意的專有名詞，則是中華人民共和國成立以後的事。見北京市檔案館編，《北京檔案史料，2012，2：檔案中的北京文化》，（北京：新華出版社，2012），頁 151。

2　Peter Kenez, *The Birth of the Propaganda State: Soviet Methods of Mass Mobilization, 1917-1929* (Cambridge: Cambridge University Press, 1985).

3　Brady, *Marketing Dictatorship*; Michael Schoenhals, *Doing Things with Words in Chinese Politics: Five Studies* (Berkeley: Institute of East Asian Studies, University of California, 1992); Cheek, *Propaganda and Culture*; Julian Chang, "The Mechanics of State Propaganda"; Volland, "The Control of the Media"; and Shambaugh, "China's Propaganda."

及省分的層面，鮮會有系統地審視宣傳如何在基層運作及對人民的日常生活有何影響。

在這一章，我會分析設於社區層面的文化館。若仔細看中共的宣傳系統，不難發現這個黨國主要透過各市區的文化館及其附屬機構來接觸普羅大眾。我也會研究文化館初期採用的種種廣受歡迎的方法（如民間藝術及流動圖書站），怎樣用來發放社會主義訊息，以及文化館工作人員遇到的困難。文化館的活動，顯示宣傳員使用了五花八門、甚具創意及最重要的靈活變通手法去接觸群眾；這有別於傳統的看法，以為官方宣傳只是一套由上而下、一成不變的計畫。文化館這樣靈活應對，使它成為中共推動其政治目標的最有效工具之一。

文化館在中國各大城市中存在多時，但今天的文化館跟中華人民共和國初期的文化館差別很大。我在 2013 年夏季的一個雨天，到訪北京西城區文化中心（或稱西城區文化館，圖 5），它各式各樣及非政治性質的活動令我印象深刻。在北京西區近西直門的新街口地鐵站旁的文化館，是座雅緻的大樓，文化部將它設計成「一級文化館」。它類似西方城鎮的市民活動中心，內裡有西城區舞蹈家協會，也舉辦兒童國畫書法班和成人攝影班等。那天唯一有政治意味的是戲劇《父親・李大釗》，講述中國共產黨創黨人之一的李大釗傳奇的一生。今天的文化中心一點也不像建國初期的文化館，當時通常只是街頭一個平臺，舉辦一場又一場狂熱的政治運動。不過，無論今昔，文化館所發揮的作用都是一樣。

圖 5　北京西城區文化中心。2013 年 7 月 8 日，作者攝。

兩個先例

　　建國初期的文化館來自兩個源頭。晚清時期，陷於衰亡的滿清皇朝推行一系列的「新政」——教育、軍事、朝政的改革——試圖挽救國家。那時即使是最保守的官員，都不得不承認掃除文盲和教育百姓，是鞏固國家免受外國侵略的基本條件。[4]

4　見 John K. Fairbank and Kwang-ching Liu, eds., *The Cambridge History of China*, vol. 11 (Cambridge: Cambridge University Press, 1980), pp. 375-415。

全國設立宣講所、圖書館以及識字學塾。[5] 隨後的民國時期這些場地得到正式認可，國民黨在 1928 年將之改稱為「民眾教育館」。[6] 教育館的數目到了 1936 年——即中日戰爭爆發前夕——達到頂點，一共有 1,509 間。[7] 為了動員中國人民抗日，國民政府將教育館改成抗戰教育基地，喚起愛國熱忱。[8] 到了1940 年代後期，國共內戰導致教育館數目銳減。

中國共產黨的文化館也源於蘇聯。列寧認為文盲是建設強大社會主義國家的主要障礙。蘇聯的人民教育委員會（People's Commissariat of Enlightenment）成立很多機構去掃盲和傳播社會主義思想。[9] 蘇聯官員也在多個城市建立「文化宮」（dvorets kultury）和工人俱樂部，作為政治灌輸的前線組織。數以萬計的宣傳員，手執詳細的指引，被派往全國各地去宣揚布爾什維克理念。宣傳員接受指示要「避免作風浮誇、要直話直說」，而且「必須有充足的睡眠和避免吃刺激腸胃的東西，方能走上講台」。[10] 稱為「紅角落」（krasnyi ugol）的閱讀室設在工廠、辦公室甚至全國的大小村落。[11]「紅角落」一詞原本指農民家中供奉聖像的角落。在蘇聯時期，這些角落改為擺放領導畫像

5　周慧梅，《民眾教育館與中國社會變遷》（臺北：秀威資訊科技股份有限公司，2013），頁 83。

6　周慧梅，《民眾教育館與中國社會變遷》，頁 84-85。

7　周慧梅，《民眾教育館與中國社會變遷》，頁 96-100。

8　周慧梅，《民眾教育館與中國社會變遷》，頁 107。

9　Kenez, Birth of the Propaganda State, pp. 56-57, 72.

10　Stephen Lovell, "Broadcasting Bolshevik: The Radio Voice of Soviet Culture, 1920s-1950s," Journal of Contemporary History 48, no. 1 (January 2013): 82.

的房間，存放宣傳物品。此後，這些場所被用來舉辦效忠宣誓和少年先鋒隊的入隊儀式，是個宣揚意識形態的地方。

　　蘇聯宣傳員用各式各樣的方法去接觸群眾，包括海報、電影及「活報劇」（*zhivaya gazeta*，一種宣傳鼓動劇場）以傳遞社會主義訊息。[12] 此等方法在延安時期或更早之前便逐漸流傳到中共手裡。[13] 中共的媒體經常報導蘇聯的群眾動員活動。例如 1949 年 2 月，早在中華人民共和國成立前八個月，《人民日報》便已經廣泛報導蘇聯農村俱樂部的盛行情況：「蘇聯農村中的文化教育網正在不斷增長。1948 年，共有將近十五萬所農村俱樂部⋯⋯它們的任務都是傳播進步思想並滿足集體農民多方面的文化需要。」[14] 中華人民共和國初期，在毛澤東「一邊倒」的親蘇政策下，政府將大批文藝隊伍送往蘇聯學習宣傳技巧。[15] 儘管如此，中國人後來卻沒有盲從蘇聯模式，反而發展出自己的一套政策。

11　Olga Boitsova, "Photographs in Contemporary Russian Rural and Urban Interiors," in *Material Culture in Russia and the USSR: Things, Values, Identities*, ed. Gram H. Roberts (London: Bloomsbury Academic, 2017), pp. 72-82; and Kenez, *Birth of the Propaganda State*, pp. 134-137.

12　Kenez, *Birth of the Propaganda State*, pp. 136-139；又見 Jeremy E. Taylor, "The Sinification of Soviet Agitational Threatre: 'Living Newspapers' in Mao's China," *Journal of the British Association for Chinese Studies* 2 (July 2013): 27-50。

13　見《解放日報》，1941 年 11 月 17 日，第 1 版；及 1942 年 3 月 5 日，第 2 版。

14　《人民日報》，1949 年 2 月 26 日，第 3 版。

15　北京市檔案館，1-12-18。

發展

1949 年 1 月共產黨接管北平時，城中和郊區還有六間國民黨主辦的教育館 —— 市內的第一及第二民眾教育館兩間，加上郊區的門頭溝、長辛店、南苑和高碑店四間。[16] 北京市委立刻下令改造這批舊有教育館，把名稱從「民眾教育館」改為「人民教育館」，不久更變成「人民文化館」。[17] 用「人民」一詞來表示新時代的到來，是呼應了毛澤東在 1949 年的著名文章〈論人民民主專政〉中提倡的核心價值觀。毛澤東說「人民共和國」是由四個階級的新「人民」組成：「工人階級，農民階級，城市小資產階級和民族資產階級」，並由工人階級和共產黨領導。[18]

國民黨的教育館體制遭到新政權的批評，指它是為貪婪的資本家和美帝國主義服務，堅持「反共」立場和助長美國在華利益。[19] 官方稱這些教育館是「牢牢地掌握在反動統治者的手裡，成為他們統治和欺騙勞動人民的罪惡工具」，[20] 罪證之一是圖書館陳列的都是一大批「封建反動人物的畫像」。[21]

16　〈北京的文化館〉，北京市檔案館，1-12-870。

17　〈北京的文化館〉，北京市檔案館，1-12-870。

18　毛澤東，《毛澤東選集》，第 4 卷，頁 1480。

19　〈北京的文化館〉，北京市檔案館，1-12-870。

20　〈北京的文化館〉，北京市檔案館，1-12-870。

21　北京市工農業餘教育局，〈本局關於文化館、書報閱覽室工作的概括、總結〉，北京市檔案館，152-1-52。

　　共產黨的文化館以嶄新的面貌出現。1952 年，教育部長馬敘倫（1885-1970）表示，新的文化館是以「識字教育、政治宣傳、文娛活動及普及科學知識為其主要任務」。[22] 中共官員當然知道這個基層組織的好處，因為它們設在熟悉的鄰里環境，活動節目用上大家易懂的語言，官民可以面對面交談，這讓社會低下階層感受到關懷，從而對新政權產生信任。理想的情況是當文化館遍布社區後，可成為政府與民眾之間緊密溝通的橋梁。

　　文化館數目與日俱增。到了 1956 年底，北京有 19 間在運作。內城區的西單和前門的文化館可算是典範。[23] 為了妥善分配有限資源和靈活應付地區的需要，隸屬個別文化館監督而規模較小的文化站便應運而生。文化站有閱讀室供應報章和流行書籍，也轉發政府的公告。北京市委指示各縣最好能成立至少一間文化館和三間文化站，但說時容易做時難，原因是資源缺乏、場地不夠，更重要的是，受過訓練的工作人員嚴重不足，難以營運。到了 1959 年底，大北京城的十三個區和四個縣已設立 26 間文化館與 32 間文化站，合共有 58 間。[24]

　　跟蘇聯一樣，中國的「農村俱樂部」也在鄉郊地區紛紛成立。它們只是些簡樸的農舍，提供康樂活動，由熱心服務鄉里

22　北京市檔案館，152-1-157。
23　〈北京的文化館〉，北京市檔案館，1-12-870；又見 164-1-175。
24　〈北京的文化館〉，北京市檔案館，1-12-870。

的農民負責打理，功能就像城裡的文化館和文化站，只是規模小得多。昌平區（首都北區）和大興區（首都南區）的農村俱樂部便是例子。下表為中華人民共和國最初十年昌平區三層組織的文化館架構。[25]

表1 中華人民共和國最初十年北京昌平區的文化館、文化站及農村俱樂部的數目

	1949	1950	1951	1952	1953	1954	1955	1956	1957	1958	1959
文化館	2	2	2	2	1	1	1	1	1	4	1
文化站	0	0	0	5	3	3	3	3	3	24	2
農村俱樂部	0	0	0	0	6	13	15	66	66	143	113

引自：〈北京的文化館〉，北京市檔案館，1-12-870。

　　文化館發展至全國，包括少數民族地區。[26] 1955年國務院文化部頒布指示，要在內蒙、甘肅、黑龍江建立文化館。內蒙更發展流動文化服務隊，方便游牧民族。[27] 我們不清楚全國在最初十年究竟有多少間文化館，不過很多都是臨時搭建的，規模不大。據《人民日報》報導，很多地方的文化館都是由地方熱心人士集資籌建，而且只需「一兩天後就辦起來」，如江西省永修和都昌縣的民辦文化館，設備非常簡單，據報「一般只

25 〈北京的文化館〉，北京市檔案館，1-12-870。
26 《人民日報》，1980年11月3日，第2版。
27 〈關於編制1955年文化事業建設計劃事〉，北京市檔案館，11-2-226。

有二、三百本通俗圖書，三、五份雜誌，和一些文娛用具」。[28]
這三種基層組織──文化館、文化站和農村俱樂部──形成官
方所謂的「一個強大的文化館網」，遍布全國。[29] 比起國民黨
時期一向組織鬆散的民眾教育館，這樣的多重結構有更明確的
運作程序，但隨之而來的便是官方對文化館更大力度的管控。

文化館的任務

列寧早就強調把「教育帶給群眾」的重要；他認為透過教
育，可以把布爾什維克理念傳播給大眾。[30] 中共領導人也明白
普及人民知識才能建設強大社會主義國家的道理，因此教育部
長馬敘倫下令文化館的首要目標是掃除文盲。[31] 文化館設有圖
書室、報章閱覽室，也舉辦讀書會，就像 1920 年代蘇聯在鄉
郊設立的讀書室。[32] 不久，官員自滿地說：「這街上的野孩子
可就突然沒有了。」想必孩子都蹲坐在社區圖書室裡埋首書堆
了。[33]

除了掃盲，新開的文化館都希望「送教育上門」和「送

28　《人民日報》，1958 年 5 月 13 日，第 7 版。

29　〈北京的文化館〉，北京市檔案館，1-12-870。

30　引自 Kenez, *Birth of the Propaganda State*, pp. 8-9。

31　〈社會文化科（文化館部分）總結〉，北京市檔案館，11-2-189；又見
　　〈北京的文化館〉，北京市檔案館，1-12-870。

32　Kenez, *Birth of the Propaganda State*, pp. 134-144.

33　北京市檔案館，152-1-52。

活動上門」。[34] 文化館開辦的幻燈片放映會、歌詠隊、舞蹈團和俱樂部都吸引了大批民眾。[35] 另一項工作重點是提倡衛生。1952 年的愛國衛生運動——全國防止傳染病行動——進行得如火如荼，文化館舉辦社區會議、街頭展覽，並透過傳媒宣傳環境衛生的重要。文化館還教導市民衛生常識、清潔鄰里、填平水坑和糞坑，更消滅蚊蠅蟲子。西單文化館更一馬當先，據報從 5 月到 7 月，舉辦了「街頭流動展覽⋯⋯召開了群眾會 23 次，參加群眾有 41,000 人」。[36] 首都南區的南苑文化館也「消滅蒼蠅 2,274,000 餘個、蚊子 123,000 餘個」。[37] 報告中加入如此精準的統計數字，無疑是想加強它的可信度。

文化館也經常舉辦工廠生產技術講座，安排業餘演員表演舞台劇及放映流行電影。[38] 北京市委 1952 年接受蘇聯《真理報》記者訪問時，不無自豪地拿出一張列有文化館主辦的活動清單，包括 1,074 場有關時事的幻燈片放映會，186 場科學座談會和 110 次科學展覽。[39]

從一開始，文化館的活動，包括識字和衛生運動，都並非

---

34 〈北京的文化館〉，北京市檔案館，1-12-870。

35 〈北京的文化館〉，北京市檔案館，1-12-870。

36 〈文化處關於三年來文化工作檢查、文藝工作會議及 1952 年工作總結報告〉，北京市檔案館，11-2-148。

37 〈文化處關於三年來文化工作檢查、文藝工作會議及 1952 年工作總結報告〉，北京市檔案館，11-2-148。

38 北京市檔案館，11-1-139；及 164-1-163。

39 北京市人民政府文化事業管理處，〈和真理報記者的談話〉，北京市檔案館，11-2-160。

單獨運作，而是要配合重要的官方政策。1953 年之前，市政府要求文化館館員「緊密的配合了土地改革、鎮壓反革命、抗美援朝」等政治運動。[40] 政治主導也伸展到鄉郊地區，並指示農村俱樂部舉辦的活動要依循國家路線。最明顯的例子是 1950 年代初的取締一貫道運動和舉行反美集會。

　　1953 年政府開展第一個五年計畫，文化館的性質突變，變得更政治化。[41] 在 12 月文化部頒布了〈關於整頓和加強文化館、站工作的指示〉，下令文化館「進行時事政策的宣傳，教育群眾為實現國家總路線而奮鬥；組織和輔導群眾……掃除文盲工作；組織和輔導群眾業餘文藝活動……普及與群眾日常生活和工農業生產有關的科學技術」。[42] 這項要求的起因，是北京市委不滿文化館頭三年的工作，批評館方只照顧城市人的需求。調查發現，使用過文化館圖書室的，有 75% 都是學生，沒幾個是工人或農民。[43] 官方想知道工人和農民究竟去了哪裡，因為他們才是《共同綱領》所說的新社會主義國家的支柱。[44] 官方斥責文化館館員不明白自己的使命，因此只做了識

40　〈北京的文化館〉，北京市檔案館，1-12-870；又見 11-2-148；及《人民日報》，1950 年 11 月 6 日，第 2 版。

41　1960 年的官方報告將文化館的首十年分成四期：1949-1952 年、1953-1955 年 6 月、1955 年 7 月 -1956 年，以及 1957-1959 年。見〈北京的文化館〉，北京市檔案館，1-12-870。

42　〈北京的文化館〉，北京市檔案館，1-12-870。

43　北京市檔案館，11-2-148。

44　PRC, *The Common Program*（《共同綱領》）, p. 2。

字教育「這一項工作」，把文化館變成了「教育館」和「行政管理機構」，忽視對工農的群眾工作。[45] 官方的報告指出，這種種錯誤是因為「思想領導不夠」。[46]

北京市委也批評文化館的行政工作差劣。表面上，北京市政府文化處的職責應該是監督文化館的運作，但實際上是由各地區官員各自執行。另外，文化館的經費、人事升遷都是行政上的大難題，需立即補救。[47] 市政府成立新的群眾文化處來管理文化館。[48] 這樣的重組不只是為了提高行政效率，更是一種中央集權的做法，讓共產黨有更大的權力去控制文化館，因而更加介入普通市民的文化生活。北京市委隨即要求文化館「要貫徹為工農大眾服務的方針，不再單純以小市民為對象」。[49]

1953 年的新政策帶來幾項改變。首先，文化館不再以掃盲為主要工作——改由另一個名為「掃盲辦公室」的市政府部門來接辦，文化館只會從旁協助，營運圖書室。[50] 其次，服務對象非常清楚，必須是工人和農民，而不是一般市民。最後，也是最重要的，文化館要為黨所訂下的更大的政治目標服務。[51]

45　北京市檔案館，11-2-189。

46　北京市檔案館，11-2-148。

47　北京市檔案館，11-2-117。

48　北京市文化局，〈關於分立文化、出版、電影三個局的組織機構人員編制的請示〉，北京市檔案館，1-24-14；又見〈北京市第一文化館的調查報告〉，北京市檔案館，11-1-118。

49　北京市檔案館，11-2-148。

50　〈北京的文化館〉，北京市檔案館，1-12-870。

51　北京市文化局，〈北京市文化事業遠景規劃草案〉，北京市檔案館，164-1-163。

　　到了 1956 年 1 月，中共中央政治局宣布〈1956 年到 1957 年全國農業發展綱要〉，這綱要肯定毛澤東思想，認為農村改革是要透過成立合作社和動員農民群眾來提升生產。綱要還提出開展普及的「農村文化網」，包括設立「文化站、圖書室和業餘劇團等文化組織」。[52] 到了 1958 年中國共產黨第八次全國代表大會第二次會議時，這個農村文化網更是受到重視，當時正值中共中央公開支持毛澤東的大躍進政策。文化館再次被推上前線，致力執行那場極具野心的群眾生產運動。

　　就昌平區而言，農村俱樂部的總數由 1956 年的 66 間增至 1958 年的 143 間，1959 年仍有 113 間的高位數字（見表 1）。附近的地區也有新的農村俱樂部出現。[53] 例如，1958 年門頭溝區文化館響應政府的呼籲，熱烈地宣布：「為了適應大躍進的要求，將館的主要力量轉向農村，轉向人民公社，組織幹部下鄉……幫助生產隊開展宣傳工作。」[54] 政府也鼓勵學生走入群眾並幫助生產。[55] 譬如北京師範大學歷史系學生，在門頭溝煤礦「與工人同吃、同住、同勞動」，並且把工人階級的生活寫成歷史。最終目標如北京官員所說的，是讓學生認識到「勞動人民才是歷史的主人」。[56]

52　《建國以來重要文獻選編》，第 8 冊，頁 56-57。

53　〈北京的文化館〉，北京市檔案館，1-12-870。

54　〈北京的文化館〉，北京市檔案館，1-12-870。

55　《建國以來重要文獻選編》，第 5 冊，頁 247-251。

56　共青團北京市委員會，〈關於文教館的解說詞〉，北京市檔案館，100-3-473。

他們怎樣做？

文化館採取靈活的策略去宣傳，即宣傳時會考慮地區的差異（城市或鄉村），行動是否適宜、務實及把握時機。最後，北京市委得以在首都和周邊設立一個相當有系統的「宣傳網」。[57] 可是檔案資料顯示，宣傳工作亦遇到很多官方傳媒沒有報導的問題。

活動內容

文化館用「陣地」和「流動」的方式接觸群眾。陣地方式是在文化館的會場或鄰近地方提供活動。一份 1960 年題為〈北京的文化館〉的報告，詳列中華人民共和國頭十年在固定場地設置的文化設施。該報告是北京市委宣傳部指導北京大學圖書館學系編製的。固定的文化館設施包括劇場、圖書室、閱讀室和娛樂室。報告指 1952 年北京的文化館共擁有 48 座幻燈投映機（及 485 套幻燈片）、48 台收音機、2,421 張圖片、2,872 塊報告板、9 座有線廣播器材、208 件樂器、174,275 本書（其中 54,064 本列為「通俗書」）、637 本雜誌和 179 份報章。但由於我們並不清楚這些物品的使用情況，所以單看數字是沒多大意義。文化館在日常運作中，接待訪客和讀者，安排舞台表演，舉辦衛生及時事講座，都是些實用和簡單方便的節目。例如，郊區南苑文化館舉辦關於棉花種植新技巧的一系列講座。

---

57 〈市委宣傳部關於北京市發展宣傳網的情況〉，北京市檔案館，1-12-96。

豐台區教導良好衛生習慣以預防傳染病。有人聽了講座後感激地說：「以前我不懂衛生常識，喝生水是常事，這次才知道這會損害健康。」其他講座題目如「怎樣養鴨」也很受農民歡迎。文化館也提供一些基本服務，其中最受歡迎的是為目不識丁的民眾寫信，很多社區的人都覺得這項免費服務實用。[58]

　　1953 年以後，這些固定場地的活動越來越受到北京市黨委高層的猛烈批評。他們覺得這些活動太被動、太學究、太官僚和脫離現實。[59]他們要求文化館人員離開舒適的場館，走進工廠，步入田間，把活動帶進工人農民真正的日常生活中。

　　這個從陣地走向工地的轉變，在大躍進期間更為突出。以東城區文化館為例，它響應黨的號召去組織「下廠組」和「文化車下鄉」。首都東北的密雲縣文化館主張「打出館外，深入山區，為農民服務」，讓館員能「直接為生產服務」。[60]

　　劇團穿梭各地，流動圖書車開往山區。官員下令表演者和職員要使農村民眾認識當前的官方政策和資訊。這些新工作的結果看來頗具成效，例如首都西南的長辛店文化館大量建立流動圖書站，閱覽人次由每天平均 70 人左右增至 200 人，升幅可觀。[61]明顯地，這個新政策不僅是技術的調整，本質上還是

58　此處的引述和事例都是取自〈北京的文化館〉，北京市檔案館，1-12-870。

59　北京市檔案館，152-1-52。

60　〈北京的文化館〉，北京市檔案館，1-12-870。

61　〈北京的文化館〉，北京市檔案館，1-12-870。

一種政治舉動，並被宣傳為熱烈響應毛澤東「為人民服務」的
號召。

黑板報

宣傳員一開始就著重使用黑板報。這些小巧、隨處都能安
放的長方塊告示板，可以用粉筆寫上告示、功績表、員工缺失
的評語，也可以幫助工作人員互相溝通。黑板上有勵志的口
號、員工言詞樸實的散文、時事或生產的速寫。[62] 黑板報齊備
了官方所說的鼓動宣傳最重要的三個條件——「機動、靈活、
及時」。[63]

官方報告說文化館的職員對黑板報甚為熱心。城中的崇文
區文化館善於利用黑板報傳遞通俗科學知識。[64] 在外圍地方如
北京西的門頭溝資源缺乏，館員常用黑板報教導村民和礦工。
門頭溝文化館在 1958 年一共製作了 1,406 塊黑板報。[65]

文化館館員知道單靠他們是無法製作所有黑板報的，他們
需要大眾幫忙，讓它成為與基層民眾互動的創作。資源較好的
文化館，會有館員教導工人製作黑板報，既可訓練新人，又可

---

62 〈煉鐵部黑板報在社會主義競賽中為什麼受到群眾的歡迎〉，北京市檔
案館，1-12-272。

63 〈市委宣傳部關於召開宣傳員代表會議的計劃〉，北京市檔案館，1-12-
110。

64 〈北京的文化館〉，北京市檔案館，1-12-870。

65 〈北京的文化館〉，北京市檔案館，1-12-870。

鼓勵大家自發參與。[66] 1955 年，北京城東的朝陽文化館派員到北京市機織印染廠教人怎樣寫黑板報。文化館又舉辦短期訓練班教導這種簡便的溝通工具，學員學成後回到自己的單位發揮所長。[67]

　　黑板報在工廠裡大行其道，主要分兩種：「紅榜」和「黑榜」。第一種又名「光榮牌」，宣揚模範工人的榜樣；第二種剛好相反，記下工人差劣的表現或挑出違反生產規條的人員。[68] 石景山鋼鐵廠是位於北京西的巨型工廠，光榮牌之多廣為人知。1956 年首四個月，鋼鐵廠已製作了 48 塊黑板報。[69] 對員工的批評也不少，但多用規勸而不是譴責的語氣。1954 年，勞動模範吳吉福在人民印刷廠的黑板報上發表文章：他檢討了自己小組與其他小組不合作的情況，違反集體主義精神，以致把工作延誤了；他立誓糾正錯誤。隨後，據文化館報導，該廠的「集體主義思想加強了……開始逐日完成計劃」。[70] 黑板報明顯地不只記錄生產數字，它還是工人對集體社會主義目標奉獻的公開表白。

66　〈北京的文化館〉，北京市檔案館，1-12-870。
67　〈北京的文化館〉，北京市檔案館，1-12-870；又見 1-12-223。
68　〈關於宣傳鼓動工作的報告〉，北京市檔案館，101-1-334；又見 1-12-272。
69　北京市檔案館，1-12-272。
70　北京市檔案館，1-12-223。

民間藝術形式

多種民間藝術也用來宣傳官方政策。這其實是受兩個傳統的影響：延安時期的做法，靈感來自農村的視覺藝術形式；另外是歷史悠久的農村表演文化，吸引旁觀者又唱又跳地熱烈參與。中共對民間藝術的取態跟蘇共對自己民間藝術的看法有很大差異。早期的蘇共領袖輕視農民的口述傳統和民間文化。列寧對傳統民間版畫（*lubok*）的不屑是人所共知的。雖然後來蘇聯宣傳畫家如摩爾（Dmitri Moor）和德尼（Viktor Deni）在第二次世界大戰時期從民間藝術汲取靈感，但總的來說，俄國知識分子並不重視民歌、宗教故事及聖賢事蹟，認為它們微不足道。[71]

中共領導人與俄羅斯領袖不同，一開始就注意到傳統藝術如民歌、舞蹈和說書的重要，認為它們是群眾「喜聞樂見」的。[72] 毛澤東更是熱烈提倡這些村野形式，在他1942年的「延安講話」中推崇備至。[73] 但毛澤東從來沒有把這些民間文藝視為獨立的藝術作品，而是認為它們是勞動人民反抗地主和資本家等剝削階級的忠實紀錄。他相信可以把這些民間藝術改造成社會主義武器，以戰勝不公義。

文化館的工作人員繼承延安作風，在外展工作中加入很多

71　Richard Stites, *Russian Popular Culture: Entertainment and Society since 1900* (Cambridge: Cambridge University Press, 1992), pp. 41, 53-54.

72　Hung, *War and Popular Culture*, pp. 221-269.

73　毛澤東，《毛澤東選集》，第3卷，頁849-880。

民間藝術元素，如秧歌、腰鼓、快板和相聲，[74] 都是由文化館贊助的音樂組、歌舞團和劇社演出。據報導，在 1953 年 12 月到 1954 年 2 月的幾個月內，南苑文化館就安排了 15 場表演，有民間舞蹈、快板、相聲等，吸引了一共 18,350 人觀看。[75]

　　這些改造後的舞台表演並不是民眾原本的心聲，而是經過共黨藝術家的重新設計。上演的秧歌劇用的可能是由來已久的形式，但內容卻是翻新過的。新秧歌劇反映的不再是農家的原來世界——那裡充滿鬼神和守舊風俗——而是由擁護社會主義的工人、勤勞的農民和英勇的士兵所建立的新天地。這種改造被稱為「舊瓶裝新酒」，在大躍進期間特別盛行。1958 年在毛澤東指示下，全國發起新民歌運動以支持工農業生產，文化館館員熱烈響應。[76] 他們鼓勵農民用自己的歌詞創作新歌。據報導，1958 年長辛店的農民創作了 73,550 件說唱作品，主要是民歌。[77] 在豐台區，剛十歲的男童陳俊蘭也用短詩表達了年幼一代的雄心壯志：

> 老人比黃忠，少年比羅成。
> 兒童不落後，也要當英雄。[78]

74　〈北京的文化館〉，北京市檔案館，1-12-870。
75　〈北京的文化館〉，北京市檔案館，1-12-870。
76　郭沫若、周揚編，《紅旗歌謠》（北京：人民文學出版社，1979）。
77　〈北京的文化館〉，北京市檔案館，1-12-870。
78　〈北京的文化館〉，北京市檔案館，1-12-870。

被人稱為「傻妞」的社員劉淑珍也寫了一首文化館館員譽之為
「含有深刻哲理的關於掰玉米的詩」：

> 春天把它栽，秋天把它掰；
> 更問打多少，神仙也難猜。[79]

節日

　　文化館善於利用節日慶典 —— 傳統和現代的、國內和國外
的 —— 去促進共產事業。不少學者早已指出節日的慶典不僅讓
社會有個周而復始、萬象更新的神奇光景，更是國家領袖藉此
盡顯排場和政績的非凡時光，方便他們實現春秋大業。[80] 宣傳
員明白舉辦活動如果配合大型節日的歡騰，能產生最大的影響
力。1954年〈文化部關於加強農村春節文化藝術工作的指示〉
中，說明「1955年春節農村文化藝術工作必須……通過文化
藝術的活動，對廣大農民群眾進行愛國主義和社會主義的宣傳
教育」。[81] 北京市委馬上跟隨，並號召文化館好好利用「元旦、
春節、五一、七一、國慶」去「歌頌勞動人民的英雄勞動和鬥

79　〈北京的文化館〉，北京市檔案館，1-12-870。

80　Clifford Geertz, *Negara: The Theatre State in Nineteenth-Century Bali* (Princeton, N.J.: Princeton University Press, 1980)；又見 Victor Turner, ed., *Celebration: Studies in Festivity and Ritual* (Washington, D.C.: Smithsonian Institution Press, 1982)。

81　〈文化部關於加強農村春節文化藝術工作的指示〉，北京市檔案館，8-2-20。

爭，宣揚社會主義建設和人民公社運動」。[82] 長辛店的文化館館員也呼應說：「群眾性的文娛活動，日常主要是結合政治運動的宣傳，每逢節日如春節則大搞特搞。」[83] 1956 年的春節，文化館在北京各郊區舉辦的活動，據報吸引了多達 723,000 名觀眾。[84]

除了春節，文化館也把廟會當成宣傳良機。這種流傳久遠及廣受群眾歡迎的習俗，是在特定日子舉辦多姿多彩的社區聚會，結合了迎神賽會、雜耍玩樂和集市買賣等民間活動。例如，周口店文化館也利用廟會做各種各樣的宣傳（有黑板報和民間舞蹈等），自誇是「百花齊放」。[85]

外國的社會主義節日也被視為吸引群眾的良機。它的意義遠比單純鼓勵民族主義為大，更是個強調社會主義國家結盟和國際友誼的大日子。十月革命及 1950 年簽署的中蘇友好同盟互助條約至為重要，每逢週年都大肆宣傳，[86] 但這類外國慶典，從來都及不上本土的節日那麼熱鬧和受歡迎。

圖像

早期的布爾什維克領導雖然輕視民間藝術形式，卻明白與

82　北京市檔案館，1-5-272。
83　〈北京的文化館〉，北京市檔案館，1-12-870。
84　〈北京的文化館〉，北京市檔案館，1-12-870。
85　〈北京的文化館〉，北京市檔案館，1-12-870。
86　〈北京的文化館〉，北京市檔案館，1-12-870。

民眾，特別是農民溝通時圖像藝術的重要。列寧之妻克魯普斯卡婭（Nadezhda Krupskaia）有句名言：「現在也好，將來也好，農民要學懂改善生產，只有靠圖像示範才能學得到。」[87] 中共藝術家也早已認識到圖像傳播政治訊息的威力。早於1927年，毛澤東便在他極具影響力的〈湖南農民運動考察報告〉一文中，號召宣傳人員用「很簡單的一些標語、圖畫和講演，使得農民如同每個都進過一下子政治學校一樣，收效非常之廣而速」。[88] 這些工具在延安時期都有系統地加以運用。藝術家如著名漫畫家華君武（1915-2010）和木刻家古元（1919-1996）創作令人難忘的人物：華君武嘲弄蔣介石是個嗜血劊子手；古元則刻畫出在共產黨英明統治下一片農家樂的美景。[89]

文化館承接這延安傳統，繼續利用圖像做宣傳。藝術學員用多種視覺方式與工人農民溝通。第一種視覺方式是漫畫，被認為是「最通俗和最富有群眾性、戰鬥性的一種宣傳形式」。[90] 漫畫大致分成兩類。第一類是與工農基層生活打成一片的圖像，主題多是務農技術、糧食生產、衛生及農作物防菌防蟲的方法。[91] 官方也鼓勵石景山發電廠的工人在1951年夏天製作

87　引自 Victoria E. Bonnell, *Iconography of Power: Soviet Political Posters under Lenin and Stalin* (Berkeley: University of California Press, 1997), pp. 4-5。

88　毛澤東，〈湖南農民運動考察報告〉，《毛澤東選集》，第1卷，頁36。

89　Hung, *War and Popular Culture*, pp. 221-269.

90　〈宣傳畫：有效的宣傳武器〉，北京市檔案館，1-12-223。

91　〈北京的文化館〉，北京市檔案館，1-12-870。

漫畫。所畫的漫畫強調安全發電、減低煤耗。有幅畫展示健壯的人坐上飛機，表明工人決心達到更高的生產目標。另一幅畫有殘障人士坐慢火車，意在嘲諷因懶惰而達不到標的工人。[92] 第二類漫畫充滿批判精神，即針對時弊，支持共產黨的政策及致力改變大眾態度的政治漫畫。這類漫畫在建國頭十年的抗美援朝等大型群眾運動中，是最突出的視覺形式。

第二種視覺形式是「宣傳畫」，有時稱為「壁畫」，也十分流行。宣傳畫是簡單的政治畫，張貼在工廠或街道的牆壁上。據北京市文化處的估計，1958 年市內的壁畫就有 516,000 張。[93] 事實上，宣傳畫和漫畫分別不大，宣傳人員時常混合稱呼這兩類畫。兩者只有一輕微的不同，壁畫有一種特性，就是社會學家邦內爾（Victoria Bonnell）所謂的圖畫「視覺背景」（visual syntax），即把圖像配上特定的社會和政治內容。[94] 例子之一是 1954 年，北京人民印刷廠印製的一幅油壺與工人的壁畫。油壺對工人說：「機器該加油啦！」提醒工人要花時間維修，不然會影響整個生產程序。[95]

第三種視覺藝術是連環畫。長久以來，連環畫是都市人和鄉下人，尤其是青年都喜愛的。但像秧歌一樣，連環畫要經過改造，去除官方所說的「封建」、「資本主義」和「迷信」的

92　北京市檔案館，101-1-334。

93　〈北京的文化館〉，北京市檔案館，1-12-870。

94　Bonnell, *Iconography of Power*, p. 10.

95　北京市檔案館，1-12-223。

內容。新連環畫包括《工人有力量》和《美國紙老虎》等，成
為最受歡迎之作。[96] 南苑文化館設立了七個臨時圖書站，提供
連環畫冊給居民借閱。[97] 1959 年大躍進期間，連環畫受到更
熱烈的吹捧。市委要求文化館館員把圖畫冊子直接送到農田，
「送到社員手中」。[98]

廣播

從 1920 年代初起，蘇聯宣傳員和記者已經利用收音機的
便利，接觸工作間和社區樓房的居民，教他們像史學家羅維爾
（Stephen Lovell）所說的：「要懂得『說布爾什維克語』。」[99]
中共也跟著做。人民解放軍在 1949 年 1 月底接管北平後，關
閉了國民黨控制的電台 —— 城中最重要電台之一的北平廣播
電台 —— 隨即改名為新華廣播電台。兩個月後又改名為北平
人民廣播電台。新電台迫不及待地利用廣播攻擊蔣介石和美
帝國主義。[100] 到了 1950 年代末，北京人民廣播電台已有四個
頻道，即政治、文藝、教育及一個「綜合台」。政治頻道主攻
郊區。[101] 中共廣播事業在 1956 年初有飛躍的發展，北京有了

---

96 〈第一社審查新連環畫名單〉，北京市檔案館，8-2-154。

97 北京市檔案館，152-1-52。

98 〈北京的文化館〉，北京市檔案館，1-12-870。

99 Lovell, "Broadcasting Bolshevik," p. 80.

100 〈北京誌：廣播通訊社出版篇〉，北京市檔案館，1-12-863。

101 〈關於接辦北京人民廣播電台問題的請示報告〉，北京市檔案館，1-12-442。

第一座郊區有線廣播站，即位於南苑的紅星集體農莊廣播站。到了年底，北京郊區建立了三十多座小型廣播站，又安裝了6,447隻喇叭，衝著農田不停廣播。[102] 一年後，郊區廣播站增加到47座，喇叭超過15,000隻。[103] 到了1959年，中華人民共和國建國十週年時，廣播站增至219座。[104] 北京市宣傳部門很滿意這個「通訊網」前所未有的發展，宣稱它「同時也給農莊的工作，帶來了極大的好處」。[105]

文化館沒有財力和人手經營自己的廣播電台，但它善於利用無線電通訊的技術。1950年代，每個文化館大都分配一台收音機，內城區較大的館有兩台。[106] 文化館與當地的電台合作，利用收音機在館內向訪客轉播兩個電台的新聞，即中央廣播電台（對象是全國聽眾）及北京人民廣播電台（對象是北京人口）。大躍進期間，有關抗旱防災、水利灌溉和改良莊稼等資訊的廣播，都不忘加入人民公社如何優越的大量宣傳。[107] 這些廣播基本上離不開政治，緊跟著毛澤東的一套計畫，即透過集體主義和工業現代化，把中國從落後的農業國家急速發展成現代化社會。北京市官員說，廣播電台的主要作用是「圍繞

---

102 北京市檔案館，1-12-863；又見《社會主義時期中共北京黨史紀事》，第2輯，頁210-211。

103 北京市檔案館，1-12-863。

104 〈1959年廣播處工作總結（草稿）〉，北京市檔案館，164-1-234。

105 北京市檔案館，1-12-863。

106 〈北京的文化館〉，北京市檔案館，1-12-870。

107 北京市檔案館，1-12-863。

著黨的各項中心工作」去宣傳。[108]

在郊區使用喇叭廣播，叫「土廣播」，這需要農村地區的文化館與當地有線廣播站合作。舉例說，高碑店文化館在民房屋頂上架上大喇叭向農民播放電台節目。電台節目也算各式各樣，除了農耕技巧和莊稼品種的知識外，還播放娛樂節目，讓農民在終年無休的勞動中稍得片刻舒懷。尤其在大躍進期間，官方大聲宣布驕人成績的廣播處處可聞。例如海澱區文化館館員用「四個廣播站以 55 個喇叭晝夜不停的向社員……播送……工地英雄人物事蹟」。[109] 可是，這樣熱烈公告的所謂驕人成績，卻難有獨立的資料可以印證它們的真偽。

電話也是當時另一重要工具。北京市委第二書記劉仁尤其熱衷提倡這種技術。[110] 資源缺乏最初阻礙了大範圍鋪設電話線。昌平縣因較為落後，是最後開通電話線的地區，時為 1956 年 12 月。官員宣稱：「一去一來需兩天，現在幾分鐘就能解決問題了。」[111]

除了收音機和電話，其他對群眾傳遞國家政策的方法還有幻燈片放映，既受歡迎又容易做，以及電影放映，那就需要特別的器材和專門的技術。[112]

---

108 〈北京的文化館〉，北京市檔案館，1-12-870。
109 〈北京的文化館〉，北京市檔案館，1-12-870。
110 〈關於郊區電話，廣播網投資效果檢查報告〉，北京市檔案館，1-14-396。
111 〈關於郊區電話，廣播網投資效果檢查報告〉，北京市檔案館，1-14-396。
112 〈北京的文化館〉，北京市檔案館，1-12-870。

靈活變通

　　1953 年，高層官員明白資源匱乏和受訓人才短缺的困難，要求各文化館合併或重組，以設立規模一致的場館。最佳例子是關廂文化館和高碑店文化館合併為朝陽區文化館。但差異仍在，大場館如東單文化館便很輕易地舉辦了「我們偉大祖國建設」的大型展覽，吸引 12,000 多人參觀，但位處偏遠的昌平文化館就得擔心能否延續。昌平文化館 1949 年將要成立時，連找個落腳點都很困難，最後只好在城中的鼓樓設館，地方不過二百平方公尺。小小地方只能放上兩張桌子及兩百本書，都是地方熱心人士捐贈，作為圖書室之用。平谷文化館也有自身的困難。這個落後地區在抗日戰爭時期遭到日軍掃蕩，建館要從無到有，只能使用舊教堂的樓房，維持基本服務；初時展覽室要與閱讀室合在一起使用。[113]

　　靈活的策略包括用不同的方法針對不同的群眾。鄉間的文化館服務對象多是目不識丁的農民，因此館員舉辦活動時要特別考慮這點。交流方法必須是簡單、平易近人和一看就懂的。民間藝術是個可行的辦法。鄉間文化館的館員也重視設立流動圖書站。高碑店文化館便是一例，在它服務的地區裡，有八成人口都是務農的。[114]

---

113 〈北京的文化館〉，北京市檔案館，1-12-870。
114 〈北京的文化館〉，北京市檔案館，1-12-870。

在首都工業較發展的地區，文化館的策略又甚為不同。1950 年代初，朝陽區有超過 70 萬的人口。該區有 200 多間大型工廠（包括之前提過的北京市機織印染廠），有大群工人聚居。因此，文化館多採用黑板報。1959 年國慶前，朝陽區文化館豎立兩幅巨型光榮牌，向本區和全國的模範工人致敬。[115]

難題

政府刊物，尤其是〈北京的文化館〉這份官方報告，都對文化館的輝煌成就讚不絕口。[116] 但這些吹捧可信嗎？內部資料展現的卻是另一面：一開始，文化館便要面對各種問題：大與小，技術與社會層面的。有些活動較難推行，效果也參差不齊。收音機便是一例。在廣播電台和收音機數量都有限的情況下，要覆蓋遼闊的山頭田野實在是難為了文化館館員，尤其是鄉下地區的人口教育程度低又分散而居。

社會問題同樣難以解決。第一個問題是文化館的社會地位低微。這聽起來令人詫異，然而，儘管文化館得到政府再三支持，但很多官員，包括那些高高在上的文化部官僚，都不看重這些基層組織。一份內部文件批評「地區領導對文化館的工作

---

115 〈北京的文化館〉，北京市檔案館，1-12-870。

116 〈北京的文化館〉，北京市檔案館，1-12-870；又見《人民日報》，1950 年 9 月 19 日，第 6 版；及 1954 年 1 月 24 日，第 3 版。

不夠重視，隨便調幹部」，[117] 部分原因是館員被視為低級員工。[118] 上層領導普遍覺得文化館只不過是個群眾玩玩鬧鬧的地方。[119] 北京市文化局轄下的各部門中，文化館常被看低一級，比不上其他部門，例如藝術第一處，該處監督中國京劇院等不同藝術群體。[120] 上層領導對文化館評價低，令員工紛紛離職，尤其是在成立初期，致使日常運作受阻。1954 年，位於京城西南面有大批回教徒聚居的牛街文化館，半年內就換過三個幹部。[121] 地方文化館的服務對象是人民，而共產黨名義上是代表人民執政。事實上，文化館為民服務的使命與官僚的疏忽輕視形成落差，使人不禁懷疑中共宣傳官員對這些市井的基層文化場所有多大的服務誠意。

整個計畫一開始就遇到財政和人力不足的問題。1950 年代中，規模較小的門頭溝文化館，營運開支是每月 90 元或每年 1,080 元。而規模較大的如關廂文化館的年度經費是 2,300 元。[122] 經費不足當然限制文化館的活動，到頭來令人不相信官方報告中所說的高使用量。

過去的研究都指出 1949 年共產黨接管大城市（如杭州）

117　北京市檔案館，11-1-117。

118　《人民日報》，1957 年 6 月 15 日，第 7 版。

119　《人民日報》，1957 年 6 月 15 日，第 7 版。

120　北京市檔案館，1-24-14。

121　北京市檔案館，11-1-139。

122　〈北京的文化館〉，北京市檔案館，1-12-870。

後，出現了嚴重缺乏可靠幹部來管理治安的情況。[123] 文化館同樣面對人手短缺的問題。檔案資料顯示，就算是運作良好的文化館，一般都不多過四、五個人負責整個營運。[124] 工作人員通常包括一個館長和幾個幹部，幹部要舉辦學習班，打理圖書室和安排走進社區的活動。人手不夠的嚴重問題見於 1952 年，當時有四間文化館是沒有館長的。若文化館有幸找到館長，他通常要身兼多職，而且顯然得不到市政府多少幫助。例如，1952 年北京西的西單文化館長要肩負 18 份職務。[125] 職員短缺自然妨礙正常運作，南苑文化館便是個很好的例子，它的閱讀室必須在 1952 年關閉一個月，就是由於缺乏館員去打理。[126]

為了補救人手不足的問題，當局嘗試招收它稱為「積極分子」或「骨幹分子」的人——他們並非共產黨員，卻有很強的本地人脈關係而且支持共產事業——並要求定期進行這種招收做法。[127] 在 1954 年的文件中，北京市委指示文化館「把積極分子集中起來，有目的、有計劃、有步驟地加以訓練」，使他們在短期內能夠「在各種活動中發揮骨幹作用」。[128] 這樣的

---

123 見 Gao, *Communist Takeover of Hangzhou*。

124 1950 年代末期，工作人員數目有所增加。例如，朝陽文化館 1959 年的人數達到 22 位，相比 1951 年只有 4 人。見〈北京的文化館〉，北京市檔案館，1-12-870。

125 〈北京的文化館〉，北京市檔案館，1-12-870。

126 北京市檔案館，11-2-148。

127 北京市檔案館，1-12-650；11-1-139；及 11-2-148。

128 北京市檔案館，11-1-139。

做法類似布爾什維克招收地區的活躍分子去做宣傳工作。[129] 但官方很快就發現從地區招收的人在政治上未必可靠，因為很多人會隱瞞自己的經歷及可疑的身世（如過往是地主）。因此，最保險的方法仍然是舉辦短期訓練班，培養自己的幹部。[130]

工作人員的素質又是個問題。大多數館員最多只有中學學歷，沒幾個有大學學位。[131] 有些文化館的人事問題更加複雜。長平店文化館雖然有館長是共青團團員，應該是政治忠誠的，但在 1950 年代那段時期，其他館員都是背景可疑，就如一份內部傳閱所指的，「有些人歷史很複雜，品質很惡劣」。據稱有些人加入文化館的動機不良，藉工作名義到城裡看電影、逛公園和搞「不正當的男女關係」。[132]

很多館員對工作並不熱心，尤其是那些被派到城外鄉下的。資料顯示這是個長期的問題；很多為文化館工作的文藝家拒絕到鄉下，認為「農村落後，農村生活苦，幹農業沒前途」。[133] 那些去過農村的，卻被批評為看不起農民。[134] 很多人尤其是學生，堅持「摟糞戴口罩，嫌髒」。大批年輕幹部最終承認他們去農村並不是心甘情願的，而是「為形勢所逼」，

129　Kenez, *Birth of the Propaganda State*, pp. 54, 257.

130　〈文化處工作周報〉，北京市檔案館，11-2-157。

131　〈北京的文化館〉，北京市檔案館，1-12-870。

132　〈本市各文化館、站幹部配備表和學習計劃〉，北京市檔案館，11-2-77。

133　北京市檔案館，1-12-363。

134　北京市檔案館，1-12-650。

而且希望越早調走越好。[135] 官員譏諷這些文化館館員對下田苦
幹的人沒有多少感恩之心，批評他們的心態「暴露五穀不分，
不知吃的穿的是那〔原文〕裡來的」。[136]

　　另一個挑戰是尋找合適的書刊來充實文化館的圖書室和閱
讀室。之前的官方報告還滿有信心地表示：「這街上的野孩子
可就突然沒有了。」但到頭來卻不是完全反映事實。那些來圖
書室看書的人，未必會挑選政府公文或農業技術的書籍來看，
因為他們覺得這類讀物十分乏味或難以掌握。[137] 大部分人只
愛看報章或漫畫。[138] 該如何輔導讀者嚴肅學習政治之餘，又
可讓他們得到消閒閱讀之樂，文化館館員感到難以協調。

　　大躍進所要求的高指標導致幾個反效果，很多活動後來得
知是完全不切實際的。其中一例是供銷合作社要求郊區文化
站，在短期內為北京近郊的民眾供應 408 萬冊書刊，平均每人
要七、八冊。這表明是辦不到的任務，後來還被批評為「是主
觀的，脫離實際的」。[139] 這問題反映大躍進時期很普遍的嚴

---

135 〈關於郊區農村知識青年目前的思想、學習情況和問題〉，北京市檔案
　　館，1-12-521。
136 北京市檔案館，1-12-363。
137 北京市文化局，〈海澱區農村文化工作調查材料〉，北京市檔案館，
　　164-1-242。
138 北京市文化局，〈海澱區農村文化工作調查材料〉，北京市檔案館，
　　164-1-242；又見《人民日報》，1950 年 1 月 27 日，第 3 版。
139 北京市市委文化局，〈本局黨委關於 1956 年本市郊區農村文化工作情
　　況及今後改進的報告〉，北京市檔案館，164-1-9。

重錯誤，就是地方附屬機構在高官的壓力下，經常誇大自己的成就。文化館也不例外，內部報告指出：

> 領導不重視群眾的要求，不結合當地條件制定計劃，單純採取行政命令的方式……只是追求數量，普遍搭了些空架子。[140]

推行文化館的背後理念是毛澤東的群眾路線。文化館設計成互動平台，把政府與民眾連接起來。決策者不希望市民只是被動地接受官方的政策，但基層民眾的主動參與及熱烈支持往往不容易實現。很多農民認為文化館的活動干涉或破壞了他們的生活方式，甚至更嚴重的，擾亂了他們下田工作。有人抱怨：「〔館員〕不區別農事季節和生產忙閑」，在農忙時也大搞活動，非常擾民。[141] 大躍進期間，情況尤其嚴重，經常要開冗長乏味的會議去解決紛爭，之後還要寫又長又枯燥的報告。[142] 很多人都抱怨「開會太多受不了」；有些農村婦女採取「鎖門外出」和「提前關燈睡覺的辦法」來逃避參加會議。[143] 沒人知

---

140 〈北京市文化局關於農村文化工作的情況及今後改進意見的報告（草案）〉，北京市檔案館，164-1-4。

141 〈關於大躍進以來基層文化工作的檢討報告〉，北京市檔案館，164-1-46。

142 〈宣傳部 1963 年上半年工作小結〉，北京市檔案館，101-1-1170。

143 北京市檔案館，1-12-363；及 84-2-339。

道這些個人的招數是否有效，畢竟來自群體的壓力一定很大。但毫無疑問，文化館一定遇到很多不情不願的參與者。

怎樣將社會主義訊息帶給大多數是文盲的人民，這是蘇共和中共領導人在政權初立時最關心的事。兩國的領袖均以人民之名統治國家，明白鞏固權力與有效施政都需要大量群眾支持他們的政策。要達到這目標，兩國的共產政權分別制定了多種宣傳工具去爭取人民全情投入。俄共成立工人俱樂部和紅角落，中共則建設基層文化館。

中國的文化館從 1949 年設立後便經歷不少變遷。開始時它主要的作用是掃除文盲。但到了 1953 年，它變成支持共產黨的群眾運動和措施的政治機器。文化館其後像官員所說的，越來越成了「馴服的宣傳工具」。[144] 到了狂熱的文革時期，文化館活動突然停頓，其原因及情況到現在仍然不清楚，因為幾乎沒有可靠的文件提供資料。

我不知道除了北京之外，其他地方的文化館有沒有人深入研究過，也不清楚那些地方的文化館與北京的有何分別，但將來的研究一定會顯示出地區之間不同之處；儘管如此，北京的文化館仍對其他大城市如上海等發揮了示範作用。[145]

---

144 〈關於進一步改造民間職業戲曲劇團的方案〉，北京市檔案館，164-1-15。

145 一份 2013 年的文章稍微提及上海的文化館。見蕭文明，〈國家觸角的限度之再考察：以新中國成立初期上海的文化改造為個案〉，《開放時代》，第 3 期（2013），頁 130-152。

文化館有否真正接觸到民眾，尤其是農民，並且能否成為中共與平民之間的有用橋樑？這問題沒有簡單的答案。大家也可想而知，當時的官方媒體盡是報導文化館的非凡成就。[146]《人民日報》一位河北省讀者在 1950 年的讀者來信中稱讚他家鄉的文化館：

> 因為家中生活困難，不得已只好進一家商號當學徒。那時候，我對自己的前途非常悲觀。後來，人民政府設立了人民文化館。我有了學習的好地方，裡面的工作幹部很耐心地幫助我學習。於是，我一有時間就去人民文化館學習。這不但提高了我的文化水平，而且提高了我的政治覺悟，使我建立了革命的人生觀，全心全意為新民主主義中國的建設事業及全人類的徹底解放奮鬥到底。[147]

我們從第二章可看到，起碼就《北京日報》來說，讀者來信是經過細心挑選以用作宣傳，因此來信的內容一定要以這樣的背景去理解。文化館的影響，也難與那些更受人注意的城市宣傳工具如《北京日報》分開來看。研究歷史的人一定不能輕信官方材料，務必在政府公文以外盡量找尋獨立的線索。不過，雖然難以衡量文化館在北京的影響，但可以假定的是，

---

146 見《人民日報》，1950 年 4 月 27 日，第 6 版；1950 年 6 月 27 日，第 3 版；及 1954 年 1 月 24 日，第 3 版。
147《人民日報》，1950 年 4 月 27 日，第 6 版。

不管經費和人手短缺等問題有多大，它對首都和周邊地區的民眾，都起了推動中共政策的一大作用。文化館設計出一些直接又實際的方法去接觸各類民眾，為他們提供備受歡迎的文化娛樂。社區圖書館和閱讀室很有可能提高了居民的讀寫能力。傳授基本衛生常識或許真的提升了公眾健康的水準。[148] 農耕機器和種植新知的講座也許改善了農業生產。文化館的靈活變通，使它可以因應地方需求而調整手法。隨著歲月流逝，文化館的確有助推廣中共政治運動中的群眾動員。這個成效不單來自文化館發起的活動，還來自它身為更大政治運動（如 1950 年代初的土地改革運動）的其中一環。在一個封閉的社會裡，共產黨確實能夠控制人民接收的資訊。當政府發出的消息在電台廣播中重複又重複，人們便會認定它是絕對真理。就像社會學家以祿（Jacques Ellul）所說的，宣傳若要生效，它就必須「不斷重複」某個主題。[149]

在文化大革命期間關閉了的文化館，又在 1980 年代初鄧小平時代重開。今天，文化館在中國各個社區成了常見的設施。[150] 但過往的問題仍在，包括人手不足，年輕人覺得在那

---

148 《人民日報》，1950 年 5 月 17 日，第 3 版；1951 年 6 月 21 日，第 3 版；及 1952 年 4 月 2 日，第 6 版。

149 Jacques Ellul, *Propaganda: The Formation of Men's Attitudes*, trans. Konrad Kellen and Jean Lerner (New York: Vintage Books, 1973), p. 18.

150 李莉，〈新時期做好縣級文化館工作的幾點思考〉，《大眾文藝》，第 14 期（2012），頁 199；及王建政，〈淺析文化館在群眾文化實踐中的職能與發揮〉，《大眾文藝》，第 2 期（2016），頁 21。

裡工作收入不高和社會地位低微。[151] 浙江溫州文化館有館員在 2016 年的報告中指出，該館工作人員的平均年齡都在 50 歲以上。「35 歲以下的文化館專業技術人員則更少」，因而「人才鏈的斷裂現象十分明顯」。[152]

　　儘管這些問題持續，文化館仍是中共黨國與民眾之間其中一道最重要的基本溝通橋梁。只要中央政府繼續提倡和諧社會關心民生的理念，文化館會繼續是個促進社會團結的理想場所。在現今經濟改革的年代，文化館依舊發揮其作用，並開放成普及的娛樂中心，提供現場表演的舞台和電影院等設備，還舉辦書法班和舞蹈課。這一切表明政府希望市民享受豐富的文化生活。

　　2014 年 1 月某個週末我走訪北京東城區第一文化館，那是西城區文化館的姊妹機構，發覺它多姿多彩的文化活動好像不帶半點政治色彩。在寬敞的劇場裡，我欣賞了《梁山伯與祝英台》（*The Butterfly Dream*，圖 6），這是一齣家傳戶曉的愛情悲劇。不過，觀眾一定不會錯過舞台上方不斷閃過的字幕，寫著：「中國夢、我的夢、幸福的夢」（圖 7），這些字句不

---

151 2017 年廣州文化館員工的平均月薪為人民幣 2,662 元（約 394 美元），而大學畢業生的則為 4,854 元（約 719 美元）。見〈文化館的工資〉，https://www.kanzhun.com/gsx1599688.html（2019 年 2 月 10 日檢索）；及〈2017 年中國大學畢業生的起薪公布了，含碩博士〉，https://chinaqna.com/a/14973（2019 年 2 月 10 日檢索）。

152 董夫騰，〈新時期文化館人才隊伍建設與管理研究〉，《大眾文藝》，第 2 期（2016），頁 9。

圖 6　中國戲劇《梁山伯與祝英台》。2014 年 1 月 11 日，作者攝。

圖 7　在舞台上端閃過的字句：「中國夢、我的夢、幸福的夢」。2014 年 1 月 11 日，作者攝。

單是指這齣舞台劇，更重要的是指中國國家主席習近平的最新名句，呼籲復興中國，完成世紀以來獨立自主的強國夢想。文化館既然是個政府資助的機構，就永遠不能享有完全的藝術自主。鑑於中共繼續控制文化和資訊的媒體，舞台上的字句提醒觀眾，共產黨從來沒有退居幕後，它是無處不在，不容忽視的。

2016 年 1 月，新劇《一帶一路》在東城區第一文化館上演。據該館稱，這齣音樂劇體現了「國家戰略構想」。[153] 該劇無疑是用來支持習近平最新的政策 —— 絲綢之路經濟帶和二十一世紀海上絲綢之路，通稱為「新絲綢之路」。2013 年 9 月宣布的新絲綢之路的構想，是個涉及洲際貿易和基礎建設的極具野心計畫，目的是促進中國與歐亞海陸兩路沿線諸國的經濟緊密合作，包括幾個天然資源豐富的中亞國家。這個構想無疑會振奮中國人的民族自豪感，進一步鞏固中共的一黨專政。

2018 年 12 月，廣州省文化館的館員雲集粵北的韶關參加會議，學習「習近平總書記視察廣東重要講話精神」，他在 10 月視察這個南方省會的目的，是要強調他對鄧小平經濟改革的支持。[154] 這個會議是館員例行的政治學習活動，也是一個清晰無誤的提示，提醒文化館各工作人員，他們最主要的任務是宣傳黨的路線。

---

153 〈一帶一路在我館演出〉，http://dcwhg.bjdch.gov.cn/n3363374/n3373107/
　　n3373108/n3373109/c3571655/content.html（2017 年 2 月 17 日檢索）。

154 〈廣東省文化館黨支部開展主題黨日學習活動〉，http://www.gdsqyg.
　　com/agdzxdt/workinginfo?id=2018122623760481（2019 年 1 月 9 日檢索）。

第五章

把孩子染紅：
改造中國幼兒教育

　　1950 年北京的幼稚園老師自編的課本中有這麼一首兒歌，當時中華人民共和國在 1949 年 10 月成立後還不滿一年：

　　五星紅旗隨風飄，

　　敲鑼打鼓真熱鬧，

　　這是什麼日子呀？

　　十月一國慶日來到了！[1]

　　表面看來，這是一首兒童天真爛漫、沒半點機心而唱的歌，但深入點看，它飽含政治色彩，代表了中國教育，特別是幼兒教育開始被中國共產黨染紅。中共一開始掌權就十分關注教育所起的作用，要借助它來改造兒童，為新社會主義祖國的發展熱切貢獻自己。

1　北京市教育局幼教科，〈1950 年第一學期各園自編教材〉，北京市檔案館，153-4-2440。

　　為了這個目的，領導人借鑑蘇聯模式，迅速推行一套經過徹底改造的教育系統。蘇聯革命家認為兒童是未來的希望。[2] 中共也有同樣的想法，而且更急於改革，他們受了二十世紀初五四知識分子的使命所啟發，即怎樣擺脫傳統，以徹底不同的方法培育孩子。魯迅（1881-1936）在 1918 年名作《狂人日記》的結語中，呼籲「救救孩子」。這些話深深影響了要求變革的知識分子，他們認為培育兒童脫離舊傳統，尤其是儒家道德教化的荼毒，才能建立一個新的中國。[3]

　　自 1980 年代起，我們對社會主義中國的教育認識多了，尤其是受到顧明遠、胡素珊（Suzanne Pepper）和許美德（Ruth Hayhoe）等學者開創先河的研究所啟發。[4] 過往的學術著作多集中於大學與中學教育，現今卻對幼稚園教育興趣大增。[5] 雖然這些學者的研究很有成果，但有步驟地把兒童教育放到當時更大的政治環境中仔細分析的論著卻不多。在這一章裡，我分析在中華人民共和國成立初期，幼稚園或幼兒園教育 —— 即讓

2　Lynn Mally, *Culture of the Future: The Proletkult Movement in Revolutionary Russia* (Berkeley: University of California Press, 1990), p. 180.

3　Lin Yü-sheng, *The Crisis of Chinese Consciousness: Radical Antitraditionalism in the May Fourth Era* (Madison: University of Wisconsin Press, 1979), pp. 116-121.

4　顧明遠，《中國教育的文化基礎》；Suzanne Pepper, *Radicalism and Education Reform in 20th-Century China: The Search for an Ideal Development Model* (Cambridge: Cambridge University Press, 1996)；及 Ruth Hayhoe, *China's Universities, 1895-1995: A Century of Cultural Conflict* (New York: Garland, 1996)。

5　最近一本有關幼稚園的優秀研究是 Tillman, *Raising China's Revolutionaries*。

三至七歲的小孩從家裡過渡到小學的培育——與政治的緊密關係。[6] 學界普遍的看法是社會主義中國的幼稚園忠實模仿俄羅斯的教法，但實情是兩國有很多不同之處，尤其是主宰中國新幼稚園課程的是中國民族主義，而非蘇維埃意識形態。[7] 兒童學到的是中共拯救了祖國，使這片飽受戰火蹂躪、社會動盪和外國侵略的土地得到獨立自主，長治久安。在這一章，我的研究重點放在北京，仔細分析幼稚園的課程，並探討 1950 年代官方改造兒童教育背後最重要的政治目的。同時我也會評價蘇聯教育顧問的影響。有關這個主題，學界的討論往往並不全面。[8]

與蘇聯不同，中華人民共和國從一開始就受到強烈的社會政治議題影響，對兒童這個人生階段有不同的處理手法。在俄羅斯，自 1917 年布爾什維克革命後，最高層的決策官員就對無產階級兒童應接受什麼樣的教育爭論不休。[9] 史學家科辰班（Lisa Kirschenbaum）在她有關蘇聯幼稚園的書中指出，蘇

6　在 1950 年代，「幼稚園」與「幼兒園」兩個詞可以交替使用，是指由三至七歲的幼兒教育。見北京市教育局幼教科，〈關於討論幼稚園暫行規程（草案）的通知〉，北京市檔案館，153-4-2441。

7　何東昌編，《當代中國教育》，2 卷本（北京：當代中國出版社，1996），第 1 卷，頁 41-51。

8　例如 Tillman, *Raising China's Revolutionaries* 就甚少談及蘇聯對中國教育的影響。

9　Sheila Fitzpatrick, *The Commissariat of Enlightenment: Soviet Organization of Education and the Arts under Lunacharsky, October, 1917-1921* (Cambridge: Cambridge University Press, 1970); *Education and Social Mobility in the Soviet Union, 1921-1934* (Cambridge, Cambridge University Press, 1979); and Mally, *Culture of the Future.*

聯共產黨執政的頭十五年，幼稚園是讓孩子脫離「學校和家庭專制管束」的地方。[10] 這樣的觀點與布爾什維克領導人早期的看法相符，他們認為應該建立以兒童為中心的教育，著重人格培育並立法保護孩子免受勞役剝削。不過，隨著意識形態風向改變，教導兒童做個好共產黨員，比培育他們的個人發展更重要，這點從蘇聯人民教育委員會在 1920 年代中越來越控制教育課程和教法可見一斑。[11] 到了史達林推出第一個五年計畫（1928-1932）時，幼稚園已變得像托兒所，讓一眾媽媽可擺脫育兒工作，加入雄心壯志的工人行列，為促進工業高度生產作貢獻。[12]

早期中國的幼兒教育政策並不跟隨蘇聯的道路走。毛澤東和領導層很務實，一開始就把教育放在最優先的意識形態位置，馬上抓緊幼稚園教育的控制權。孩童從一開始便學習要為實現社會主義理想作貢獻。這一代兒童長大後將成為社會主義「新人」，是擺脫封建遺毒和資產階級物質主義的第一代人，更重要的是，成為愛國者去建設強大的新中國。[13] 中共教育家

---

10 Kirschenbaum, *Small Comrades*, p. 13.

11 Catriona Kelly, *Children's World: Growing Up in Russia, 1890-1991* (New Haven, Conn.: Yale University Press, 2007), pp. 61-129；又見 Kirschenbaum, *Small Comrades*, pp. 35-37。

12 Kirschenbaum, *Small Comrades*, pp. 88-159.

13 有關「新人」的概念，見余敏玲，《形塑「新人」：中共宣傳與蘇聯經驗》，（臺北：中央研究院近代史研究所，2015）；及 Yinhong Cheng, *Creating the "New Man": From Enlightenment Ideals to Socialist Realities* (Honolulu: University of Hawai`i Press, 2009)。

認為，模範兒童要服從政府，效忠國家。

現代政治學家和教育心理學家認為，小孩傾向於全盤接受所學到的一切，而這種學習又正值兒童的人格發展期。[14] 毛澤東等領導人也有此看法，把孩子視為「白紙一張」，可以在上面大書特書社會主義理想，國家因此需要在多方面主導兒童思想的塑造。

1949 年之前的教育情況

新成立的中華人民共和國承接了不久之前才施行的三種教育模式：民國時期的普遍教育制度，1930 年代至 1940 年代延安時期規劃的毛澤東理論與實踐，以及 1940 年代末內戰時期在東北共產黨占領區實施的蘇聯方法。每個模式都有其獨特之處，中共很快就將它們大致融合起來，並加以緊密監督。

民國時期的教育糅合了傳統訓誨 —— 著重德行孝道、尊師重道、勤奮不懈 —— 和杜威式（Deweyan）的實用主義教學法。[15] 傳統教育又結合孫中山的三民主義訓誨，由教育部長

14　Fred I. Greenstein, *Children and Politics*, rev. ed. (New Haven, Conn.: Yale University Press, 1969), pp. 80-81; and Richard W. Wilson, *Learning to Be Chinese: The Political Socialization of Children in Taiwan* (Cambridge, Mass.: MIT Press, 1970), pp. 51, 58.

15　陳立夫，《成敗之鑑》（臺北：正中書局，1994），頁 205-332；及 John Israel, *Lianda: A Chinese University in War and Revolution* (Stanford, Calif.: Stanford University Press, 1998), pp. 95-117。

陳立夫（1900-2001）等國民黨官員，在抗日戰爭期間積極推行。[16]

共產黨的幼兒教育政策在江西蘇維埃時期（1931-1934）已經展開，隨後的延安時期更將它制度化。這種教育政策推廣群眾路線及講求實際生活所需，強調生產及照顧人民需求。[17]它連結教育與陝北農村的艱苦生活，並強調理論學習結合工作實踐的重要。

俄羅斯的蘇維埃式教育是後來才引入中國的。它主要是要培養一代「社會主義新人」投入革命。[18] 1948 年，蘇聯的教育模式漸漸傳入中共控制的東北。例如旅順因為有很多俄國人聚居，於是蘇聯教學法就在旅順中學等學校實施。[19] 1949 年中華人民共和國成立後，蘇聯教育理論迅速成為重點，並結合毛澤東思想模式，成為 1949 年後的教育政策基礎。

毛澤東和黨高層一直認為 1949 年前的教育制度千瘡百孔。他們指出這種教育錯誤地受到儒家思想和西方資產階級模式的影響，帶有精英主義及偏重城市、忽視農村的傾向，灌輸的都

16　陳立夫，《成敗之鑑》。

17　Pepper, *Radicalism and Education Reform*, pp. 118-154.

18　見余敏玲，《形塑「新人」：中共宣傳與蘇聯經驗》，頁 45-123；顧明遠，《中國教育的文化基礎》，頁 227-255；及 Kirschenbaum, *Small Comrades*。

19　顧明遠，〈論蘇聯教育理論對中國教育的影響〉，《北京師範大學學報（社會科學版）》，第 1 期（2004 年），頁 5-13；我於 2012 年 1 月 17 日在北京師範大學訪問顧明遠的紀錄。

是鄙視體力勞動的勢利態度。1949 年後，延安的群眾路線教育思想配上蘇聯模式，成為去除民國時期教育弊病的良方。

前文提及，解放軍控制北平後，共產黨立刻接管市內所有的大型文化機構，包括整個首都的大學和中小學校。接收工作大抵在 1949 年 5 月完成。[20] 新的教育政策正式納入 1949 年中國人民政治協商會議訂定的《共同綱領》內：

中華人民共和國的文化教育為新民主主義的，即民族的、科學的、大眾的文化教育。人民政府的文化教育工作，應以提高人民文化水平、培養國家建設人才、肅清封建的、買辦的、法西斯主義的思想、發展為人民服務的思想為主要任務。[21]

北京市教育局新成立的幼兒教育科跟隨這項命令，表示從今開始所有班級的「教育是為人民大眾的」，特別是「為工農開門」。[22] 市政府的宣布重申了毛澤東在 1940 年的重要文章〈論新民主主義〉中所談及的，在新社會主義國家，文化基本上是「民族的，科學的，大眾的」。[23] 幼稚園老師在這三者之

20　北京市教育局，〈教育局接管工作計劃草案〉，北京市檔案館，153-1-2。

21　PRC, *The Common Program*（《共同綱領》），pp. 16-17。

22　〈北京市中專、中小學和幼兒園教育發展概況：參考資料〉，北京市檔案館，147-3-32；又見 153-4-2426。

23　毛澤東，〈論新民主主義〉，《毛澤東選集》，第 2 卷，頁 655-704。

中以「民族的」作為課程重點，因為它有助實現兩個當前的目標：教導孩子時，使用直接與本國有關的教材是最合乎常理又實際的方法；更重要的，是這麼做有助共產黨達到它的政治目的。

政府面對百廢待興的局勢，要處理建國事務、國土安全、經濟發展和朝鮮半島的軍事衝突等千頭萬緒的難題，不得不承認「我們的力量極有限」，沒有多少資源可投放在教育方面。[24] 它首先把資源集中在高等教育，因建國過程中急需大量工業、經濟和軍事等重要領域的專才，政府因而說大學制度是整體教育的「重點」。但長遠來說，政府知道教育一定要從他們所說的「基礎」開始，那就是幼稚園和小學。[25]

新的開始

中華人民共和國有關全國幼稚園學生最早的統計數字，是1950年的140,000人，其中88,000人入讀政府主辦的學校，52,000人入讀私校。[26] 北京市政府的報告指出，1949年首都的幼稚園生有2,255人，1951年增至3,144人。[27] 市政府1951

24　北京市教育局，〈教育局接管工作計劃草案〉，北京市檔案館，153-1-2。
25　北京市檔案館，11-1-76。
26　中華人民共和國教育部計劃財務司編，《中國教育成就：統計資料，1949-1983》（北京：人民教育出版社，1984），頁229。
27　北京市檔案館，11-1-75。

年成立的文化教育委員會受政務院監督，根據它的報告，1952年的幼稚園學生人數較少，並把人數分門別類列出。那年北京有20間幼稚園，3間是國立，5間是市立，12間是私立，教師有103名，共收2,645名學童。[28] 很難說上述兩項數字是否可靠，但相比建國初期北京市區人口的140萬來說，是有過少之嫌。很可能是因為舊日孩童大多留在家裡接受私塾教育，很少上新式學堂。無論如何，不久之後幼稚園生的數字激增。

　　首次有關幼稚園的全國重要指示是1951年教育部發布的〈關於討論幼稚園暫行規程（草案）的通知〉。教育部設下整體架構，規定幼稚園要為三至七歲的兒童提供教育，由「教養員」任教，負責：

> 使幼兒增進健康、發展智力、培養道德習慣以及初步的愛美觀念得到全面的發展，打下受小學教育的基礎；同時並使母親們減輕或解除對幼兒的繁重負擔，使能自由的參加政治的、經濟的、文化教育的、社會的生活。[29]

　　一開始時，政府對幼稚園的政策比較靈活，不會過度強制執行。這麼做的原因有好幾個：毛澤東的新民主主義理論要求對教育抱有較容忍的態度。北京市教育局長翁獨健（1906-

---

28　北京市檔案館，153-1-718。

29　北京市檔案館，153-4-2441。

1986）在 1954 年宣稱：「國家目前正處在過渡時期」，所以仍需依靠地方團體來發展私立幼兒園。[30] 舉個例子，一個名為「街道幼兒園」的辦學單位，名義上是歸政府管理，但實際上是由地區文教組織和婦女團體經營。[31] 共產黨在這方面缺乏經驗亦使它不敢貿然行事。這樣的權力下放，使私立幼稚園得以有彈性地運作，但好景不長。

我雖然找不到中華人民共和國初期北京幼稚園的辦學機構背景和財政支持的可靠資料，但從檔案裡可以得知私立小學的財政來源。在北京，這些小學很多都與教會有關，因此受到共黨新政權的猜疑。市政府一份文件表示，1950 年首都的 171 間登記在案的私立小學，大部分都是私立和非宗教組織的，但其中有 50 多間與天主教、基督教、回教、佛教團體有關，尤其以天主教和回教最多，各自興辦了 15 間學校。[32] 這個數字驚動了新政府的教育官員，他們警告說，這批宗教學校「很可能為反動分子所利用，或偽裝推銷員，作特務活動，更可能暗中散布反動書刊及宣傳品」。[33] 其他官員也認為此時的放任教育政策是黨不夠強硬的表現，需要立刻糾正。

事實上，市政府在 1952 年已經開始收緊對教育的控制。

30　北京市檔案館，153-4-2464。

31　北京市教育局，〈組織街道幼兒園（幼兒班）參考辦法〉，北京市檔案館，153-1-755；又見 153-1-752；及 153-1-756。

32　北京市教育局，〈工作中存在的問題及解決問題的意見〉，北京市檔案館，1-23-16。

33　北京市檔案館，8-2-694。

首先，官員將宗教學校及其他私校收歸官方監管，他們稱這個過程為「接辦」，由市政府在 1952 年秋季開始進行，[34] 並逐步關閉私營教科書出版社。1953 年市政府關閉了 21 間私營出版社，占當時尚在營運的半數。一年後，政府更進一步宣布教科書只能由認可的書商出版。[35] 教科書的內容「必須有領導」。[36]

在另一戰線上，中共官員對退守臺灣的國民黨展開嚴厲的口誅筆伐。教育部副部長錢俊瑞認為，蔣介石政府辦的教育，只不過是「反動教育」，「就是不為工農服務，而為工農的死敵帝國主義、封建主義和官僚資本主義服務的」。[37] 第一章談及，錢俊瑞是擁護中國共產主義價值觀的堅定信徒，早前他擔任文化接管委員會主任時，積極監督書刊的審查。而美國式教育，尤其是杜威的實用主義教學法，是國民黨教育課程的組成部分，現在被共產黨指斥為「反動的」和「膚淺的」。教育評論家曹孚（1911-1968）認為杜威教導的是個人主義並推銷剝削的資本主義經濟理論。[38] 杜威的中國學生，尤其是著名的早

34　北京市人民政府文化教育委員會，〈私小接辦工作簡報〉，北京市檔案館，11-1-70。

35　北京市檔案館，11-1-45；有關北京市教育局 1954 年發布的出版條例，見 153-4-32。

36　北京市檔案館，1-6-960。

37　錢俊瑞，〈當前教育建設的方針〉，《人民教育》，第 1 卷，第 1 期（1950 年 5 月），頁 10。

38　曹孚，〈杜威批判引論〉，《人民教育》，第 1 卷，第 6 期（1950 年 10 月），頁 21-28；及第 2 卷，第 1 期（1950 年 11 月），頁 22-29。

期兒童教育家陳鶴琴（1892-1982），遭指責在國內的幼稚園實踐杜威錯誤的「買辦資產階級」思想。[39] 陳鶴琴逼得要公開自我批評。[40]

隨著美式教育在中華人民共和國最初十年的影響力大減，蘇聯模式的教育在毛澤東的親蘇政策下變得越來越重要。[41] 蘇聯的影響從三方面可見：第一、大量有關教育的蘇聯書籍被譯成中文。第二、很多老師在尋找新方法去取代舊式教法和美國模式時，十分熱衷學習蘇聯教學法的理論和制度。[42] 最後，中國和蘇聯教育家的交流對話在 1949 年後日益加強（之後還伸展至東歐共產陣營）。1950 年代，超過一萬八千名蘇聯顧問來華，有的是軍事顧問、工程師、城市規劃家，更有教育專家，幫助中國實現蘇聯模式的現代化發展。[43]

蘇聯書刊，包括凱洛夫（I. A. Kairov）的《教育學》（*Pedagogika*）在 1948 年譯成中文，是中國老師必讀的經典。[44] 凱洛夫是蘇聯教育科學研究院（USSR Academy of

---

39 有關批評陳鶴琴的文章，見《人民教育》，第 1 期（1952 年 1 月）。

40 陳鶴琴，〈我對「活教育」的再檢討〉，《人民教育》，第 4 期（1952 年 4 月），頁 8-10；有關官方批評陳鶴琴的詳細資料，見 Tillman, *Raising China's Revolutionaries*, pp. 160-186。

41 毛澤東，〈論人民民主專政〉，《毛澤東選集》，第 4 卷，頁 1476。

42 北京市檔案館，153-1-718；153-4-1384；153-4-2384；151-4-2444；又見何東昌編，《當代中國教育》，頁 43。

43 沈志華，《蘇聯專家在中國》，頁 4，407，408。

44 顧明遠，〈論蘇聯教育理論對中國教育的影響〉，頁 6；我於 2012 年 1 月 17 日在北京師範大學訪問顧明遠的紀錄。

Pedagogical Sciences）院長，在這本影響力極大的著作裡，他強調政治教育是學校的主要目標。他認為在社會主義制度下，學校的目的是「成為共產主義改造社會的武器」。學生一定要學習共產主義思想及勞動神聖的觀念。凱洛夫主張，只有「在社會主義社會條件下，〔才有〕人底全面發展的可能性」。[45]凱洛夫的觀念也經來華協助設立幼稚園課程的蘇聯專家傳達。其中最有影響力的可算是幼兒教育專家戈林娜（Galina）（圖8），[46]她是教育部聘請的十八位蘇聯教育家之一，被派往專注師資培訓的北京師範大學任教。[47]戈林娜很受師生歡迎，她熱烈投身工作，舉辦訓練班，直接指導幼兒班教學。戈林娜的觀點很快便成為中國幼稚園老師師資培育的權威思想。[48]不

45　凱洛夫，《教育學》，沈穎、南致善等譯，2卷本（北京：人民教育出版社，1952），上卷，頁11，39。

46　戈林娜的俄文全名還有待確定。在我查閱過的北京師範大學檔案館資料裡，都沒有清楚的答案。檔案上有人用西里爾（Cyrillic）字母手寫她的名字，隨後還加上兩個問號，故其全名仍有待追查。見〈我校增聘人事計劃〉，北京師範大學檔案館，校長辦公室，26（1951年）；及〈我校13個系教學大綱報部文稿〉，北京師範大學檔案館，校長辦公室，38（1951年）。

47　有關1950年代在北京師範大學的蘇聯教育專家的工作簡報，見北京師範大學校史編寫組編，《北京師範大學校史，1902-1982》（北京：北京師範大學出版社，1982），頁140-156；又見顏芳，〈蘇聯專家對北京師範大學教育改革的影響〉，《高校教育管理》，第5卷，第3期（2011年5月），頁57-61。

48　北京市教育局幼教科，〈1950年度第一學期工作總結各市立幼兒園〉，北京市檔案館，153-4-2436；又見153-4-2438。

圖 8　1950 年代初期，戈林娜（Galina，後排坐著的白衣女士）在北京師範大學指導幼兒班教學。

資料來源：Beijing Normal University Kindergarten, "Pictures of Events in the Kindergarten's History," http://bnuk.english.bnu.edu.cn/about_bnuk/history_bnuk/37913.htm（2019 年 1 月 8 日檢索）。

過，中國的幼稚園老師並沒有全盤接受蘇聯的教育課程，反而在課程中加入很強烈的民族主義思想，呼應了毛澤東有關中國文化應該趨向「民族的，科學的，大眾的」號召。

各種教學法

1951 年發布的〈關於討論幼稚園暫行規程（草案）的通知〉裡，教育部為教員提出兩個明確指引：他們一定要編寫自己的教材，因為當局未能提供課本；另外，「幼兒一概不用課本」，因為在此等幼學階段，課本被視為不必要及不切實際。[49]幼稚園老師很快就編寫出各式各樣的自創教材和課程，其中以遊戲、唱歌、說故事和校外參觀最為突出。[50]這些教材無疑是受到蘇聯的極大影響，因為與戈林娜的建議十分相似。[51]戈林娜在極有影響力的《蘇聯幼兒教育講座》書中，有條理地詳述〈幼兒園教養員工作指南〉，書本在 1953 年譯成中文，為幼稚園老師的必讀指南。[52]

1950 年代，遊戲被視為最根本的教材。這看法與現代西方幼稚園老師的想法相同，西方相信兒童不論在集體遊戲（如一起拍手或坐小火車）或個別遊戲（如堆積木）時，都是愉快有效地互相交流。[53]大家也認為遊戲能教導幼稚園生自小學會

49　北京市檔案館，153-4-2441。

50　北京市檔案館，153-4-2441；153-4-2088；及 153-4-2438。

51　戈林娜，〈蘇聯兒童道德品質的教育〉，《人民教育》，第 2 卷，第 3 期（1951 年 1 月），頁 41-49；及〈蘇聯的幼兒教育〉，《人民教育》，第 6 期（1952 年 6 月），頁 31-36。

52　戈林娜，《蘇聯幼兒教育講座》（北京：人民教育出版社，1953），頁 8。

53　Joseph J. Tobin, David Y. H. Wu, and Dana H. Davidson, *Preschool in Three Cultures: Japan, China, and the United States* (New Haven, Conn.: Yale University Press, 1989).

如何協調讀書與休息。遊戲因而給予兒童一種合群精神，在群體裡培養他們將來成為團結的國民。在那個年代，圍著圈傳皮球是中國小兒班裡喜愛的遊戲。[54]

在幼兒園玩簡單遊戲不只是 1949 年之後才有，民國時期便已在學校普遍盛行。[55] 但 1949 年後，中國的幼稚園就刻意引入政治意味更濃的遊戲，這也是受到蘇聯的強烈影響。戈林娜等蘇聯顧問強調，遊戲不單訓練幼稚園生的互動，更要反映「社會當時最顯著的特徵」。[56] 戈林娜指出，幼童特別喜歡有關運輸和旅行的遊戲，喜歡想像自己是司機，開著火車、汽車和飛機出門旅遊。但戈林娜堅決認為這些遊戲不應只為趣味，而是要把重點放在「遊戲的歷史性、民族性和階級性」。因此，俄羅斯兒童學著玩有關「工廠」和「集體農莊」，甚至戰爭（如對抗軸心國的衛國戰爭）等遊戲，接受階級觀念和民族主義思想的灌輸。[57] 她的中國學生也掌握了這個概念。除了貓捉老鼠等平常愛玩的遊戲外，也加上「敬愛的解放軍」等新遊戲，讓小朋友扮演解放軍戰士。另外一種遊戲是用積木堆成一個圓圈（代表臺灣），用皮球代表炮彈，皮球滾到誰的跟前，誰就把它扔出去。據老師報導：「看誰能把圈中的積木打倒，

54　北京市教育局幼教科，〈幼兒園教材〉，北京市檔案館，153-4-2461；又見 153-4-2384；及 153-4-2440。

55　《訂正新撰國文教科書》，第 6 冊（出版地不詳：出版社名、年分不詳）。

56　戈林娜，《蘇聯幼兒教育講座》，頁 38。

57　戈林娜，《蘇聯幼兒教育講座》，頁 36，38-39，43。

就給他拍手。」[58]

　　第二種受歡迎的班上教材是唱歌，它與遊戲是分不開的，所以常常一起做以達到最佳效果。[59] 教育家很久已注意到用唱歌來教導幼稚園生的好處，他們相信小孩能唱能跳是「一種智力及其他認知能力發展的跡象」。[60] 1950 年代的中國幼兒園常常歌聲處處。蘇聯的影響在此處又再次明顯不過。[61] 蘇聯的歌曲有很強的政治意味，新編的中國兒童歌曲也一樣，用來表達團結精神並傳播政治價值觀，兒歌如〈中蘇友好〉及〈7 月 1 日〉都是些例子。7 月 1 日是共產黨 1921 年建黨日。〈7 月 1 日〉這首歌教導兒童高聲唱：「共產黨領導好，全國人民翻身了。」[62]

　　除了遊戲和唱歌，戈林娜很重視說故事的價值。[63] 中國的幼稚園都很熱衷使用這種教材。中國的兒童故事有幾種，包括古代民間故事、寓言和童話。[64] 老師都知道說故事通常要依循時間順序發展，因而很自然地提供了有次序和連貫的模式讓兒童跟著學習。北京的教師手冊有這樣的提點：故事一定要「內容實際生動，常識豐富，形式活潑」。[65] 但手冊馬上補

58　北京市檔案館，153-4-2461。

59　北京市檔案館，153-4-2441。

60　Tobin, *Preschool in Three Cultures*, pp. 96-97.

61　戈林娜，〈蘇聯的幼兒教育〉，頁 35。

62　北京市檔案館，153-4-2461。

63　戈林娜，〈蘇聯兒童道德品質的教育〉，頁 44-45。

64　北京市檔案館，153-4-2436；及 153-4-2088。

65　北京市檔案館，153-4-2088。

充表示故事還必須「結合實際」，例如「人民軍和志願軍勝利的事蹟」。[66] 我們要注意的是，故事的重點絕不是昔日的外國武裝衝突，如俄國對抗軸心國的衛國戰爭，而是當下戰火正濃的朝鮮半島，中國軍人在那裡幫助社會主義近鄰去擊退美國侵略者。因此，民族主義不是用來緬懷中國的光輝過去，而是歌頌共產黨當前的道德力量和軍事威力，敢站起來面對殘酷的外國入侵。其他教學法還包括利用圖書和電影，據北京市教育局的一份報告表示，這些方法都令「兒童樂於接受且能記憶深刻」。[67]

除了課室教學，課外活動也是中國教員仿效蘇聯同業來積極推行的。凱洛夫和戈林娜都強調參觀的好處。[68] 戈林娜認為「通過參觀旅行擴大幼兒的眼界」。[69] 她補充說，校外參觀不能只為玩樂，而是要有明確的政治目的。在蘇聯，學童到訪國家名勝，尤其是列寧墓所處的紅場，都被視為有益的學習體驗。[70] 這些活動最適宜在國家節日舉行。「慶祝偉大的十月社會主義革命節的時候」，戈林娜提點教師要「注意造成幼兒愉快等待節日的情緒，給幼兒們看到列寧和斯大林〔原文〕的肖

---

66 北京市檔案館，153-4-2088；153-4-2436；及 153-4-2461。

67 北京市檔案館，153-4-2436；153-4-2438；又見 153-4-2444。

68 凱洛夫，《教育學》，上卷，頁 177-180；及戈林娜，《蘇聯幼兒教育講座》，頁 53-54。

69 戈林娜，《蘇聯幼兒教育講座》，頁 14，53。

70 Fitzpatrick, *Education and Social Mobility*, p. 27；又見北京市檔案館，153-4-2162。

像」。[71] 因此兒童出外走動也可轉化為政治教育的機會。

　　中國教員雖然依循俄羅斯模式，但卻不忘添上一些本土情懷。在北京，到訪公園、博物館或勞動模範展覽館都是兒童所喜歡的。[72] 但這些活動可能都比不上到訪天安門廣場那麼重要和令人興奮，廣場是 1949 年新中國成立的神聖之地。那裡的遼闊空間（象徵國家的偉大），紅旗飄揚，以及天安門城樓的毛主席巨型畫像都極為壯觀。老師精心安排參觀的日子，通常選擇五一勞動節或國慶巡遊期間，讓孩子感受到節日裡激動人心的活動。[73] 有老師肯定地說：「校外參觀旅行也是進行愛國主義教育的好機會。」[74]

課程

　　若細看幼稚園老師自編的課本和呈交北京市教育局的學校報告，會發覺政府規定老師要教很多「政治課」。[75] 首要的幾個主題，是勞動的重要並特別感謝工人，國家英雄尤其是軍人的事蹟，天安門廣場，毛澤東主席，還有對蔣介石和美帝國主義的譴責。

71　戈林娜，《蘇聯幼兒教育講座》，頁 4。

72　〈輔仁大學附屬幼稚園學期工作總結〉，北京市檔案館，153-4-2438；又見 153-4-2436。

73　北京市檔案館，153-4-2444。

74　北京市檔案館，153-4-2438。

75　北京市檔案館，147-3-33。

勞動神聖

　　在 1950 年代教師自編課本中，「勞動」是其中一個不斷出現的關鍵詞，這明顯也是受到蘇聯的影響。在《教育學》中，凱洛夫用了整個章節來突顯勞動對蘇聯幼兒園教育的重要。[76] 戈林娜也呼應這一點，認為幼稚園教師首先要做的，是教導學生尊重生產、辛勤工作和勞動群眾 —— 這些都是馬克思主義的中心理念。[77] 中國的老師因而教導學生「認識環境」，這個籠統的用詞是指認識日常生活、社會狀況、文化環境，並特別強調真實體驗與工作經歷。[78]

　　強調勞動的重要其實是向工人致敬，他們是社會主義革命中的領導力量，這點在 1949 年公布的《共同綱領》裡已經清楚說明。有課本主張教導兒童勞動的意義，最佳方法就是從基本生活著手：

> 　　主要是學會自我服務的自己洗臉洗手，穿脫衣服等……場地大的幼兒園還可以組織孩子參加園地上的一部分種植植物和飼養小動物的勞動活動，通過這些孩子力所能及的勞動來培養孩子的勞動興趣。[79]

76　凱洛夫，《教育學》，下卷，頁 103-116。

77　戈林娜，《蘇聯幼兒教育講座》，頁 5，53。

78　北京市檔案館，153-4-2438；及 153-4-2441。

79　北京市教育局，〈北京市 12 年來幼兒教育工作及北京市提高幼兒園教育質量的工作情況〉，北京市檔案館，153-4-2545。

　　這種日常生活的訓練只屬於幼兒教育的初階，而不是核心。真正的重點，正如教師補充說的，是指導學生正確地尊重「勞動」的意義，培養孩子尊敬「勞動人民」並學習「為勞動人民服務」。[80] 老師為了強調實際工作的意義，還帶領兒童到附近的乳牛場，讓他們在現場觀察農夫怎樣在田裡工作和擠牛奶。另一項活動是拾花生，成了高班生的活動課程之一。[81]

　　我們可以察覺到「勞動人民」這個概念，在新課程中有著微妙的變化。1949 年之前，陝甘寧和晉察冀兩大共黨根據地編製的教科書，十分重視農民，很少提及「工人」。[82] 但到了中華人民共和國成立後不久，情況就不同了，工人占據課程的首要位置。孩子們親暱叫著的「工人叔叔」備受讚揚，他們辛勤勞動，供應國家一切所需，包括興建新首都、擴建天安門廣場、幫助有需要的人，什麼都能做。[83] 有幼兒教科書這樣說：「沒有勞動人民，就沒有飯吃，沒有衣服穿。」[84] 兒童受鼓勵去愛戴工人的勤勞無私精神，而且學習群體工作，就像小蜜

80　北京市檔案館，147-3-32；153-1-749。

81　Beijing Normal University Kindergarten, "Pictures of Events in the Kindergarten's History," http://bnuk.english.bnu.edu.cn/about_bnuk/history_bnuk/37913.htm（2019 年 1 月 8 日檢索）。

82　劉御編，《初小國語》（出版地不詳：新華書店，出版年分不詳）；及晉察冀邊區行政委員會教育廳編，《國語課本》（出版地不詳：出版社名不詳，1948）。

83　北京市檔案館，153-4-2438；及 153-4-2461。

84　北京市檔案館，153-4-2427。

蜂。一首兒歌這樣唱：

> 小蜜蜂，
>
> 嗡嗡嗡，
>
> 你真是個勞動小英雄。
>
> 做出蜂蜜來，
>
> 我們大家嚐，
>
> 我們的團結跟你一樣。[85]

從事重工業的工人最受人尊敬，這反映了國家需要急速工業化。例如一首 1950 年的兒歌稱讚煤礦工人的寶貴貢獻：

> 咱中國真叫棒，
>
> 許多煤礦地裡藏，
>
> 開不盡，
>
> 用不光，
>
> 多少工人日夜忙。[86]

以前被視為低端行業（不只煤礦）的工人，現在都受到尊重，這是新政權提倡職業無分貴賤的標誌。舉個例子，兒童學

85　北京市檔案館，153-4-2426。

86　北京市檔案館，153-4-2440。

懂唱這首讚美掏糞夫的歌：

> 糞夫好，
>
> 糞夫妙，
>
> 糞夫你每天辛苦了。
>
> 從前我們不知道，
>
> 如今知道你為人民服務精神真正高。[87]

　　老師帶兒童到昔日的紫禁城等重要地方去參觀「勞模展覽」，向勞動英雄學習。[88]山東省農村婦女徐建春（1935-）是互助組組長，領導大家耕作，被選出來做幼稚園生的模範。[89]當然，模範工人之所以包括農民在內，是因為毛澤東領導的主要是農民革命，在 1949 年前有賴農村的鼎力支持。有教科書不忘提醒兒童要認識「農民與農村」的重要作用。[90]

英勇軍人

　　除了勞動模範和勞動神聖的主題外，自編的課本還十分注重英勇的軍人。兒童心理學家認為幼兒的認知能力剛開始發

87　北京市教育局幼教科，〈1949 年第一學期工作總結各私立幼兒園〉，北京市檔案館，153-4-2426。

88　北京市檔案館，153-4-2436。

89　北京市檔案館，153-5-117。

90　北京市檔案館，153-4-2088；及 153-4-2426。

展，不能以抽象的思維去看事物，但可以透過對傑出人士的認同來幫助孩子建立自己的身分。[91] 在 1950 年代培育小孩對英勇士兵的認同，無疑是出於政治的考慮：要與貢獻祖國的英雄人物並肩前進。

蘇聯教師指導小孩要「尊敬為祖國犧牲生命」的勇敢紅軍。[92] 中國老師也一樣，教導幼稚園生明白解放軍的英勇無私，要以他們為榜樣。「讀解放軍叔叔的來信」是小朋友愛聽的主題。[93] 它不單對軍隊表示尊敬和稱頌，還有一個實際的意圖。例如之前提過的「敬愛的解放軍」遊戲，是兒童扮演軍人去解放國民黨統治的臺灣。中國人民志願軍在韓戰期間到前線作戰也備受稱頌，不過此刻的攻擊對象變成美帝國主義者。一篇題為「郵局」的兒童故事，講述六歲的明明收到父親從前線寄來的信。他爸爸是個外科醫生，被派到朝鮮半島救死扶傷。明明立刻拿給媽媽念：

> 「好媽媽告訴我信上寫的什麼？媽媽快告訴我。」明明一面說一面用手拉媽媽。媽媽接過來看了看說：「你爸爸說我們志願部隊到朝鮮後，就把美國鬼子打死很多，並且有很多鬼子不打就投降了……」明明喊著說：「我真高

---

91 Greenstein, *Children and Politics*, p. 74.

92 戈林娜，〈蘇聯兒童道德品質的教育〉，頁 44。

93 北京市檔案館，153-4-2461。

興，我也去找爸爸去和叔叔伯伯一起打鬼子去！」媽媽
說：「你太小，等長大了一定叫你去。」[94]

另一首 1950 年有關志願軍的歌，鼓勵孩子立下同樣的志願：

> 騎木馬，
>
> 掛刀槍，
>
> 我是小小志願兵，
>
> 騎著木馬上戰場。
>
> 上戰場，
>
> 幹嗎去？
>
> 乒乒乓乓，
>
> 打打打，
>
> 打垮美帝。[95]

天安門廣場

　　政府很早就公開表明要在幼稚園推行「愛國主義教育」。
「愛國主義教育」一詞不斷在官方通訊和 1950 年代老師編製
的教科書中出現。[96] 兩個令兒童對國家感到自豪的最熟悉象

94　北京市檔案館，153-4-2461。
95　北京市檔案館，153-4-2436。
96　北京市檔案館，153-4-2438。

徵，離不開天安門廣場和毛澤東主席，從而使共產新政權偉大
成就的故事更有說服力。天安門廣場是新中國一個隨處可見的
象徵。學生要學會唱以下這類歌：

> 天安門真偉大，
> 紅紅的牆兒琉璃瓦，
> 還有毛主席的像片高高掛，
> 我們大家都愛他。[97]

莫斯科的紅場是蘇聯學生朝聖之地，天安門廣場也是中國
學生的神聖天地。首都中心這片巨大的廣場，成為幼稚園生喜
愛的目的地，他們要坐人力車或電車才能到達（圖9）。[98] 有
位老師寫下充滿喜悅和興奮的參觀報告：

> 校外參觀旅行也是進行愛國主義教育的好機會，五月五
> 日我們帶著240個孩子參觀天安門，當電車開到天安門廣
> 場，孩子們看見毛主席的像片和壯麗的天安門時，教師告
> 訴孩子們這偉大的建築是工人叔叔的功勞，現在的天安門
> 是毛主席檢閱的地方，同時讓孩子們知道莫斯科的紅場也
> 沒有這麼大，由此激起孩子對人民首都及對祖國的熱愛。

97　北京市檔案館，153-4-2438。

98　Beijing Normal University Kindergarten, "Pictures of Events."

圖 9　1950 年代初期，老師帶著幼稚園生坐人力車到天安門廣場參觀。

資料來源：Beijing Normal University Kindergarten, "Pictures of Events in the Kindergarten's History," http://bnuk.english.bnu.edu.cn/about_bnuk/history_bnuk/37913.htm（2019 年 1 月 8 日檢索）。

他們興奮的唱歌呼口號，四百多隻小眼睛流露出天真而赤誠的光彩。[99]

廣場上有無數深具象徵意義的景物，如天安門、華表、石獅子和廣闊場地，都令人印象深刻。[100] 老師不忘告訴學生，這神聖的地方是由「勞動人民的偉大力量」所建成。[101] 他們

99　北京市檔案館，153-4-2438。
100　北京市檔案館，153-4-2436。
101　北京市檔案館，153-4-2436。

特意加入天安門大過紅場之類的話，就是要把民族自豪感烙入孩子的心中；而且當時還是中國政府宣稱「蘇聯的今天就是我們的明天」的日子。歌頌天安門廣場不光是表達民族自豪，更是一種聲明，指出民族主義比社會主義更重要。

參觀天安門廣場若要收到最佳效果，最好是配合中華人民共和國的節日慶典，尤其是十月一日的國慶日和五一勞動節，因為各種慶祝活動和歡聲雷動的場景最能激發觀眾的愛國熱情。[102] 老師的報告說：「通過慶祝節日開大會⋯⋯教師帶頭的穿上新衣，來過節日」，並且教導小孩「美化自己的作業室和活動室」，做到「美化環境」的效果。這些都成為學生每年的例行活動。[103]

無可否認，自啟蒙運動以來，西方的君王和政治家都利用國家慶典來宣傳他們的偉大功績。人類學家紀爾茲稱之為「戲劇國家」（theatrical state），即利用國旗和歌曲，以及國家節日在首都舉行的盛大巡遊，喚起一片喜氣洋洋的景象，務求營造一種大家都認同的國家身分。[104] 同樣地，典禮中的壯觀場面和美好形象通常比中國的真實情況更為重要。官員精心編排，務求對民眾灌輸一種祖國偉大的自豪感。這種政治宣傳，當然

---

102 北京市檔案館，153-4-2436；153-4-2438；及 153-4-2444。

103 北京市檔案館，153-4-2444。

104 Clifford Geertz, "Centers, Kings, and Charisma: Reflections on the Symbolics of Power," in *Local Knowledge: Further Essays in Interpretive Anthropology* (New York: Basic Books, 1983), pp. 121-146; and Geertz, *Negara*.

是受了蘇聯模式的影響。

毛澤東

　　蘇聯幼稚園老師教導兒童要敬愛列寧和史達林。科辰班指出，列寧（幼稚園生稱他為「好叔叔」）的英勇故事以及革命節日，尤其是五一和十月革命週年紀念日，都是俄羅斯幼稚園教育的核心主題。[105] 中國幼稚園生也一樣，從小到大都學習做毛澤東的好孩子，教師自編的課本把毛澤東歌頌為新中國的象徵人物和理想的化身。老師愛說毛澤東的故事，尤其是他童年的生活點滴。[106]

　　1950 年代初，毛澤東不僅是偉大領袖，更是救世主，人人稱頌。有首兒歌還把他奉若星辰：

> 兩顆星，
>
> 亮晶晶，
>
> 西方東方放光明。
>
> 一顆星是斯大林〔原文〕，
>
> 一顆是毛澤東，
>
> 斯大林，
>
> 毛澤東，

105　Kirschenbaum, *Small Comrades*, pp. 123-128, 158.

106　北京市檔案館，153-4-2444。

是人民的大救星。

我們有了兩顆星，

人民得翻身，

人民得翻身。[107]

　　這兩顆明星中，毛澤東的光芒蓋過蘇聯領導人，這是很清楚的，因為很多兒歌和故事都有他的名字，備受讚美。雖然 1950 年代中期，好幾件俄羅斯的政治大事，如史達林的逝世悼念，也加入中國幼稚園的課程中，以推動共產國際主義精神，[108] 但實際上要小孩學習的是頌揚自己的國家，而不是遠在他方的外國模式。

　　幼稚園老師告訴學生，到天安門廣場的一個目的，是有可能看到領導革命的偉大主席。一本教師編製的書有這麼一幕場景，是想像和平鴿子在國慶日遇到五星紅旗的對話：

　　「咱們毛主席在那〔原文〕兒呢？」

　　國旗回答說：「就在看台呢！」

　　「快去敬禮吧！」[109]

---

107 北京市檔案館，153-4-2461。

108 北京市檔案館，11-2-319。

109 北京市檔案館，153-4-2440。

另一課本有這段幼稚園生虛構的對話：

> 陳鴻業說：「老師寫信告訴毛主席，〔我們小孩〕別把手指頭放在嘴裡，手指髒，會鬧傳染病。」
>
> 趙長海說：「老師！國慶日你帶我們上天安門，看看毛主席，多遠我都走的動。」
>
> 張樹釗說：「我願意當毛主席的小孩，天天可以看得見毛主席。」[110]

抵達天安門廣場時，有參考書建議老師這麼對兒童說，「毛主席對大家不停的招手」，是讓「孩子想，『毛主席一定看見我了』」。[111]毛澤東因此不只擔任國家領袖和英明導師，更是家中和藹可親的長輩，關懷自己的家人，中國就像個社會主義大家庭。北京市教育局給幼稚園教師的任務是：要教導兒童「聽毛主席的話，作毛主席的好孩子」，對兒童說了又說，是要鼓勵他們追求毛主席的強國目標。[112]

中國共產黨當然不是唯一教化兒童熱愛領袖的政黨。政治學者威爾遜（Richard Wilson）研究 1950 年代至 1960 年代臺

---

110 北京市檔案館，153-4-2436。

111 《初級小學課本語文第二冊教學參考書》（北京：人民教育出版社，1955），頁 74。

112 北京市檔案館，153-4-2567。

灣對兒童實施的政治教化歷史。他觀察到國民黨控制的教育課程，很早就教導學童去尊敬和認同他們的國家領導人，尤其是孫中山和蔣介石。[113] 但臺灣的做法沒有鋪天蓋地，而且在1980年代中，隨著國民黨解除強權管治後也停止了這做法，但中國則一直維持至今。2001年中國的小學一年級讀本中，有一課叫〈鄧小平爺爺植樹〉，教導學生1985年3月12日的植樹節是最特別的，因為那天鄧小平來到北京天壇公園，做了一件令人懷念的事：「只見他手握鐵鍬，興致勃勃地挖著樹坑，額頭已經布滿汗珠，仍不肯休息。」它還說：「今天……小平樹成了天壇公園一處美麗的風景。」[114] 有《教師用書》提醒幼稚園老師要強調：「我們不要忘了鄧小平爺爺說過的那句話：『植樹綠化要世世代代傳下去！』」[115]

敵人

建國初年的幼兒教育當然不會只專注於歌頌共產黨的成就，同時還要暴露國內外敵人的邪惡。教育方法是常見的善惡二分法，即黑與白、好與壞的對決，正義的共產黨對抗邪惡的

---

113 Wilson, *Learning to Be Chinese*, pp. 77-85.

114 〈鄧小平爺爺植樹〉，《語文：一年級，下冊》，課程教材研究所、小學語文課程教材研究開發中心編（北京：人民教育出版社，2001），頁9-11。

115 〈鄧小平爺爺植樹〉，http://www.pep.com.cn/xiaoyu/jiaoshi/tbjx/jiaocan/tb1x/201103/t20110311_1026957.htm（2013年6月8日檢索）。

政治勢力；最終目的是要把愛國的訊息灌輸給小孩。

　　1950 年代初，老師要對兒童說明當時的大型政治運動，如鎮反運動、三反運動（1951 年秋推動的反貪汙、反浪費和反官僚主義運動），以及五反運動（1952 年 1 月發起的批評資產階級行賄和逃稅等罪行的群眾動員）。[116] 幼稚園生要學習分清誰是貪婪的資產階級，誰是勞動模範和英勇戰士。

　　境外的敵人跟國內的敵人都同樣危險。小小年紀聽到的是臺灣的蔣介石和美帝是大魔頭，他們用盡方法，包括與國內的邪惡組織合謀顛覆新社會主義祖國。蔣介石在故事、童謠和遊戲中都被描繪成頭號大壞蛋。同時，書本說臺灣是個寶島，是一個「甘蔗糖〔和〕香蕉果子」吃不完的好地方，但打敗仗的國民黨領袖卻不知羞恥地服從他的帝國主義主子。[117]

　　美國的政治人物都受到類似的譴責，還掛上蒼蠅蚊子等罵名。兒童聽老師教導要畫上小黑點代表這些害蟲，老師說這是「蒼蠅傳布的細菌」。教師指出這類教育的目的是：「加強了兒童們對美帝的仇恨！」[118] 以下是一本教科書中虛構的幾個小朋友對話：

116　北京市檔案館，153-4-2438；及 147-3-32。
117　北京市檔案館，153-4-2440。
118　北京市檔案館，153-4-2444。

何增金說：「明兒也叫我媽給我買個槍，我也去殺敵人。」

「誰是敵人？」

小朋友一齊喊出來：「美帝。」

「誰是壞蛋？」

周福增說：「杜魯門是個大壞蛋，他竟想欺侮咱們。」[119]

幼稚園生聽到的是帝國主義者用各種卑鄙的手段剝削中國，其中最惡劣的一種手段是利用基督教。[120] 1953 年有課本以故事形式給兒童講述抗美援朝的戰事及「美帝的暴行」。[121] 小孩聽到韓戰正全面展開，美國計畫重整日本軍備，[122] 還有在韓戰中，美帝國主義「不願意我們快樂，他侵略了我們的鄰居朝鮮，炸毀了朝鮮的幼稚園、托兒所。殺死朝鮮小朋友的爸爸和媽媽，並且還要侵略中國」。所以當孩子們喊出在前線的「志願軍叔叔萬歲！」時，老師說他們的「情感是真實而有力的」。[123] 老師教導小朋友為志願軍和朝鮮人民軍寫慰問信和送上慰問袋，以表謝意。[124]

---

119 北京市檔案館，153-4-2436。
120 〈輔仁大學附屬幼稚園〉，北京市檔案館，153-4-2438。
121 北京市檔案館，153-4-2461。
122 北京市檔案館，153-4-2438。
123 北京市檔案館，153-4-2438。
124 北京市檔案館，153-4-2468。

遇到的困難

到了 1957 年，全國有 108 萬名幼稚園生，是 1946 年所記錄的 13 萬人的 8.3 倍；這 13 萬是 1949 年之前我們可知的最高數字。[125] 如何評估中華人民共和國早期的政治灌輸對幼稚園的影響？小朋友歌頌毛主席的英明領導或譴責蔣介石和美帝國的罪行時，真的知道自己在唱什麼嗎？這類政治教化對孩子長大後的行為若有影響，會是什麼影響？可靠的資料很難獲得，即使搜集到一些資料，往往都是單憑觀感或零碎不全。[126] 北京市教育局在報告中不忘自誇幼稚園教育的各種成就，但與此相反，現有的檔案資料展示的卻是十分不同的情況，其中之一是教師人手短缺，而且他們也難以應付共產黨交給他們的各種新任務。

教育制度的迅速轉變，以及 1950 年代初新制定的社會主義課程，都意味著教員要倉促接受再培訓，才能理解新的教學方向。這是個非常困難的任務，有鑑於平常人大多害怕突如其來的改變，他們會執著於熟悉和慣常的教學模式，這是自然不過的事。官員最憂慮的是如何找到「政治水平」高的老師。北京市教育局認為很多幼稚園老師都不合適，原因是他們仍頑固

125　中華人民共和國教育部計劃財務司編，《中國教育成就》，頁 229；及何東昌編，《當代中國教育》，頁 57。

126　見盧樂珍編，《幼兒道德啟蒙的理論與實踐》（福州：福建教育出版社，1999），尤其是頁 153-260；又見何東昌編，《當代中國教育》，頁 165-174。

地抱有1949年以前的資產階級思想和生活態度，又或者背負嚴重錯誤的歷史「包袱」。[127] 那些與1949年以前的宗教團體有關聯的教員都被視為有政治問題，很多都遭到降級或解僱。[128] 校長和學校高層也有被官員斥為「思想領導薄弱」的，他們能否明白和執行共產黨的路線備受質疑。[129]

北京市政府馬上動手解決這些問題，它要求幼稚園老師上密集的改造課程。這工作部分由北京市政府文化教育委員會負責執行，[130] 並舉辦「思想改造」的必修班，教導馬克思理論和國際形勢，包括當時的抗美援朝等政治運動，使老師能影響兒童，引發他們對「帝國主義的仇恨」。[131]

教師會議不限於時事和國家政策的學習，還用來讓教員進行「自我批評」，鼓勵他們坦白交代過去有問題的政治思想，及公開表達跟隨黨路線改過自新的意願。[132] 很多教師抱怨要參加這些訓練和自我批評的會議，認為那是極之煩悶無聊。有老師訴苦說：「學習多而且重複也多。」[133] 有些老師埋怨會議開得冗長乏味，單就勞動這個概念，每週至少開了五次會。有些還在週末開，連「星期日也沒有休息的時間」。[134]

---

127 北京市檔案館，1-6-960；及153-4-2444。

128 北京市檔案館，11-1-70。

129 北京市檔案館，153-4-2490。

130 北京市檔案館，11-1-1；及11-1-50。

131 北京市檔案館，147-3-5；153-4-2436；及153-4-2444。

132 北京市檔案館，153-4-2436。

133 北京市檔案館，11-1-94。

新的官僚做法也是疲勞轟炸。官員越加控制教育，就對學校發出越多指示。同時，他們亦要求校方呈交更多的進展報告。老師的時間就大量花在開會和寫報告上。[135] 有老師這樣評論：「我們每學期送上總結報告，可能局裡都不看，也不見任何答覆。」[136]

教科書也是一個棘手的問題。對很多教師來說，要編製自己的課本令他們十分擔憂，因為無法掌握新政府的要求，自然也不想得罪共產黨。老師覺得自己在走鋼索，步步為營，要自我審查。有位教師建議，最安全的做法是「要求領導上幫助解決」。[137] 但這問題是學校的高層也解決不了的，因為校長和科主任自己也不了解新形勢。這更加重了事情的不確定性，也打擊老師的士氣。

官方刊物報導的盡是兒童熱烈接受新課程的消息，這是可想而知的。天安門廣場和毛主席的故事及小小志願軍的遊戲據說最受歡迎。[138] 政府刊物樂觀地報導：「以往的小朋友對政治的思想一點也沒有，現在他們都能知道我們的領袖是誰，我們的朋友是誰，那〔原文〕些是我們的敵人。」[139] 又說：「兒

134　北京市檔案館，153-4-2444。
135　北京市檔案館，11-1-94。
136　北京市檔案館，11-1-94。
137　北京市檔案館，153-4-2444。
138　北京市檔案館，153-4-2436。
139　北京市檔案館，153-4-2426。

童最敏感，都知道深切的憎恨美帝；都知道愛祖國，愛人民，愛自己的軍隊，並愛朝鮮和蘇聯。」[140] 因此那些政治化了的課程似乎辦得有聲有色。

事實上，甚為抽象的愛國思想（如尊崇毛主席和向國旗敬禮）及馬克思主義教條，對小孩來說是難以明瞭的。心理學家和教育家都認為，兒童的認知能力仍處於啟蒙階段。[141] 檔案資料顯示老師不斷抱怨，說這些任務不可能做到。一位老師承認：「一面國旗，意義有些深，表演時動作少，兒童興趣少。」[142] 那些非黑即白的對比──即北韓與蘇聯是好的，美國是壞的──看來「有時作的未免生硬，形於牽強附會」，有教師還指出：「當利用故事，敘述美帝暴行時候，刺激性過大」，因此不適合如此稚齡的兒童。[143]

總的來說，這些社會主義新課程對兒童的影響可能極大，因為這是唯一提供給他們的課程，而且透過各種方式不斷重複和強化。共產黨為確保這個情況不變，還逐步在 1952 年以後壟斷師資訓練。沒有其他課程可供選擇。我們也可假定這種做法有效，因為它牽涉的不只是兒童，還有教育人員和整個學校制度。當幼稚園教育結合嚴格的威權社會主義思想時，孩子只能學習共產黨要他們知道的事。

---

140 北京市檔案館，153-4-2436。

141 Greenstein, *Children and Politics*, p. 74.

142 北京市檔案館，153-4-2436。

143 北京市檔案館，153-4-2436。

　　中國的幼稚園教育在 1950 年代初所經歷的，遠不止教學法的改革。這過程中還有好幾個特點：政府對以往那種各自辦學的制度增加控制，蘇聯強烈的影響，社會主義和民族主義為主題的課程急速政治化，以及老師經過再培訓成為黨思想的傳話人。政府改造全國幼稚園課程，把教育政治化。此後，整個國家的教育事業，由幼稚園至大學，越來越受到共產黨的支配。

　　一如所料，1950 年代在毛澤東親蘇的政策下，蘇聯的幼稚園大受吹捧，成為中國模仿的對象。官方傳媒對來華相助的蘇聯教育家照例大加讚賞，其中一個例子是戈林娜，中方說她「嚴格、認真和親切」，說她在班上是個盡心盡力的老師，對後輩言傳身教，不辭勞累。中方報章報導蘇聯政府怕她累壞，要她回國休息，她匆匆回了莫斯科一趟，但由於「老惦著中國的孩子們，很快地又回到北京來了」。[144]

　　儘管中國幼稚園在建國初期受到蘇聯教育制度的影響，但它不是個蘇聯模式的翻版。胡素珊研究 1949 年後中國的中學和高等教育改革，認為「中國有選擇地」採用蘇聯模式。[145]正如大家看到的，這個觀點也可用在幼稚園方面。雖然兒歌裡頌揚毛澤東，部分是受到蘇聯啟發的，但真正的英雄永遠是毛

144 黎淑芳，〈蘇聯專家戈麗娜〉，《北京日報》，1952 年 11 月 5 日，第 4 版。

145 Suzanne Pepper, *China's Education Reform in the 1980s: Policies, Issues, and Historical Perspectives* (Berkeley: Institute of East Asian Studies, University of California, 1990), p. 38.

主席，而非史達林同志。無產階級團結或國際社會主義不是頭
等大事，民族主義才是。

中共繼續利用愛國熱情為政權的正統地位辯護，這在中華
人民共和國成立初期最為明顯，新政權用盡各種可行的方法去
宣示它的執政權。毛澤東和高層領導心裡明白，打垮國民黨軍
隊，只不過是對控制中國這目標邁出一步而已，贏取全體中國
人民的支持，才是更艱難、更持久的奮鬥。要達到目的，也許
沒什麼比培育新一代愛國兒童更重要，讓他們成為對新政權忠
心不二的擁護者。

幼稚園教育讓一眾媽媽擺脫牽掛出外工作，因此正當國家
需要大量人手加速工業化時，婦女擔當了重要的任務。但官員
設立幼稚園的目的不單是為了經濟，而主要是為了政治。如前
所述，各種方式——遊戲、唱歌、說故事、繪畫和校外參觀
——都是有步驟地用來政治教化兒童去為共產革命服務。

沒有多少國家像中共那樣嚴厲、徹底和花那麼長時間，自
執政起就去政治教化國家的未來主人翁。在美國，就像政治學
者格林斯坦（Fred Greenstein）所說的，政治是「大人所經歷到
的一件卑鄙骯髒的事，一般人認為小孩最好免於面對」。[146] 與
此不同，中國的小孩受到的政治教化從未停過，也無法避開。

當然，說中國是唯一對幼稚園學生施行嚴格政治教化的
國家是不對的。它的對手臺灣，如前所述，也在 1960 年代及

---

146 Greenstein, *Children and Politics*, pp. 45-46.

1970 年代實施相似的政策，即支持國民黨反共的國策。國民黨推行的教育目標是復興中華、反共抗俄。臺灣幼稚園生耳濡目染的都是「共匪」等罵名，學習的是熱愛國民黨政府和蔣介石，稱他為「人類的救星」。[147] 但臺灣與大陸不同的是，它推行的教育制度，組織不那麼嚴謹，要求沒那麼苛刻，下放權力也比較大，尤其是在 1987 年解除戒嚴令後，臺灣的威權政治便冰消瓦解。

自鄧小平 1980 年代的市場經濟改革開始，中國的幼稚園教育已出現變化。毛澤東遺留下來的不斷階級鬥爭和持續群眾運動的思維不復存在。現今中國學者和教師提倡多元化的幼稚園課程，強調培養小孩的獨立思考，認同一些教育家所講的發揮兒童「主體性」的重要。[148] 諷刺的是，陳鶴琴提倡杜威以小孩為本的教育理論，在 1950 年代被批為頹廢的資產階級思想，現今又再度受到歡迎。1992 年浙江上虞市一所幼稚園甚至取名為「鶴琴幼兒園」，以紀念這位幼兒教育家，稱頌他是有「高尚人格風範」的改革先驅。[149] 因此，讓幼稚園更加自主，似乎是大勢所趨。政府好像滿有熱誠地贊同這個發展。2001 年 7 月，教育部發布〈幼兒園教育指導綱要〉，要求尊

---

147 Wilson, *Learning to Be Chinese*, pp. 48, 79, 114-115.

148 唐淑、孫起英編，《幼兒園課程基本理論和整體改革》（南京：南京師範大學出版社，2010），頁 3-10。

149 唐淑編，《幼兒園課程研究與實踐》（南京：南京師範大學出版社，2000），頁 64。

重幼兒的「人格和權利」。2006 年，在一個有關幼稚園到十二班的課程改革研討會上，前國家主席胡錦濤（1942-）再三提及要把重點放在培養學生的革新、創意和批判思考上。[150] 這個指導方針受到幼稚園老師的廣泛歡迎，認為是十分令人期待，是對慣常死記硬背的學習來一個大改進。[151] 儘管出現這種教學的新主張，但那份 2001 年的綱要不忘提醒老師仍要謹記去教曉幼兒園生「愛集體、愛家鄉、愛祖國」。[152]

自 1949 年起，共產黨領導人就堅持教育是意識形態的必爭之地，一定要好好控制。這個主張最近又經另一份重要的指示確認。中共中央委員會和國務院在 2017 年 2 月聯合發表題為〈關於加強和改進新形勢下高校思想政治工作的意見〉的指示，規定各高校一定要「加強和改進高校思想政治工作，目的是為了培養又紅又專，德才兼備，全面發展的中國特色社會主義合格建設者和可靠接班人」。[153] 這項指示當然不限於高校

---

150 引自 Jian Liu and Changyun Kang, "Reflection in Action: Ongoing K-12 Curriculum Reform in China," in *Education Reform in China: Changing Concepts, Contexts and Practices*, ed. Janette Ryan (London: Routledge, 2011), p. 35。

151 Liu and Kang, "Reflection in Action", pp. 21-40.

152 中華人民共和國教育部編，《幼兒園教育指導綱要（試行）》（北京：北京師範大學出版社，2001），頁 1，5。

153 中共中央、國務院，〈關於加強和改進新形勢下高校思想政治工作的意見〉，《人民日報》，2017 年 2 月 28 日，頁 1-2；又見 Ministry of Education of the PRC, "Review of China's Education Reform in 2017." http://en.moe.gov.cn/News/Top_News/201801/t20180130_326023.html （2019 年 1 月 6 日檢索）。

學生，它適用於所有年級，包括幼稚園學生。在中共領導下，
兒童需要學習成為強國的「接班人」，並最終達至實現「中國
夢」，即當今領導人習近平愛用的口號：「中華民族偉大復興
的中國夢。」[154]

---

154 中共中央、國務院，〈關於加強和改進新形勢下高校思想政治工作的意見〉，《人民日報》，2017 年 2 月 28 日，頁 1-2。

第六章

政治公園：
公共空間用作宣傳舞台

　　北京的勞動人民文化宮是個著名的城市公園，在社會主義中國通稱為「人民公園」，[1] 也是一個重要的政治地標（圖10）。文化宮位於天安門城樓的東鄰，入口大門上鑲有「全國重點文物保護單位：太廟」的牌匾，旁邊還有一面牌子註明它是「北京市一級公園」。[2] 中國共產黨把源遠流長的文化宮與現代都市公園融合為一體，而且在中華人民共和國成立後的翌年5月便實施，是將深受市民歡迎的都市休憩用地，改為政治集會和推動國家勞工政策及國際外交的便利場所。這是中共典型的做法；然而，這樣挪用都市的公共場所，既要達成官方的政治目標，又要滿足市民的娛樂需求，造成了政治公園與私人空間兩者的衝突。

　　從一開始，文化宮的設立就是特意為共產黨的利益服務。

1　公園管理委員會祕書室，〈本會1953年工作計劃要點〉，北京市檔案館，98-1-101。

2　「北京市一級公園」這面牌匾其後不知何故被除下。

圖 10　勞動人民文化宮（前太廟）的正殿。2010 年 3 月 5 日，洪明梅攝。

中共領導層普遍對大型開放的空間存有戒心，尤其是首都人流暢旺的休閒公園，認為一定要小心看管和控制，提防未獲批准的團體可能會在園內搞示威活動。但另一方面，這些地方又是舉辦大型官方集會的理想場地，因此園內的文化和娛樂活動往往遭到擱置，讓政府優先使用。在那裡舉行的官方活動，將政治理念與私人生活的界線混淆，繼而把這公與私的界線完全抹掉。因此，勞動人民文化宮的發展歷史，可以看作是國家涉足國民私人空間的縮影。

舊太廟新名稱

北京的太廟建於明朝（1368-1644）初期的 1420 年，是當

年的帝王在重大時節祭祖的宗廟。明、清（1644-1911）兩朝皇帝在每年的除夕和清明時節舉行祭典，追思遠祖。[3] 太廟宮殿用地呈長方形，有 197,000 平方公尺，四周古柏清幽，分成三大殿。正殿（享殿）最大，是祭祖大典的主壇；中殿（寢殿）是供奉歷代皇帝、皇后牌位之所；後殿（祧殿）是供奉皇室遠祖神位的地方。祭祖大典是皇室禮節中最神聖的，先將祖先牌位從中殿和後殿移放到正殿，然後舉行隆重的儀式，禮成後各牌位會送歸原處。

1950 年中華人民共和國成立後不久，中央政府便把太廟易名為勞動人民文化宮，並撥給北京市總工會管理。據官方稱，重新命名是為了促進「北京市工人的文化藝術及娛樂活動」。[4] 正門入口高懸毛澤東親筆題寫的「北京市勞動人民文化宮」的匾額，令這個重新命名的場所增光不少。名稱的變換很重要，象徵共產黨所說的長期專制君王統治的封建時代終於結束了，現在是由社會主義新中國的「勞動人民」當家作主。這是重申政府在 1949 年的《共同綱領》和 1954 年國家憲法所宣稱的，新的中華人民共和國是由「工人階級領導的、以工農聯盟為基礎」的社會主義國家。[5]

開幕儀式正好配合 1950 年的五一勞動節，勞工領袖雲集

3　賈福林，《太廟探幽》（北京：文物出版社，2005），頁 1-37。

4　《光明日報》，1950 年 4 月 7 日，第 4 版。

5　PRC, *The Constitution of the People's Republic of China*（《中華人民共和國憲法》），p. 9。

一堂，迎來勞工歷史新的一頁。據《光明日報》的報導：「正殿外兩側宮牆懸掛毛主席，斯大林〔原文〕大元帥巨幅油像，紅旗迎風，喜氣洋洋。」[6] 總工會副主席蕭明（1896-1959）語帶自豪地宣布：「太廟本是我們工人自己血汗創建起來的，而且已有幾百年的歷史了。但牠〔原文〕一直為反動統治者所霸佔，直到北京解放，在中國共產黨及毛主席領導下，革命勝利了，才重歸勞動人民的懷抱。」[7]

一開始，勞動人民文化宮便被官方報章稱為「首都勞動人民的樂園」。它是一處為市民提供娛樂活動的理想地點，亦是履行社會主義的承諾，為勞動人民帶來豐盛甚至多姿多彩的文化生活。[8] 中華人民共和國初期，「勞動人民」一詞有三個稍微相異但又相關的解釋。第一、它專指傳統馬克思主義所稱的「無產階級」。官方的論調自然是把領導革命的角色歸功於無產階級，以符合傳統馬克思主義思想。第二、勞動人民指的不單是從事工業的人，也包括農民，以符合 1949 年《共同綱領》和 1954 年憲法的精神。最後，它更廣義地包括所有從事體力勞動的人。而最後這個定義，便是政府所指的文化宮屬於北京所有的勞動人民。[9] 社會主義工人被認為熟悉工作場所的規條，有技術能力，也掌握國內情況和國際事務。

6　《光明日報》，1950 年 5 月 1 日，第 4 版。

7　《人民日報》，1950 年 5 月 1 日，第 3 版。

8　張新辰，〈北京勞動人民的樂園：北京市勞動人民文化宮〉，《人民日報》，1953 年 7 月 19 日，第 3 版。

9　〈全國勞動模範〉，北京市檔案館，101-1-1299。

　　北京市總工會花了不少心思去改裝正殿，作為舉行大型會議的禮堂。後殿改為圖書館，提供適合普羅大眾閱讀的通俗書刊。鄰近多間殿堂還設有閱報室、遊藝室、劇場、音樂室等。[10]一些專有場地闢為工人技術訓練班，學習電工和「先進生產經驗」。[11]偶爾還在正殿舉行科學展覽會。1953年文化宮增設電影部門，以迎合公眾對電影的愛好。[12]同年，又建了一座露天舞場，《人民日報》說它是「全市最大的集體歌舞場所」。[13]據總工會領導稱，文化宮要「面向基層，面向群眾」。[14]其他民眾休閒活動包括開辦閱讀、舞蹈、音樂和職業訓練的學習班。中秋節的慶祝活動也在此舉行，市民邊賞月邊吃月餅、水果。有遊人高興地說：「在解放前，從來沒有過這種盛況。」[15]看來昔日的太廟在短時間內已改變成真正屬於人民的地方。新

10　北京市總工會宣傳部，〈北京市勞動人民文化宮工作綜合報告（草稿）〉，北京市檔案館，101-1-502；有關勞動人民文化宮事宜，又見 2-16-366；其他相關資料，見《光明日報》，1950年4月30日，第1版；《人民日報》，1950年5月1日，第3版；及1950年5月5日，第1版。

11　北京市總工會宣傳部，〈北京市勞動人民文化宮工作綜合報告（草稿）〉，北京市檔案館，101-1-502；又見《人民日報》，1953年7月19日，第3版。

12　《人民日報》，1957年8月11日，第4版；及北京市總工會宣傳部，〈北京市勞動人民文化宮工作綜合報告（草稿）〉，北京市檔案館，101-1-502。

13　張新辰，〈北京勞動人民的樂園：北京市勞動人民文化宮〉。

14　北京市總工會宣傳部，〈北京市勞動人民文化宮工作綜合報告（草稿）〉，北京市檔案館，101-1-502。

15　《人民日報》，1957年9月8日，第4版。

公園提供一處輕鬆休閒的環境，讓人在開放和舒適的空間與別人交流，遠離城市的煩囂和局促。

勞動人民文化宮不是北京唯一的文化宮。到了 1960 年代初，首都有超過 1,300 所大小不一的文化宮和工人俱樂部。[16]中國其他地方，如上海、南京、天津、廣州和重慶都受到啟發而設立公園。[17]其中一個新設施是上海工人文化宮，占地廣達一萬多平方公尺，位在滬東大型工業區內。[18]其他的工人俱樂部也在上海各地如靜安老區成立。[19]四川重慶的多種公園設施特別有名，包括圖書館、足球場和溜冰場。[20]

勞動人民文化宮及同類的場所是否真的如政府所稱的「面向基層，面向群眾」？我們細看一下，便不難發現事情的發展比官方公布的複雜得多。事實上，勞動人民文化宮從來都不是單純的休閒場所，而是共產黨策劃下的政治公園，為發展社會主義事業而推行五花八門的官方活動。正因為它位於首都中心，所以比起全國其他公園更容易為政治所利用。文化宮的複雜情況和真正本質可從幾處看到：蘇聯影響、國葬、勞動政策的推廣、政治運動以及文化宮與西方公園的差異。

16　北京市檔案館，101-1-214。

17　〈廣州市工人文化宮開辦以來的初步工作總結〉，廣州市檔案館，92-0-84；又見《人民日報》，1953 年 1 月 8 日，第 1 版；及 1957 年 2 月 9 日，第 2 版。

18　《人民日報》，1957 年 2 月 9 日，第 2 版。有關上海的文化宮興建的情況，見上海市檔案館，C1-2-1387；C1-2-2135；及 C1-2-4255。

19　上海市檔案館，C1-2-580。

20　《光明日報》，1953 年 1 月 8 日，第 1 版；及 1957 年 2 月 9 日，第 2 版。

蘇聯影響

中共建造公園的靈感取自好幾個源頭。園林這個概念始自西漢（公元前 206 －公元 8 年）或之前。[21] 自古以來，中國的園林多是為了取悅官吏仕紳而設的私人空間，明、清以來聞名的蘇州拙政園便是一例。到了現代，在通商口岸開始設有對外開放的休憩園林，以應付日增的城市人口的需求。這些公園受到西方的影響，如英國的海德公園（Hyde Park）和美國的中央公園（Central Park）。十九世紀的上海，由外國人管理的公園陸續在上海外灘出現。華商也逐漸向公眾開放私園，最有名的或許是富商張叔和所擁有的張園。[22] 民國初期的 1914 年，天安門西鄰原本是昔日帝王祭祀土地、祈求五穀豐登的社稷壇，經改建成中央公園。1928 年易名為中山公園，以紀念中國現代史上最卓越的革命家孫中山先生。

中國的休閒公園，尤其是勞動人民文化宮，受蘇聯的影響要比西方的大。這是意料中事，因為毛澤東和領導高層在建國初期採取了明確的親蘇立場。由於中國受到國際孤立及美國等列強的威脅，毛澤東決定尋求社會主義盟友的支持是不難理解的。勞動人民文化宮受到的蘇聯影響，可見於它的命名和政治性質。首先，文化宮一詞明顯是直譯蘇聯用語

---

21 童寯，《江南園林志》，第 2 版（北京：中國建築工業出版社，1984），頁 21。

22 熊月之，〈晚清上海私園開放與公共空間的拓展〉，《學術月刊》，第 8 期（1998），頁 73-81。

dvorets kultury。俄羅斯共產黨在十月革命後推行無產階級文化
（*Proletkult*）並依據社會主義路線改造群眾，成立了很多工人
俱樂部（見第四章）。這些俱樂部源自十九世紀俄羅斯的慈善
組織「人民之家」（*narodnye doma*），為工人及家眷提供社
區地方用作聯誼和休憩活動。[23]

　　現今的工人俱樂部──或「文化宮」這個比較冠冕堂皇的
稱號[24]──在 1920 年代和 1930 年代的蘇聯到處盛行。官方吹
捧它為工人的理想休閒場所，而它也真的印證了蘇聯社會的發
展及人民生活的改善。俱樂部多在工人密集的地區設立。例如
建築師列昂尼德、維克托、亞歷山大・維斯寧（Leonid, Victor,
and Alexander Vesnin）三兄弟，在莫斯科無產階級區（1929
年 4 月前的名稱為羅戈津科－斯蒙諾維斯基區〔Rogozhsko-
Simonovskii District〕）建立文化宮，該地區設有莫斯科龍頭企
業的鐮刀與斧頭（Serp i molot）冶金廠。[25] 眾多俱樂部中，最
有名的可算是構成主義（Constructivism）建築師梅爾尼科夫
（Konstantin Melnikov）所建的魯薩科夫工人俱樂部（Rusakov
Club）。[26] 工人俱樂部在東歐國家也很盛行，包括波蘭華沙的

23　Lewis H. Siegelbaum, "The Shaping of Soviet Workers' Leisure: Workers'
　　Clubs and Palaces of Culture in the 1930s," *International Labor and
　　Working-Class History* 56 (Fall 1999): 79.

24　Siegelbaum, "The Shaping," p. 78.

25　John Hatch, "Hangouts and Hangovers: State, Class and Culture in Moscow's
　　Workers' Club Movement, 1925-1928," *Russian Review* 53, no. 1 (January
　　1994): 98.

科學文化宮。

更重要的是，勞動人民文化宮要具備公園的特色，靈感來自蘇聯 1920 年代的「文化與休息公園」運動。歷來俄國公園的設計都仿效西方。沙皇彼得大帝（Peter the Great）歐遊時非常欣賞歐洲的公園設計，他聘用德、法的頂級園藝師創造美輪美奐的園林，聖彼得堡的夏宮（Peterhof）便是一例。凱瑟琳大帝（Catherine the Great）也不甘後人，所建的庭園可媲美歐洲公園（如沙皇村〔Tsarskoe Selo〕的花園）。[27] 但到了蘇聯時代，一種不同的都市公園開始出現。史達林以設立工人俱樂部的類似措施，在 1920 年代興建「文化與休息公園」（*park kultury i otdykha*），符合馬克思主張的休息與娛樂是工人的生活要素。馬克思雖然沒有系統地分析休閒的意義，但他覺得休閒十分重要，並且不時在著作中提及。在《政治經濟學批評大綱》（*The Grundrisse*）裡，他把休閒與享樂聯繫起來，認為：「工餘時間——包括用在休閒和高層次活動——能自然地改變樂在其中的人，使他煥然一新；正正就是這個煥然一新的人，直接地走進生產行列裡。」[28] 馬克思的「高層次活動」包

26　S. Frederick Starr, *Melnikov: Solo Architect in a Mass Society* (Princeton, N.J.: Princeton University Press, 1978), pp. 134-142.

27　Peter Hayden, *Russian Parks and Gardens* (London: Frances Lincoln, 2005), pp. 7, 22-39, 46-50.

28　Karl Marx, *Marx's Grundrisse*, ed. David McLellan (London: Macmillan, 1971), p. 148.

括對「藝術和科學」的追求，人們可以在空閒時間進行。[29] 他認為這些休閒時間很重要，能確保勞動人民的身心發展，最終提高他們的生產力。

史達林的「文化與休息公園」代表作是莫斯科的高爾基公園（Gorky Park，以前稱為高爾基文化與休息公園）。它建於1928 年，在莫斯科河畔設有不少熱門設施，如露天遊樂場、摩天輪、保齡球場、舞蹈館及閱報室。高爾基公園像當時同類型的公園一樣，絕非單純的娛樂場所，而是當局也打算用來宣傳官方政策的政治舞台。例如1932 年一張蘇聯官方海報，就直接把公園說成是「無產階級的文化與休息公園」。[30] 1935 年史達林的著名口號「生活變得更好，生活變得更歡樂」，就在多個公園展示了好一段日子。1930 年代，在公園裡隨處可見號召人民消滅富農的海報，更有擴音器廣播蘇聯領導的講話和莫斯科電台的官方節目。[31]

高爾基公園也是中國代表團官式訪問蘇聯首都時的熱門參觀地。1946 年12 月名作家沈雁冰（日後的文化部長）就來到

29　Marx, *Marx's Grundrisse*, p. 142.

30　見 Vera Adamovna Gitsevich's lithograph, *For the Proletarian Park of Culture and Leisure* (1932), https://www.bowdoin.edu/art-museum/exhibitions/2017/soviet-propoganda-posters.html（2020 年3 月31 日檢索）。

31　Rosalinde Sartori, "Stalinism and Carnival: Organisation and Aesthetics of Political Holidays," in *The Culture of the Stalin Period,* ed. Hans Günther (New York: St. Martin's Press, 1990), pp. 41-77; and Fitzpatrick, *Everyday Stalinism*, pp. 94-95.

這裡參觀「紅軍戰利品展覽會」，他對蘇聯紅軍搜獲大量德國坦克和大砲讚不絕口，說德軍慘敗展示了蘇聯軍事工業的強大，但「蘇軍制勝最主要的一點還不在武器，而在蘇聯政治經濟社會制度之優越」。[32]

1950 年代初，俄語 *kultury i otdykha* 直接翻譯為漢語「文化與休息」，通行全中國。[33] 北京市園林局（園林局）缺乏管理大型公園的經驗，便邀請蘇聯專家來京擔任顧問。局方感謝專家的建議，說它「發揮了顯著的作用」。[34] 中國的公園，特別是北京的勞動人民文化宮，都像蘇聯公園一樣，既是康樂場所也是宣傳平台。但文化宮獨特之處，是融合兩個類似蘇聯的機構，把工人文化宮及文化與休息公園集於一身，因而為共產黨利益服務時，比蘇聯的公園更有影響力和更多元化。

任弼時的葬禮

勞動人民文化宮成為共產黨政治工具的最先跡象見於 1950 年 10 月，當時中共將這個新命名的公園臨時轉為任弼時（1904-1950）逝世後的吊唁場所，清楚表示國家政策支配了城市公共空間的社會用途。任弼時是中共中央書記處書記，位

32　茅盾，《蘇聯見聞錄》（上海：開明書店，1948），頁 20，210。

33　北京市檔案館，98-1-157；98-1-373；及上海市檔案館，B172-1-174-1。

34　北京市園林處祕書室，〈本處 1954 年工作總結〉，北京市檔案館，98-1-157。

高權重，更是毛澤東自延安時期起的親密戰友。他長期患病，在 1950 年 10 月 27 日因腦出血而離世，時年 46 歲。中共中央領導層立即組成以毛澤東為首的治喪委員會籌辦葬禮，決定以國葬形式在勞動人民文化宮舉行，把剛改裝的文化宮轉回昔日追悼逝者的靈堂。

任弼時的訃告以中共中央委員會和中國新民主主義青年團中央委員會的名義在報章上刊登，任弼時曾是後者的名譽主席。[35] 10 月 28 日早上，毛澤東滿懷悲傷，聯同中央書記處餘下的三人——劉少奇、周恩來、朱德（1886-1976）——抵達任家瞻仰遺容。靈柩蓋上黨旗後移送到勞動人民文化宮。[36]

正殿前掛著一幅寫了「任弼時同志靈堂」的黑底白字大布條。在這個昔日帝王拜祭祖先的大殿上，靈柩放在中央，由四名士兵和四名新民主主義青年團團員守衛。牆上掛了一幅巨型的中華人民共和國國旗及逝者的遺照，一片肅穆哀戚的氣氛。成千上萬的弔唁人群列隊而過，瞻仰遺容。

追悼會於 10 月 30 日在正殿前的庭院舉行，由市長彭真主持，黨高層如劉少奇、周恩來和陳雲（1905-1995）都列席，參與的各界人士有四萬餘人。[37] 會後任弼時的遺體安葬在北京西郊的八寶山革命公墓，該墓地只限於對社會主義革命有重要

35　《人民日報》，1950 年 10 月 28 日，第 1 版。

36　任遠遠編，《紀念任弼時》（北京：文物出版社，1986），圖片第 295 張。

37　任遠遠編，《紀念任弼時》，圖片第 301 及 302 張。

貢獻的傑出共產黨人士作長眠之所。

史學家梅里戴爾（Catherine Merridale）研究蘇聯早期的殯葬禮儀，以「紅色葬禮」來形容布爾什維克革命者的入土儀式。這些喪禮都跟著一套例行程序進行，如在報章上刊登鑲黑邊的訃告、大花圈和守靈隊伍，極盡哀榮。[38] 任弼時的喪禮緊緊依循紅色葬禮的模式。但他的喪禮獨特之處，不在於儀式之隆重和弔唁人群之多寡，而在於舉行的地點。中共高層選擇勞動人民文化宮為靈堂的理由是很難知曉的，但這個決定清楚表明，共產黨從不把公園看作純粹一個為市民而設的娛樂場地。公園是為更重要的目的服務，那就是作為共產黨的平台，讓黨可以公開悼念因社會主義事業而貢獻一生的已故領袖。

悼念與娛樂本來就是人情道理兩不相容的事。若果共產黨最初的意願，是把供奉祖宗的帝廟改為大眾樂園以驅走封建歷史的鬼魂，那麼還在這裡舉辦喪禮——重演一套共產黨久已厭惡且抨擊為過時的繁文縟節——就確實是與設置公園的初心背道而馳。新的共產黨領導層可能是這麼想：把喪禮安排在昔日的太廟，即象徵把任弼時供奉在新的先賢祠裡，與立國先祖共享殊榮。任弼時的地位被捧高了，令勞動人民文化宮由平民樂園變身成專為中共而設的俗世太廟。隨後的歲月裡，文化宮成為諸多高層領導的靈堂，其中有 1976 年 1 月去世的周恩來。

38　Catherine Merridale, *Night of Stone: Death and Memory in Twentieth-Century Russia* (New York: Penguin Books, 2000), pp. 83-84.

工人的領導角色

中央政府決定把勞動人民文化宮交給北京市總工會管理，起碼在名義上表示了這場地是專為工人而設的。根據官方紀錄，1950 年首都有 390,605 名工人，其中 186,158 人（47.7%）是工會成員。[39] 總工會決意提升工人的地位，它一份 1955 年的內部文件為文化宮立下了清楚的定位：「文化宮工作的主要內容是，通過各種生動活潑的形式宣傳黨和人民政府的政策，宣傳工會組織每個時期的中心任務。」[40] 園林局也表明：「社會主義的公園，就要和它們〔舊社會的公園〕針鋒相對」，並要體現「為無產階級政治服務，為工農生產服務」。[41] 官員強調「公園是對廣大的人民群眾進行政治宣傳與文化教育的主要場所之一」。[42] 明顯地，在這些政府公告中，早前宣布公園是為城市居民私人玩樂而設的承諾，已經被推翻。

不過，北京市總工會只是監督文化宮活動的前線機構。據檔案資料顯示，真正發號施令的是北京市黨委，而北京市黨委是聽命於更高層的中共中央領導。市黨委經常強調，公園的所

---

39 《北京市重要文獻選編，1950》，頁 40。

40 北京市總工會宣傳部，〈北京市勞動人民文化宮工作綜合報告（草稿）〉，北京市檔案館，101-1-502。

41 北京市園林局，〈關於公園工作中若干帶有方向路線性問題的調查報告〉，北京市檔案館，98-2-410。

42 北京市園林處祕書室，〈本處 1954 年工作總結〉，北京市檔案館，98-1-157。

有活動必須經「統一安排」。[43] 總工會和園林局等輔助部門執行市黨委的決定。中共高層明顯地全面展開它嚴緊的組織控制網絡。

總工會的一項主要宣傳工作是推舉「勞動模範」。這裡再次看到蘇聯的影響。1935 年蘇聯第二個五年計畫時，史達林大力推行斯塔漢諾夫運動（第三章曾提及）——以斯塔漢諾夫（Aleksei Stakhanov）命名，他是礦工一名，卻採集到比政府定額多出 14 倍的煤——作為高生產力和全心全意擁護蘇聯領導的模範。[44] 中國共產黨在延安時期也把斯塔漢諾夫奉為偶像，[45] 但它在會議上推舉自己的勞動模範，讓宣傳工作更有效，並培植國家的勞動英雄。[46]

中華人民共和國成立後，政府延續推舉模範工人這項傳統，但對「勞動模範」（勞模）的定義，卻比蘇聯寬鬆。勞模指的是工人和農民英雄，有時候也指「先進生產者」，包括多種行業如技術人員、郵差、舞蹈家，甚至大學教授等，可見於總工會的 1956 年「勞動模範」名單中。[47] 「勞動模範」和「先

43　〈關於在首都各公園內設立勞動模範及戰鬥英雄事蹟圖片會議的記錄〉，北京市檔案館，153-1-1238。

44　Siegelbaum, *Stakhanovism*.

45　見《解放日報》，1942 年 9 月 29 日，第 2 版；及 1943 年 12 月 19 日，第 1 版。

46　中國革命博物館編，《解放區展覽會資料》，頁 1-23，30-38，126-135，205-210，260-262。

47　〈全國勞動模範〉，北京市檔案館，101-1-1299。

進生產者」在中國都是合而為一的，因為所有投入不同工作的人，都可視作推動社會主義事業的發展。

勞動人民文化宮是向勞模致敬和表揚他們成就的理想地點，透過展覽會、櫥窗陳列、公告、講座和廣播形式進行。[48] 一進入文化宮大門，就會看到長長的「光榮榜」展覽櫥窗，列出一批批模範工人的姓名和他們的彩色大照，重點介紹他們的貢獻（圖11）。[49] 1953 至 1954 兩年內，有 64 名勞模以此方式受到表揚。[50] 1955 年 1 月市政府有新的決定，除了總工會宣傳部挑選的模範工人外，還要把戰鬥英雄列入名冊，名單就由負責灌輸政治思想的人民解放軍政治部推薦。[51]

不過，在勞動人民文化宮裡，工人和農民英雄才是眾人矚目的焦點，而非「先進生產者」。在慶祝會上他們非凡的成就被傳誦一時。總工會經常邀請工人到文化宮交流經驗。總工會指出，這些集會是為了「發揚共產主義協作精神」，及為了「愛護國家財產，任勞任怨，全心全意為人民服務」。[52] 其中

---

48 北京市總工會宣傳部，〈北京市勞動人民文化宮工作綜合報告（草稿）〉，北京市檔案館，101-1-502。

49 北京市總工會宣傳部，〈北京市勞動人民文化宮工作綜合報告（草稿）〉，北京市檔案館，101-1-502；又見《人民日報》，1953 年 7 月 19 日，第 3 版；及 1980 年 5 月 1 日，第 4 版。

50 北京市總工會宣傳部，〈北京市勞動人民文化宮工作綜合報告（草稿）〉，北京市檔案館，101-1-502。

51 〈關於在首都各公園內設立勞動模範及戰鬥英雄事蹟圖片會議的記錄〉，北京市檔案館，153-1-1238。

52 北京市檔案館，101-1-799。

圖 11　勞動人民文化宮的光榮榜。2002 年 10 月 27 日，作者攝。

兩名佼佼者是來自瀋陽的機械廠工人趙國有（1924-）和來自大
連的化工廠工人趙桂蘭（1930-）。他們在 1950 年 6 月參加中
國人民政治協商會議期間，應邀到文化宮會見敬佩他們的人。
《人民日報》如此報導：「北京市總工會於本月 18 日 7 時半，
在勞動人民文化宮，召開晚會……當代表們步入了會場時，全
場熱烈鼓掌。」[53] 兩位勞模都「一致指明只有在中國共產黨和
人民政府領導下，工人階級才能真正翻身」。[54] 趙國有身為中
國工人代表團成員，剛從蘇聯訪問回來，他熱情地「介紹了蘇

53　《人民日報》，1950 年 6 月 21 日，第 3 版。
54　《人民日報》，1950 年 6 月 21 日，第 3 版。

聯工廠先進的生產情況和工人美滿的生活」。[55] 在另一場合，京西石景山發電廠長、勞動英雄劉英源（1898-1978）發言，他重複模範工人運動的目的，是為了搞好生產，創新紀錄。[56]

　　政府也在公園豎立勞動英雄的銅像，有名的例子是為時傳祥（1915-1975）立像（圖12）。時傳祥是掏糞工人，因工作勤奮在 1950 年代被官方譽為勞模。在 1959 年 10 月 26 日人民大會堂表揚勞動模範的大會上，他受到國家主席劉少奇當眾嘉許。劉主席對時傳祥說：「你掏大糞是人民勤務員，我當主席也是人民勤務員。」[57] 時傳祥逝世後，他的遺孀說他永遠不會忘記與國家領導人握手時那份激動。[58]

　　從一開始，勞動人民文化宮就成了社會主義的陳列館。它是共產黨的宣傳工具，經常公布鐵路系統、電器工業和鋼鐵生產發展的消息。[59] 誠然，政府的公告強調勞動人民的幸福感不只反映在他們的優秀工作上，還展示在他們多姿多彩的文化生活中。例如文化宮定期舉辦工人的繪畫展覽，讓人看到無產階

55　《人民日報》，1950 年 6 月 26 日，第 3 版。

56　《人民日報》，1950 年 6 月 26 日，第 3 版。

57　中共中央文獻研究室編，《劉少奇年譜，1898-1969》，2 卷本（北京：中央文獻出版社，1996），下卷，頁 466。

58　*People's Daily Online*, "An Honorable Night-soil Collector and His Family," September 10, 1999, http://en.people.cn/50years/celebrities/19990910C105.html.

59　北京市總工會宣傳部，〈北京市勞動人民文化宮工作綜合報告（草稿）〉，北京市檔案館，101-1-502。

圖 12　勞動模範時傳祥的銅像，位於勞動人民文化宮。2011 年 1 月 23 日，作者攝。

級的創作才華，只有在新社會主義國家才會被認可和栽培。[60]
毫無疑問，政府的論調一直認為集體主義勝過市民的個人利
益。到了 1954 年底，文化宮已舉辦了 67 場各式各樣的勞工
活動展覽，吸引 707 萬名觀眾。[61] 根據《人民日報》的報導，
透過這些展覽，「首都勞動人民從這裡獲得了各種寶貴的知
識」。[62] 勞動人民之後受到鼓勵，把知識應用到促進社會主義
事業上。同樣道理，總工會在 1964 年指示文化宮肩負另一項
教育任務，即在暑假期間充當學校，舉辦兒童培訓班。總工會
強調這種工作非常重要，是「直接關係到培養社會主義、共產
主義接班人」。[63]

國際主義

　　中國共產黨是馬克思主義信奉者，積極投入世界無產階級
革命。理論上，他們相信全世界社會主義運動的核心理念是階
級，而不是國家利益。因此政府也把勞動人民文化宮用來推動
國際社會主義和國際勞工運動，總工會因此成立國際部以統籌
這些活動。

60　《光明日報》，1951 年 7 月 15 日，第 3 版。
61　北京市總工會宣傳部，〈北京市勞動人民文化宮工作綜合報告（草
　　稿）〉，北京市檔案館，101-1-502。
62　張新辰，〈北京勞動人民的樂園：北京市勞動人民文化宮〉。
63　北京市檔案館，101-1-1256。

　　每年的五一國際勞動節便是大好時機。1950年代，北京市政府每年都舉辦五一巡遊，藉此慶祝中華人民共和國的成就。成千上萬的人沿著京城的長安街浩浩蕩蕩地遊行。[64] 這個情景最能感動工人大眾，讓他們感到無比自豪，更重要的是，可以與全世界的無產階級站在一起。

　　總工會國際部藉著五一勞動節邀請各地的勞工領袖來華歡聚，他們來自蘇聯、阿爾巴尼亞、北韓、匈牙利、保加利亞和羅馬尼亞等社會主義國家。為了提高國際聲望，中國也邀請非社會主義國家如巴基斯坦、印度、西班牙和哥倫比亞的勞工代表。[65] 外國政要到訪時，勞動人民文化宮便是他們訪問行程的重點，中國這東道主當然會陪同他們參觀。[66] 每年此際，文化宮的正殿變成音樂廳，交響樂隊和合唱團表演熱門的樂章，如《咱們工人有力量》及其他頌揚社會主義陣形團結一致的歌曲。[67] 文化宮因而變身成為國際舞台和外交場合，締結新的國際盟友及重申舊有的承諾。為了加深友誼，中國與外國友人在北京城東的工人體育場舉行足球友誼賽。[68]

64　Chang-tai Hung, "Mao's Parades: State Spectacles in China in the 1950s," *China Quarterly* 190 (June 2007): 411-431.

65　北京市檔案館，101-1-691；101-1-1095；101-1-1181；及《人民日報》，1962年5月2日，第4版。

66　北京市檔案館，101-1-163。

67　《人民日報》，1982年5月2日，第5版。

68　北京市檔案館，101-1-214。

　　文化宮在 1954 年底前舉辦的 67 場展覽會中，有 25 場是專門介紹「兄弟國家」的工業發展和日常生活。[69] 當北京和莫斯科在 1950 年代還是友好時，中方經常舉辦蘇聯成就展覽會。1950 年的勞動節快到時，舉行了蘇聯照片展，介紹該國的經濟和社會成就，包括集體農莊、工廠和教育制度。[70] 蘇聯紅軍打敗納粹德軍也是另一件非凡成就，值得在文化宮大書特書。[71] 蘇聯電影在 1950 年代也很受歡迎，定期在文化宮放映，招待工人及其家屬；1949 年成立的中蘇友好協會，是電影的主要贊助單位。[72] 反帝國主義的展覽也同樣重要，這是意料中事，例如 1951 年反對法國殖民主義的「鬥爭中的越南」展覽，據報導這些展覽吸引大批觀眾。[73] 當然，北京的勞動人民文化宮不是全國唯一招待外國政要的文化宮；上海工人文化宮也時常接待他們。[74]

69　北京市總工會宣傳部，〈北京市勞動人民文化宮工作綜合報告（草稿）〉，北京市檔案館，101-1-502。

70　《人民日報》，1950 年 4 月 29 日，第 4 版；及 1950 年 5 月 1 日，第 3 版。

71　《人民日報》，1950 年 6 月 22 日，第 3 版。

72　《人民日報》，1950 年 5 月 12 日，第 3 版。

73　張新辰，〈北京勞動人民的樂園：北京市勞動人民文化宮〉；又見《人民日報》，1951 年 9 月 6 日，第 4 版。

74　上海市檔案館，H1-11-8-47；H1-11-9-16；H1-11-10-15；H1-11-13-53；及 H1-12-3-110。

政治運動

在中華人民共和國首十年這段局勢不穩的建國階段中，勞動人民文化宮的主要工作，是應對國內的緊急事件多於對外事務，尤其是要推動共產黨的政治運動。總工會宣傳部的文件說得很清楚，文化宮的任務是「配合各個時期的政治運動」。[75]在 1951 年至 1952 年的三反、五反運動中，共產黨先後譴責官僚主義和資本家腐敗的政策，都得到總工會的忠實執行。[76]

在 1950 年代初的「三大群眾運動」中，文化宮在鎮反和抗美援朝（第三個是土改）運動中尤為積極。它舉辦一連串大型宣傳展覽，提供方便的場所宣傳黨的政策。1950 年中，北京市公安局在此舉辦「揭露蔣匪幫的特務組織系統」。[77]翌年舉辦更大型的「美蔣特務罪證展覽」，重點不單在於暴露國民黨的間諜活動和美國 1949 年前在華的情報網，更在於「解放後的各種破壞活動」。[78]這些展覽都是大型鎮壓反革命運動的重要部分。

韓戰在 1950 年 6 月爆發後，文化宮又再次成為宣傳平台，支持政府發動抗美援朝運動。這次行動從四個方面攻擊美國：美帝國侵華歷史、美國戰後重新武裝日本、美國軍事援助臺

75　北京市總工會宣傳部，〈北京市勞動人民文化宮工作綜合報告（草稿）〉，北京市檔案館，101-1-502。

76　北京市檔案館，101-1-346。

77　《人民日報》，1950 年 6 月 14 日，第 3 版。

78　《人民日報》，1951 年 4 月 18 日，第 1 版。

灣，以及北韓人民英勇對抗外國侵略。[79] 總工會指責美國在亞洲「破壞和平」。[80] 它的宣傳部也像以往一樣用盡各種媒介——包括電影、電台廣播、照片和海報——去譴責美國插手韓戰。[81] 總工會的文教部設計反美傳單，也使用流行的形式如漫畫、相聲和快板等散播訊息。[82] 在文化宮正殿前的廣場放映反美電影，每次都吸引五千到一萬人觀看。[83]

官方也號召勞動模範參與這次運動。在南方廣州的一次演講中，市長葉劍英鼓勵勞模在政治運動中起帶頭作用。他說：「作為一個勞動模範，不只應該是推動生產的積極者……而且必須提高警惕，嚴密防止反革命分子在各部門中破壞。」[84] 全國的工農勞模和部隊英雄在政府的推動下，聯手於 1950 年 12 月在《人民日報》簽署了一封公開信，支持反美戰事。[85] 中國新民主主義青年團也積極回應，借用勞動人民文化宮來舉辦籃球義賽，把全部收益「捐獻購買飛機、大炮」來支援北韓。[86]

---

79 北京市檔案館，101-1-314。

80 北京市總工會文教部，〈抗美援朝宣傳工作的指示〉，北京市檔案館，101-1-296。

81 《光明日報》，1951 年 4 月 29 日，第 3 版。

82 北京市檔案館，101-1-297。

83 北京市總工會宣傳部，〈北京市勞動人民文化宮工作綜合報告（草稿）〉，北京市檔案館，101-1-502。

84 〈葉市長在廣州市第一次工農兵勞動模範大會上的指示〉，廣州市檔案館，92-0-2。

85 《人民日報》，1950 年 12 月 19 日，第 2 版。

86 《光明日報》，1951 年 10 月 8 日，第 3 版。

這是政府推動的「捐獻購買飛機大炮運動」的一部分，後來發展為 1950 年代初遍及全國的反美運動。文化宮也舉辦「解放臺灣」等政治展覽，用來譴責蔣介石和美國；[87] 還有漫畫展攻擊文學批評家胡風（1902-1985），指他是支持資產階級自由主義的反動派。[88]

公園變得政治化也明顯出現在中國其他地方。1955 年上海歡度春節時，市政府指示中山公園的管理層，春節活動「應該結合目前中心任務」，那就是主要反對美軍在亞洲的侵略。[89]

勞動人民文化宮像其他政府機關一樣，不可避免地捲入 1960 年代激進的毛派與劉少奇的務實派的政治鬥爭中。1964 年激進派開始把持總工會，批評文化宮人員提供的藝術節目沒有半點「階級鬥爭」的內容。總工會領導指責文化宮追隨資產階級路線，在四周牆上掛了一大批電影明星的照片，是墮落的資產階級品味，而且還「不敢進行階級鬥爭」。[90] 他們又斥責文化宮舉辦柴可夫斯基（Tchaikovsky）和貝多芬（Beethoven）作品的音樂會，是些「連我們的幹部自己也聽不懂的交響樂」，認為這是純粹追求「藝術性」而放棄政治理想。[91] 高層官員以

87　北京市總工會宣傳部，〈北京市勞動人民文化宮工作綜合報告（草稿）〉，北京市檔案館，101-1-502。

88　《人民日報》，1955 年 8 月 10 日，第 3 版。

89　上海市文化局，〈中山公園文化館 1955 年春節活動計劃〉，上海市檔案館，B172-4-429-42。

90　北京市檔案館，101-1-214。

91　北京市檔案館，101-1-214。

嚴厲的口吻提醒下屬要打擊「資產階級思想的猖狂進攻」。[92]

隨後的文化大革命在 1960 年代中到 1970 年代中席捲全國，勞動人民文化宮在這段日子完全受制於激進分子，即所謂「四人幫」（其中有毛澤東的妻子江青〔1914-1991〕）。文化宮成為舉辦大型政治集會支持毛派路線的熱門地點。[93] 例如在 1968 年的五一勞動節，文化宮和其他北京公園一樣變成人山人海的遊園場所，據總工會新設立的北京市園林局革命領導小組稱，目的是為了「突出無產階級政治高舉毛澤東思想偉大紅旗」。[94]

文化宮與西方公園的差異

我們若對比一下中西公園的差異，便可看出中共黨國如何主宰中國的公共空間，就像它控制首都的勞動人民文化宮及其他大型都市公園一樣。

歐美的休閒公園是眾多公園類型之一，歷史悠久，另外還有國家公園和文化遺產公園。[95] 倫敦於 1630 年代開放的海德公

92　〈北京市園林局 1963 年工作總結〉，北京市檔案館，98-1-547。

93　見《人民日報》，1974 年 4 月 30 日，第 4 版；及 1975 年 5 月 2 日，第 4 版。

94　北京市園林局革命領導小組，〈關於五一遊園活動情況的匯報〉，北京市檔案館，98-2-48。

95　舉例來說，美國的埃利斯島（Ellis Island）是個文化遺產公園，黃石國家公園（Yellowstone National Park）是個國家公園。

園，是有名的休閒公園。[96] 現今公家資助的市區休閒公園，大都是維多利亞女王年代（Victorian）的產物，工業革命時期需要有一些公眾可休憩的園地，讓人工餘時能遠離繁囂，休養身心。[97] 美國等國家紛紛仿效，最著名的例子是紐約的中央公園。

園林建築師奧姆斯特德（Frederick Law Olmsted）及其合夥人沃克斯（Calvert Vaux）在設計中央公園時，十分清楚優秀的城市公園必須是個公共空間，讓背景不同的市民可以自由聚集和互相交流。奧姆斯特德的靈感來自 1850 年和 1859 年兩次到訪英國利物浦（Liverpool）附近的伯肯黑德公園（Birkenhead Park）的所見所聞。他對英國公園——他稱為「人民花園」——裡的羊腸小徑、遍地綠茵和茂密林帶印象深刻。[98]

奧姆斯特德落筆設計中央公園時，認為理想的公園遠不止讓人漫步其中的園林美景，還是個和諧一致的公園，即園林布局能融合人文主義的社會價值觀；他尤其相信公園並非僅僅模仿大自然，還要「以人為本」。[99] 它應該是「社會群體休閒

96　Hazel Conway, *People's Parks: The Design and Development of Victorian Parks in Britain* (Cambridge: Cambridge University Press, 1991), p. 12.

97　George F. Chadwick, *The Park and the Town: Public Landscape in the 19th and 20th Centuries* (London: Architectural Press, 1966), p. 19.

98　Frederick Law Olmsted, "The People's Park at Birkenhead, near Liverpool," in *The Papers of Frederick Law Olmsted*, Supplementary Series, ed. Charles E. Beveridge and Carolyn F. Hoffman (Baltimore, MD.: Johns Hopkins University Press, 1997), 1:69-78.

99　Frederick Law Olmsted, "Preliminary Report to the Commissioners for Laying Out a Park in Brooklyn, New York," in *The Papers of Frederick Law Olmsted*, Supplementary Series, 1:87.

之所」，[100] 開放給不同階層的市民，讓人享受「聯誼、睦鄰和
不受干擾的休閒活動」。[101] 為了達到這個目標，奧姆斯特德注
重景觀對公園遊客的社會和心理影響。公園是一個無拘無束的
「美麗開放的碧綠空間」，讓背景不同的市民可以聚集，彼此
交談、交流和交往。[102] 市區公園多位於人口稠密的社區，因
此成為身心俱疲的城市人，可以在生氣盎然和多姿多彩的地方
隨意交談。這就是奧姆斯特德所稱的「開放」的基本概念。[103]

　　奧姆斯特德的中央公園是西方休閒公園的典型，是屬於平
民而非某利益團體或政黨所能把持的。它真正屬於所有的人。
休閒公園是民主的，因為它促進多元文化，容納不同聲音，鼓
勵社會人士自由參與和思想不受束縛，還令所有市民感到備受
包容接納。人類學家羅奧（Setha Low）等人指出：「奧姆斯
特德認為一個隨意又消閒的社交活動所維繫的多元化網絡，及
這些活動促進的人際交流，正是民主社會的重要基石。」[104]

100　Frederick Law Olmsted, "Public Parks and the Enlargement of Towns," in
　　　The Papers of Frederick Law Olmsted, Supplementary Series, 1:185.

101　Olmsted, "Public Parks and the Enlargement of Towns," 1:187.

102　Frederick Law Olmsted, "The Greensward Plan: 1858," in *The Papers of
　　　Frederick Law Olmsted: Creating Central Park, 1857-1861,* ed. Charles E.
　　　Beveridge and David Schuyler (Baltimore, MD.: Johns Hopkins University
　　　Press, 1983), 3:151.

103　Olmsted, "Public Parks and the Enlargement of Towns," 1:190.

104　Setha Low, Dana Taplin, and Suzanne Scheld, *Rethinking Urban Parks:
　　　Public Space and Cultural Diversity* (Austin: University of Texas Press,
　　　2005), p. 210.

　　顯而易見，北京的勞動人民文化宮與西方公園的性質大相逕庭，它是受制於政府的管治策略。園林局一份 1953 年的報告明確指出，市區公園的作用是「加強文娛宣教活動，增進園內政治氣氛」。[105] 事實上，政治工作是主，大眾娛樂和文化活動是次。共產黨的利益主宰了文化宮和其他大型公園的架構和內容。北京市政府和總工會協調文化宮的活動，並從公園裡移除官方視為不良和不合適的事物。

　　文革期間，一眾公園的政治性質變得更加明顯。公園的布置，包括花卉的擺設，也要經過小心計畫和監督。公園管理層強調「花卉為政治服務，為節日服務」，它們一定要「體現社會主義欣欣向榮的面貌」，並說明：「各公園的毛主席語錄，是按照中央領導同志指示布置的。」[106]

　　勞動人民文化宮是否一如政府所說的為廣大工人的利益服務？市民實際上怎樣看待這座廣受歡迎的公園？古元的木刻《北京市勞動人民文化宮》（圖 13）可以幫助解答這些問題。[107] 這幅 1951 年名作的中心點是平民百姓在愉快地下棋，附近的男男女女安詳地閱讀報章雜誌，兩個小孩坐在地上看故

---

105 公園管理委員會祕書室，〈本會 1953 年工作計劃要點〉，北京市檔案館，98-1-101。

106 北京市園林局辦公室，〈局黨委研究批林批孔如何結合園藝方針、古為今用問題的記錄〉，北京市檔案館，98-2-369。

107 《人民日報》，1951 年 4 月 29 日，第 5 版。

事書看得入迷。遠處是市民在正殿前圍在一起跳舞，其他人靜觀身旁的各種活動。這情景不言而喻：文化宮是平民百姓聚在一起享受閒逸和娛樂的地方。這看來是履行政府早前的承諾，即之前所說的，文化宮是「首都勞動人民的樂園」，市民可在此聚集享樂。但這承諾往往落空，因為政府經常使用公園來推動熱鬧喧天的大型政治活動。中共新政權在 1950 年把太廟易名為勞動人民文化宮，重新制定這個大眾休閒公園的性質。可能有人認為文化宮因處於天安門廣場的重要地帶，一開始就絕不適宜作為市民的聯誼和消遣活動場所。正因為它被稱為屬於「勞動人民」的，以致在迎合國家機構的需要與設立市民休閒公園的使命之間造成衝突。對政府來說，這樣的衝突看來很容易解決，只要限制人民的休閒活動，將公園的社會功能轉化為政治活動即可。對中共這個威權政府來說，文化宮本來就不該有離開政治議題的休閒活動。文化宮和其他大型公園因此反映了共產政權的主要考慮，就是要控制公共空間以確保社會穩定與政治和諧。政府以歐威爾方式（Orwellian way）使用大型公共空間，來嚴密監察及消除任何危害共黨掌權的威脅。

　　儘管官方宣稱城中的公園如何高效率和如何管理完善，這些休閒場所卻備受問題困擾。檔案資料和內部通訊都顯示了浪費、貪汙、盜竊等問題不斷發生，還有工作人員往往能力不足。[108] 公園管理層承認：「工作人員中不少是文化水平很低，

---

108 公園管理委員會祕書室，〈本會 1953 年工作計劃要點〉，北京市檔案館，98-1-101；又見 98-1-119；及 101-1-502。

圖 13　古元，《北京市勞動人民文化宮》（木刻），《人民日報》，1951 年 4 月 29 日，第 5 版。

業務能力薄弱。」但比起各政府部門包括總工會的政治干預，這些問題還算是小巫見大巫。毛澤東時代的中國，政治運動無日無之，公園管理層不得不緊跟黨的路線走，卻時常要擔憂何時會犯了共產黨的規條。

　　時至今日，公園已經歷過不少改變。自 1970 年代後期起，毛澤東逝世後的改革帶來國家與社會之間的明顯變化，更加倚重市場經濟和新的社會團體，容許個人更方便使用市區的空間。[109] 1980 年代起，市區公園開始出現祥和的氣氛。毛澤

109 Deborah S. Davis, "Introduction: Urban China," in *Urban Spaces in Contemporary China: The Potential for Autonomy and Community in Post-Mao China*, ed. Deborah S. Davis et al. (Washington, D.C.: Woodrow Wilson Center Press, 1995), pp. 1-19.

東時代的瘋狂造反大會已不復見。我近年到訪過的北京、上海、廣州、西安、武漢、桂林、延安等城市的公園，看到的是一片和諧歡樂的生活景象。這些市區公園經常有很多退休人士在跳社交舞和做健身運動；也有人唱歌、下棋、練書法，甚至小睡片刻 —— 總而言之，就是享受休閒之樂。在人煙稠密的北京和上海等大城市，私人空間不多，公園成了都市的綠洲。

不過，中共黨國退居幕後，並不表示它的政治本色有什麼徹底改變，也不表示它更加願意接納任何公開的批評和對政權的挑戰。只要活動不對政權構成威脅，人民還可以享受較多的休閒自由。不過，政府仍然認為大型的開放空間有潛在危險，因為人群一聚集，就有可能弄到一發不可收拾。有件事確實令到共產黨對公園裡聚集了「不良分子」特別緊張不安。[110] 1980年代的市區大型公園，如勞動人民文化宮等，都成了氣功師傅大批授徒的熱門場地。氣功是一套靠呼吸功夫去鍛鍊自我修為、保持身心安定的傳統方式，被認為可以裨益人體健康。[111]其中最流行的一派是法輪功。但正如第三章提到的，該派成員於1999年4月在中南海門前示威，抗議政府對他們的批評和對氣功的負面定性時，共產黨迅速鎮壓，拘捕他們的首領和取締所有練功活動。一眾公園隨即被納入監視範圍。

---

110 〈北京勞動人民文化宮的法輪功小學員煉功點，中國，北京〉，https://www.flickr.com/photos/49183068@N06/galleries/72157624068125013（2020年3月31日檢索）。

111 Chen, *Breathing Spaces*, pp. 170-179.

　　只有在罕見的情況下，政府才會批准園內舉行有組織的活動。2008年的北京夏季奧林匹克運動會期間，政府在國際奧林匹克委員會的壓力下，答應讓市內三個公園 —— 紫竹院公園、日壇公園和世界公園 —— 作為群眾向政府表達不滿的示威區。申請示威的手續表面上再簡單不過：市民只需向地區的派出所遞交申請表格即可。最後，政府一共收到149人送來的77份申請表，但沒有一宗抗議活動出現過。[112] 中國官員解釋，所有問題都透過「對話和交流解決了」，並且說：「中國文化一向是強調和諧的。」[113] 但官方這番和諧論卻掩蓋不了警方騷擾和拘捕示威者的殘酷事實。很多敢去申請的人不是受到拘留，就是被送往政治再教育營。據人權組織的報導，兩位中國婦女，其中一位已是70歲、雙目近盲的婦人，申請要抗議當地官員的迫遷行動。但她們一遞交申請表，即被公安盤問了十小時，最後還要被罰接受一年的「勞動再教育」。[114]

　　以上的事例說明中國奧運主辦單位明顯違背了它會更開放、更尊重人權的承諾，而這承諾幫助中國贏得了2008年奧運的舉辦權。[115] 人們相信劃出的示威區不過是政府的計謀，以

112 Andrew Jacobs, "A Would-Be Demonstrator Is Detained in China After Seeking a Protest Permit," *New York Times*, August 19, 2008, A6.

113 Geoffrey York, "IOC Criticizes Beijing over Unused Protest Zones," *Globe and Mail*, August 21, 2008, A9.

114 York, "IOC Criticizes Beijing."

115 Minky Worden, ed., *China's Great Leap: The Beijing Games and Olympian Human Rights Challenges* (New York: Seven Stories Press, 2008), p. 26.

平息中國缺乏言論自由的批評，更糟的是，可藉此搜出潛在的搗亂分子。[116] 中共黨國到今天仍會毫不猶疑地對大眾橫加管控，若有需要時更會動用武力。這樣一來，它消除了官方政策與市民日常生活的分隔，更甚的是，將公私領域的界線也一概抹掉。最終，中國共產黨確保了一黨專政的地位。

116　York, "IOC Criticizes Beijing."

第七章

建築與民族：
團結在同一屋簷下？

　　1994 那年，北京市民被問到首都重要建築物中，最喜愛的是哪幾座有民族特色的大樓。他們所選的五十座建築物中，西單西長安街的民族文化宮榮登榜首（圖 14）。[1] 這座聞名大樓是 1959 年為慶祝中華人民共和國成立十週年而蓋的十大建築之一，[2] 卻甚少人看得出它其實是 1950 年代引發爭議的民族政策的縮影。一開始，民族文化宮便有好幾個不同的用途：既是傑出的首都建築地標，又是國家權力的代表；既是國家級的民族博物館，也是文化遺產的展覽中心，更是在中國共產黨領導下少數民族團結的象徵。

　　在共產黨統治的國家中，氣勢宏偉的政府大樓向來都不只是為建築藝術而設。它通常把科技、藝術及最重要的國家政策集於一身。民族文化宮蓋上傳統的雙重屋簷並鋪上琉璃瓦，有

1　〈民族文化宮〉，http://cpon.cn（2020 年 3 月 30 日檢索）。

2　有關十大建築的討論，見 Hung, *Mao's New World*, pp. 51-72。

圖 14　民族文化宮，北京。2002 年 10 月 21 日，作者攝。

濃厚的民族色彩，代表中華人民共和國在建國初期這個關鍵時
刻的民族政策，是個不折不扣的政治符號。

　　中國官方所承認的 56 個民族中，漢族最大，其他 55 個都
被稱為「少數民族」。這些少數民族多處於天然資源豐富並且
極具戰略價值的偏遠地區。近年來學界對他們的研究興趣越來
越大，[3] 但大部分研究都局限於個別專門學科領域。我在這章

3　這領域著名的學者有 June Teufel Dreyer、Dru C. Gladney、Melvyn C.
　　Goldstein、Stevan Harrell 及 Colin Mackerras。近期的著作包括 Mullaney,
　　Coming to Terms with the Nation；Woeser and Wang, *Voices from Tibet*；
　　Thum, *Sacred Routes of Uyghur History*；Brophy, *Uyghur Nation*；及 Cliff,
　　Oil and Water。

裡採用跨學科的研究方法，認為中共領導人不單依靠法律和規條，還利用民族建築形式去宣傳他們的少數民族政策。我分析政治如何與民族、建築和博物館相互影響，尤其是民族文化宮這座重要的政治建築物，是如何透過展品的陳列策略去提供一套官方的少數民族論調。我們若細心觀察民族文化宮的建成和展品的擺設，不難看出中共操控少數民族形象時所用的手段，還能了解建國最初十年，共產黨在處理少數民族主義、地區分離主張和本土身分認同時所遇到的難題。

　　自 1949 年起，共產黨的民族政策即要面對兩難局面：一方面它企圖對少數民族施以嚴厲管治，另一方面又不得不容許某程度的地區自治和各地文化繼續存在。但即使是有限度的自治，政府都怕會助長地區民族主義的風險，引致邊區族群要求脫離中華人民共和國。每當不能真正有效解決這個矛盾時，中共黨國就寧可讓穩定壓倒一切，加強控制非漢人的族群。富有漢族建築風格的民族文化宮，表面上主要的功能是博物館和陳列中心，展覽民族物品、服飾、樂器、工藝和照片；實際上是為中共效勞，強而有力地傳遞共產黨在漢族主導下團結各少數民族的政策。這座大樓只會統一口徑宣傳中央政策，跟很多西方現代非官辦的博物館相當不同；西方博物館通常展示的是多元聲音、不同觀點和偶爾無法協調的分歧。

背景

　　共產黨在 1949 年取得政權後，毛澤東和領導層要面對國家百廢待興的重建任務。除了經濟蕭條、社會動盪之外，與少數民族的緊張關係成了其中最棘手的問題，需要新政府立刻處理。少數民族問題可以說是長久困擾歷代朝廷的事。清朝政府對少數民族採取恩威並施的方法，如朝貢制度及十九世紀軍事鎮壓回教徒的叛亂，但成效不彰。隨後的民國時期，南京政府企圖推行漢化政策，引起雲南、新疆、西藏和外蒙等地區的少數民族強烈抵抗。[4] 共產新政權上台後面對更困難的邊區民族管治問題。當時新疆受到蘇聯的強烈影響，西藏情況又引起廣泛的關注。解放軍於 1949 年 9 月國民黨軍隊投降後迅速占領新疆。一年後軍隊又開進西藏，並於 1951 年 9 月占領拉薩，與西藏領袖達成協議，同意在中央政府領導下，西藏人民擁有較大的自治權。邊疆地區其後獲得自治區的地位，這是參考蘇聯應對多元民族與多元文化國情而設的方案。[5] 然而，這些地區的情況仍然緊張和動盪。

4　有關1949年前中國少數民族的簡史，見Colin Mackerras, *China's Minorities: Integration and Modernization in the Twentieth Century* (Hong Kong: Oxford University Press, 1994), pp. 21-136；June Teufel Dreyer, *China's Forty Millions: Minority Nationalities and National Integration in the People's Republic of China* (Cambridge, Mass.: Harvard University Press, 1976), pp. 7-41；及 Melvyn C. Goldstein, *A History of Modern Tibet, 1913-1951: The Demise of the Lamaist State* (Berkeley: University of California Press, 1989)。

5　Dreyer, *China's Forty Millions*, p. 263.

1953 年的少數民族只不過占全國 5.77 億總人口的 5.89%，但對新政府來說仍是個困擾的問題。[6] 1954 年頒布的第一部憲法，說明對民族問題的基本政策：

> 中華人民共和國是統一的多民族的國家。
>
> 各民族一律平等。禁止對任何民族的歧視和壓迫，禁止破壞各民族團結的行為。
>
> 各民族都有使用和發展自己的語言文字的自由，都有保持或者改革自己的風俗習慣的自由。
>
> 各少數民族聚居的地方實行區域自治。各民族自治地方都是中華人民共和國不可分離的部分。[7]

中央政府批評漢人長久以來的偏見，稱之為「大漢族主義」思想——自以為高人一等，並以貶低他人的態度對待少數民族。[8] 官方譴責這種錯誤觀念都是由於「過去反動統治的罪惡」造成，[9] 並斥之為「侮辱各兄弟民族的材料」。[10] 消除這種

6　國家民族事務委員會「中國民族工作五十年」編輯委員會編，《中國民族工作五十年》（北京：民族出版社，1999），頁 725。

7　PRC, *Constitution of the People's Republic of China*（《中華人民共和國憲法》），pp. 9-10。

8　《內部參考》，1953 年 10 月 20 日，頁 212-213。

9　上海市民族事務委員會，〈各民族宗教信仰風俗習慣生活福利部分〉，上海市檔案館，B21-1-5。

10　上海市民族事務委員會，〈上海市民族工作情況報告（草稿）〉，上海市檔案館，B21-1-8-1。

偏見成為政府的重點工作。這種新態度可見於政府下令移除新疆首府迪化的名稱，它是「啟迪教化」的意思，露骨地表現出漢人對維吾爾族人高高在上的態度和無視少數民族的文化風俗。[11] 1954 年迪化改名為烏魯木齊，在蒙古語裡指「優美的牧場」。

政府採取了一系列措施改善與民族社群的關係，包括津貼少數民族學童的學費，[12] 減輕清真寺的稅款，[13] 以及在大城市提供少數民族的醫療輔助，例如在醫院設置清真灶，以照顧回民飲食戒律的要求。[14] 政府還邀請少數民族領袖到北京和上海等大城市參觀，讓他們對現代城市生活留下良好印象，並查探他們對中共的態度。但其後的內部報告卻令政府大感不安。有報告透露：民族領袖代表團「雖然也參觀過廟宇，但是對於宗教是否真正自由，仍有很大的懷疑」。[15]

毛澤東對民族事務尤其關注。1949 年 11 月中華人民共和國成立才一個月，他就警告：「要徹底解決民族問題，完全孤立民族反動派，沒有大批從少數民族出身的共產主義幹部，是不可能的。」除了訓練一大批少數民族幹部之外，他還提議在

11　《內部參考》，1952 年 9 月 18 日，頁 309。

12　上海市民族事務委員會，〈民族工作有關規定〉，上海市檔案館，B21-1-42-9。

13　上海市民族事務委員會，〈上海市民族工作情況報告（草稿）〉，上海市檔案館，B21-1-8-1。

14　上海市民族事務委員會，〈有關少數民族照顧的暫行辦法〉，上海市檔案館，B21-2-16。

15　上海市兄弟民族招待委員會，〈招待青海省各民族參觀團綜合簡報〉，上海市檔案館，B21-2-65。

少數民族聚居地如青海、新疆和寧夏等設立學習班，教育漢人關於少數民族的事宜。[16] 一個月之前，中央設立了民族事務委員會（民委），是現今國家民族事務委員會的前身，負責監督民族事務及擬定策略以改善各民族之間的關係。1951 年 6 月政府成立中央民族學院，並在全國各地設立分院，培養處理少數民族事宜的專家。[17] 同時，中央政府要求地方機關要指派一定數目的官員，專門負責少數民族事務。[18]

政治學家金德芳（June Dreyer）認為，1950 年代初期中華人民共和國的民族政策，可以用「溫和」與「靈活」來形容，這種評價是正確的。大家可從政府不辭勞苦地在少數民族地區改善交通運輸，廢除具有侮辱意味的地名，以及更重要的，賦予少數民族平等的法律地位等措施看出來。[19] 至今大部分學術研究都著重從法律、經濟和軍事方面來看政府如何去贏取少數族裔民心的策略，但另一項重要卻甚少人探討的策略是興建民族文化宮。興建這座大樓，不單展示了政府要推行其民族政策的明顯意圖，還透露了官方沒有公開說明的種種矛盾，即之前提過的共產黨容許某程度的地區自治，但同時又試圖施加嚴密

16　毛澤東，〈關於大量吸收和培養少數民族幹部的電報〉，《建國以來毛澤東文稿》，第 1 冊，頁 138。

17　民族圖書館編，《中華人民共和國民族工作大事記，1949-1983》（北京：民族出版社，1984），特別是頁 102-110，545-568。

18　上海市民族事務委員會，〈關於區劃調整後對各區民族工作幹部配備的意見〉，上海市檔案館，B21-1-17-1。

19　Dreyer, *China's Forty Millions*, p. 136.

監控；它確認所有民族都是平等的，卻又大力推行漢化的強硬路線；它給予少數民族宗教自由，卻又限制宗教活動；它宣稱尊重地方傳統，卻又漠視少數民族的風俗習慣。

首都的著名地標

　　大概沒有什麼比得上共產黨在首都蓋一座堂皇華麗的大樓獻給少數民族，更能代表中央對他們的重視。這樣一座建築物明顯地提升了少數民族的地位，確定他們是國家堂堂正正的一分子，而非邊陲野民，更重要的是顯示出政府對他們的真正關心。

　　一般認為毛澤東是最先提議興建這座民族文化宮的領導人。據主持這項工程的主要官員張西銘（1913-2007）所言，毛澤東在 1951 年中央政治局會議上提議興建文化宮，認為「不但可以作為各民族大團結的象徵，而且還可以作為少數民族同胞活動的中心」。[20] 然而，文化宮的首席建築師張鎛（1911-1999）則有不同說法：是民族事務委員會在同一年首先向中央提出建議的。[21] 最早的籌建主意甚至可能是受到蘇聯的影響。建國初期，中國官員和學者對蘇聯博物館有極大的興趣。[22] 他們多次

20　張西銘，〈民族文化宮籌建始末〉，《中國民族報》，2006 年 2 月 24 日，頁 7。

21　張鎛，《我的建築創作道路》（北京：中國建築工業出版社，1994），頁 118。

到訪莫斯科和列寧格勒（今天的聖彼得堡），不難發現蘇聯的民族博物館所產生的獨特政治作用，即宣傳蘇聯的多元民族之間的融洽關係。最佳例子是列寧格勒著名的民族博物館，對中國訪客起了示範作用。「文化宮」一詞便是借用蘇聯用語，由此可見蘇聯的影響（見第六章）。

　　雖然民族文化宮的工程早在 1951 年提出，但最終要經過好幾年才能完成。1954 年民委副主任汪鋒（1910-1998）決心著手籌建，要求清華大學建築系名教授梁思成的學生、任職北京市建築設計院的首席建築師張鎛提交初步方案。[23] 但一直等了好幾年，到 1957 年 9 月民委再重申急需要興建大樓，好能設立場所「介紹國內各民族生產、生活的情況，向廣大人民進行民族政策和愛國主義、國際主義的教育」。[24] 官方原先預定在同年的 10 月 1 日進行奠基儀式以慶祝建國八週年。[25] 但因為一些障礙而延遲，包括選址、確定建築方案及擬定拆遷戶的安置計畫。[26]

　　當時有幾個選址的提議，如城南的陶然亭公園。但民委擔

22　《文物參考資料》，第 10 期（1950 年 10 月 30 日），頁 66-77；第 4 期（1953 年 5 月 30 日），頁 29-42；第 4 期（1954 年 4 月 30 日），頁 95-100；第 5 期（1954 年 5 月 30 日），頁 81-85；及第 6 期（1954 年 6 月 30 日），頁 86-94。

23　張鎛，《我的建築創作道路》，頁 118。

24　〈民族文化宮初步方案說明〉，北京市檔案館，47-1-10。

25　〈關於修建民族文化宮的會議記要〉，北京市檔案館，47-1-10。

26　〈關於修建民族文化宮的會議記要〉，北京市檔案館，47-1-10。

心選址若不在市中心，會引起少數民族的質疑，認為未受尊重。[27] 最後決定的是天安門以西近西單的地點，屬於繁華商業中心區。這個決定明顯是要讓少數民族知道中央沒有把他們邊緣化。

張鎛的團隊日夜工作，得出好幾個方案。[28] 其中一個方案在 1957 年 9 月 25 日的民委會議上獲得採納，會議由身為蒙古族共產黨員的副總理烏蘭夫（1906-1988）主持，與會者有北京副市長馮基平，還有汪鋒、張西銘和張鎛。中央政府於 1958 年 3 月正式通過方案。[29] 如前所述，同年夏天中共中央政治局決定大興土木，為慶賀翌年中華人民共和國成立十週年而興建「十大建築」，民族文化宮便被納入十大建築之列。但工程要到 1958 年 10 月初才全面施工。[30]

1959 年 10 月民族文化宮正式揭幕，官方聲稱這是個偉大成就。但由於工程倉促並要在政府規定的一年內完成，工序馬虎在所難免。根據檔案資料顯示，民族文化宮興建時發生不少問題，例如電線短路和使用已被腐蝕的鋼筋水泥，阻礙工程的進度。[31] 這樣急就章完成的工程，無疑反映了當年大躍進的狂熱，毛澤東的大規模群眾運動是想將國家由農業社會急速轉變

---

27 張鎛，《我的建築創作道路》，頁 118。

28 張鎛，《我的建築創作道路》，頁 139。

29 〈關於修建民族文化宮的會議記要〉，北京市檔案館，47-1-10。

30 〈民族文化宮工程的基本情況〉，北京市檔案館，47-1-92；及張鎛，《我的建築創作道路》，頁 139-140。

31 〈民族文化宮工程基建檔案整理工作總結〉，北京市檔案館，44-1-99。

成發達的工業國家。後來為了免受責難，官方在一份報告中解釋這座出了問題的建築「是大躍進的產物」，是「在邊設計、邊備料、邊施工的情況下，以九個多月的時間空前未有的速度建成的」。[32]

儘管如此，工程完成後，民族文化宮卻是首都一座氣勢宏偉的建築物。它的建築面積有 30,770 平方公尺，在十大建築中雖不是最大，[33] 卻是當時最具民族色彩的大樓，並遵從傳統的坐北朝南座向，即正門迎南的格局。這座白色外牆的文化宮由三部分組成，主塔由兩旁較矮的翼樓護著，整座看起來就像個「山」字。十三層的主塔居高臨下，與兩旁的副樓連成一線。整體格局流露出理性與協調，這從東翼的大禮堂與西翼的康樂館互相對稱可見。

主塔挺拔聳立，高 67 公尺，築於升起的台基上，比起東面的天安門城樓還超出 33 公尺，是那年代城中少有的摩天大樓。主塔雄踞在巨大的台基上，君臨天下似地指揮四面八方。塔身有兩部分，下層穩重大方，上層稍窄並蓋上富傳統風格的重簷及鋪上孔雀藍琉璃瓦。塔頂有「特地為各地來京參觀的兄弟民族設置，用以觀賞首都風光的眺望台」，有評論員這樣說。[34] 從台基、塔身到塔頂，層次鮮明，主塔由下往上收窄，

32　〈民族文化宮工程基建檔案整理工作總結〉，北京市檔案館，44-1-99。

33　十大建築中最大的是人民大會堂，建築面積有 171,800 平方公尺。

34　石坪，〈興建中的民族文化宮〉，《民族團結》，第 16 期（1959 年 1月），頁 16。

看起來好像從地上升起，氣勢如虹，使人以為高塔破土而出，迎向青天。

在設計民族文化宮時，張鎛直言是受到傳統建築藝術的啟迪，尤其是把主塔構想成直聳的高台，配上重簷及琉璃瓦。他語帶自豪地說把主塔安放在台基上能加添一份本土風格，他還提及故宮太和殿與北京天壇都是坐落在十餘公尺高的多層台基上。[35] 主塔與兩翼顯示的是指揮與服從的主次關係，而且後者擔當輔助的角色。張鎛用「高度」這個空間用語，認為高層建築「象徵敬意」。但很多政治紀念建築都以高度來展示權力和威望，也以居高臨下的姿勢來震懾人們。

從大樓的外觀也看出共產黨的氣勢無處不在。前面大柱廊上刻有毛澤東的題字「民族文化宮」。正門兩旁典雅地配上「團結」、「進步」兩詞，概括了共產黨對民族問題的官方立場（圖15）。黨的勢力也支配了文化宮的內部，那裡有六個部分：設有五個展廳的博物館、圖書館、大禮堂、文娛館、餐廳和招待所。[36]

正門之後便是中央大廳，該處呈現出社會主義新政權的美好前景所帶來的樂觀氣氛。大廳中央豎立一尊毛澤東雕塑，令人肅然起敬。室內裝潢不算華麗，但牆上有四幅巨型白色大理

35　張鎛，《我的建築創作道路》，頁118，128。

36　《人民日報》，1958年4月16日，第1版；1959年9月8日，第3版；及1959年10月7日，第4版。

圖 15　民族文化宮的大門上有「團結」、「進步」兩詞。2002 年 10 月 21 日，作者攝。

石浮雕，刻有與真人一樣大小的少數民族面貌。每幅浮雕代表一個季節，描繪四個地區裡的民族生活。少數民族在資源豐富的土地上從事各行各業：有工人、農民和漁民。他們都表現了勤勞、自信、熱愛祖國的優良品德。圖中的熱鬧場面及節日氣氛是要激發參觀者的愛國情懷。據《人民日報》報導，浮雕表露出 1954 年憲法所關注的「各族人民在祖國大家庭裡，在黨和毛主席領導下，平等團結」。藝術品是中央美術學院雕塑系師生到少數民族地區體驗生活後的集體創作。[37] 這些宣傳意味

37　《人民日報》，1959 年 9 月 8 日，第 3 版。

極濃的圖像沒有反映當時大躍進的急躁混亂，只描寫天上人間的美好生活。

在布局上，張鎛把三個大展區放在中央大廳的東、西、北面，讓人遊走這座大樓時更見從容。北面是最大和最重要的展廳，入口處的大理石上刻有毛澤東的「中華人民共和國各民族團結起來」口號。[38] 三個大展廳和另外十多個小展廳各有不同陳列。張鎛細心布局，務求各廳堂都互相對稱，例如他把東翼的大禮堂和西翼的康樂館布置得均衡並重。

民族文化宮不單是一個博物館，它還是各少數民族地區的代表到北京公幹時聚集的地方。文化宮有 25 套客房。它像蘇聯的文化宮一樣，提供健身房和桌球室等設施給貴賓使用，還有清真餐廳安排膳食。為了接待達賴喇嘛和班禪喇嘛兩位西藏貴賓，民委要求在主塔兩側各設高級客房，並附設經堂。兩處一定要「平起平坐」，對兩位宗教領袖表達同等的敬意。[39]

儘管中共宣稱民族文化宮是為了促進各民族的團結而建，但其實是利用它來鞏固自己的威望。官方不斷提醒建築師，他們的工作基本上是個「政治任務」。[40] 1959 年一份官方文件說明了共產黨的意圖，即文化宮是要用來「顯示了只有在共產黨領導下各民族才能擺脫帝國主義的侵略和國內外反動階級的統

38 《人民日報》，1959 年 9 月 8 日，第 3 版。

39 張鎛，《我的建築創作道路》，頁 132。

40 國慶工程辦公室，〈民族文化宮施工情況〉，北京市檔案館，125-1-1219。

治」。[41] 主塔尤其是用來象徵「各族人民團結在黨中央周圍欣欣向榮的新氣象」。[42] 這無疑說明了建築物與政治之間緊密交織的關係。

在西邊緊連民族文化宮的是民族飯店，兩者的精神面貌和政治動機都十分相近，也是張鎛設計，是同樣在 1959 年完成的十大建築之一。民族飯店有近 600 間客房和清真餐廳等設施，也與民族文化宮相似，專為訪京參加政治會議的少數民族代表提供住宿。[43] 十大建築中有兩大以「民族」來命名，可見政府對此事看得非常重要和極之審慎。

搜集展品

民族文化宮基本上是國家級的民族博物館，文物收藏甚豐。西方博物館有四類主要活動：展品的搜集、分類、陳列，以及接待參觀者。博物館學家普遍認為陳列或他們所謂的「陳列策略」（strategies of display），是博物館最重要的特色。[44] 不過，民族文化宮對陳列與搜集兩者都同等重視。兩者確實是互相關聯的。陳列品的內容視乎最先搜集了什麼，而文化宮博

41　〈民族文化宮〉，《建築學報》，第 9-10 期（1959 年 10 月），頁 47。

42　國慶工程辦公室，〈民族文化宮〉，北京市檔案館，125-1-1219。

43　〈民族飯店工程的基本情況〉，北京市檔案館，47-1-92。

44　Daniel J. Sherman and Irit Rogoff, eds., *Museum Culture: Histories, Discourses, Spectacles* (Minneapolis: University of Minnesota Press, 1994), pp. x-xii, 233, 239.

物館的搜集策略則受中共政策所左右。檔案資料和政府內部文
件透露了中共收藏展品時甚為複雜的管制與操縱情況。官員把
握時間，未等建館工程開始便已下令搜羅展覽館所需的藏品。

　　1958 年 11 月 21 日，中央政府公布一則重要通告〈國務
院關於搜集民族文化宮所需展品和圖書的通知〉，列出搜集文
物的一般準則：

> 民族文化宮內的博物館和圖書館是民族文化宮的二個重
> 要組成部分，其任務主要是宣傳黨的民族政策的偉大勝利
> 和十年來民族工作所取得的輝煌成就……通過展品陳列展
> 覽和圖書，對各族人民進行愛國主義和國際主義的教育以
> 及鞏固祖國統一和加強民族團結，建設社會主義的教育。[45]

　　這份文件送到少數民族聚居的各省分，如黑龍江、雲南、
四川、新疆維吾爾自治區和寧夏回族自治區等。[46] 首都官員也
積極扮演領導的角色，特別是北京市民政局，它甚至提出任
命一位副市長來統籌整個行動。[47] 但除了關於培訓少數民族幹

45　〈國務院關於搜集民族文化宮所需展品和圖書的通知〉，北京市檔案
　　館，196-2-676。

46　〈國務院關於搜集民族文化宮所需展品和圖書的通知〉，北京市檔案
　　館，196-2-676。

47　北京市民政局、北京市文化局，〈北京市為民族文化宮搜集展品圖書和
　　進行預展工作計劃〉，北京市檔案館，196-2-676。

部的細節外，[48] 我們對當地的族人有否參與所知不多。總的來說，整個行動是由中央統籌，共產黨強烈影響了展品的內容。

國務院的通告指明要在民族地區搜集幾種重點文物。這些文物要與新政權的社會主義建設時期的少數民族成就有關：他們在工、農、牧、漁等行業的成績；文化、教育、衛生的進展；生活水準的提升及日常所用的生產工具。[49]

當局特別著重搜集有關少數民族的日常生活物品，或政府所謂的「生產工具」。[50] 這些都與各族人民的勞動進展有關，就如國務院的通告所說的：是「反映少數民族勤勞勇敢和富有智慧的歷史文物和革命鬥爭史蹟」。[51] 可想而知，搜集的重點是放在經濟活動和生產文化，這符合馬克思主義的觀點，即勞動生產是歷史的動力。少數民族在此被視為勞動人民，在特定的經濟體系下利用馬克思所說的「生產方式」從事生產活動，因此器皿、工具、服飾、手工藝，甚至樂器與民歌，都是他們生活的重要部分。

官方無意將搜集得來的陳列文物，用來表達各民族的美學

48　北京市民政局，〈搜集民族文化宮所需展品和圖書的計劃提綱〉，北京市檔案館，196-2-676。

49　〈國務院關於搜集民族文化宮所需展品和圖書的通知〉，北京市檔案館，196-2-676。

50　北京市民政局，〈搜集民族文化宮所需展品和圖書的計劃提綱〉，北京市檔案館，196-2-676。

51　北京市民政局，〈搜集民族文化宮所需展品和圖書的計劃提綱〉，北京市檔案館，196-2-676。

觀或內心情感，而是用來展現他們勞動時經歷的苦與樂。黨高層從來不把民族文化宮看作藝術珍品的收藏庫，只看成是記錄少數民族生活的博物館。國務院的通告沒有提及宗教物品，是由於中共視信仰為虛假幻局，認為它阻礙生產。這些物品不被收集，正正反映當局對宗教的不安與猜疑。雖然其後也搜集及展覽了經書和經文，但都以「各民族文字的珍本及善本」等文化遺產的名義來收藏，不是以宗教經書來歸類。[52]

少數民族生活的展覽都套用階級、革命鬥爭和愛國等表達方式。政府要求搜集剝削少數民族的「罪證」，如地契、賣身契和當票等。[53] 這些罪證指出了 1949 年前普遍存在的社會不公和經濟壓迫等困境。在官方的宣傳品裡，少數民族受盡狠心的地主壓榨，又被強橫的官員欺負。北京市民政局在一份文件中，指令搜集員一定要找出「解放前少數民族政治上受壓迫歧視的情況」。[54]

但官方不打算把少數民族描繪為孤立無援、任人魚肉的一群。共產黨認為少數民族和他們的壓迫者之間鬥爭不斷，因此下令搜集有關少數民族抵禦壓制的「英勇反抗事蹟」。這類反抗以 1943 年 7 月著名的海南島白沙暴動為例。白沙縣的黎族人民反抗國民黨統治，雖然那場抗爭最終受到鎮壓，但他們其

---

52 《人民日報》，1982 年 1 月 3 日，第 8 版。

53 北京市民政局，〈搜集民族文化宮所需展品和圖書的計劃提綱〉，北京市檔案館，196-2-676。

54 北京市民政局，〈為民族文化宮搜集展品和圖書的計劃提綱〉，北京市檔案館，196-2-676。

後加入共產黨，準備日後的戰鬥。[55]

　　另一個搜集原則是以 1949 年為分水嶺：即共產黨接管前後的社會。官方要求搜集者要收集「少數民族人民生活水平提高的情況（包括收入增加、購買力增長、物質文化生活提高），解放前後衣、食、住的對比情況」的證據。[56] 1949 年這條歷史分界線是一條明顯的政治界限，因為據官方的宣傳指出，現今為人民服務的共產黨與之前腐敗的國民黨，兩者有天淵之別。以西藏為例，中共官員認為只有在共產黨上台後，農奴方能從宗教和社會制度的壓迫中解放出來。[57] 這樣的好與壞、解放與壓迫、無私的共產黨與腐敗的國民黨等黑白二分法，可溯源於延安時期，也就是最初小心推行這種宣傳手法的時候。後來，北京的搜集者受指示要以回民聚居的牛街作為例子，去突出「解放後的巨大變化」。[58]

　　新舊時代對比手法的背後，還有一個更鮮明的政治訊息，那就是共產黨提供了一條正確的道路，讓人民跟隨。政府在通告中強調，只有共產黨才能在各民族地區取得這些成就，所以它堅持搜集的重點要放在「中國共產黨領導下的各族人民的革

55　北京市民政局，〈搜集民族文化宮所需展品和圖書的計劃提綱〉，北京市檔案館，196-2-676。

56　〈國務院關於搜集民族文化宮所需展品和圖書的通知〉，北京市檔案館，196-2-676。

57　〈地區館〉，《民族文化宮落成和十年來民族工作展覽》（北京：出版社名、年分不詳）。

58　北京市民政局，〈關於北京市為民族文化宮民族工作展覽補充和修改展品工作的請示〉，北京市檔案館，2-16-60。

命鬥爭」上。[59] 結果是搜集得來的大量珍貴物品包括報紙、貨幣、公務印章、旗幟、標語、傳單和畫報，都彰顯了共產黨為百廢待舉的國家帶來和平與統一的角色。[60] 中共稱自己在1950年代初是本著「厚今薄古的精神」，因此民族文化宮的展覽不是關於過去的，而是明確地著重當下，即「解放十年來建設成就」。[61]

最後，搜集員要依從當時大型政治運動的官方路線，因此搜集的物品，就如國務院的通告所說的，必須反映「整風反右和社會主義教育後，出現的大解放、大協作、大躍進、大發展和大團結的情況以及新的社會主義民族關係建立和發展情況」。[62] 這包括在少數民族地區裡，那些確認「社會主義改造的成就」的物品，還有顯示合作社增加、生產隊快速發展和人民公社推行得極為成功的證據。[63]

假如說民族文化宮的建成是一份中共成就的宣言，那麼搜集展品行動就是要讓共產黨公告天下它達成了什麼成就。共產

59　北京市民政局，〈搜集民族文化宮所需展品和圖書的計劃提綱〉，北京市檔案館，196-2-676。

60　北京市民政局，〈搜集民族文化宮所需展品和圖書的計劃提綱〉，北京市檔案館，196-2-676。

61　北京市民政局，〈關於為民族文化宮搜集展品圖書和進行預展工作計劃的請示〉，北京市檔案館，196-2-676。

62　〈國務院關於搜集民族文化宮所需展品和圖書的通知〉，北京市檔案館，196-2-676。

63　北京市民政局，〈搜集民族文化宮所需展品和圖書的計劃提綱〉，北京市檔案館，196-2-676。

黨在民族文化宮內創造了一個單一的空間，在那裡藝術和政治都難分彼此。藝術評論家葛羅伊斯（Boris Groys）研究蘇聯的博物館，認為它們的本質是極權主義，因而創造了「一個單一的、完全的視覺空間，在那裡藝術與生活的分界被人完全抹除」。[64] 中共如蘇聯那樣利用文化機構作政治用途，卻比蘇聯控制得更嚴厲。葛羅伊斯指出，蘇聯藝術家協會（Union of Soviet Artists）控制了博物館購買藝術品的政策；[65] 然而，中共卻是直接控制博物館和中國作家協會，兩者都不能作出任何獨立的決定。在毛澤東的美學觀裡，藝術、生活與政治之間是沒有任何分隔的。

首次展覽

　　雖然我多次嘗試找出官方究竟搜集到多少文物，及民族文化宮的館員是以什麼準則來挑選展品，但我訪問文化宮時，職員拒絕透露這些檔案資料是否存在，又假如存在的話，能否提供外界作研究之用。[66] 幸好，國慶工程辦公室保存了文化宮的檔案資料，現今部分文件存放在北京市檔案館，可供查閱。

64　Boris Groys, "The Struggle against the Museum; or, The Display of Art in Totalitarian Space," in *Museum Culture*, ed. Sherman and Rogoff, p. 144.

65　Groys, "Struggle against the Museum", p. 159.

66　例如，我在 2002 年 10 月 21 日第一次到訪民族文化宮辦事處時，職員說文化宮的內部檔案資料「還在整理中」，但沒有進一步解說，也沒有表示假如有的話，究竟是些什麼資料。

該辦公室是中共 1958 年成立的，用來協調十大建築的各項工程。這些資料可讓學者看到修建民族文化宮的一些內裡乾坤。上海市檔案館目前已公開的部分少數民族資料，也可讓人知道中共民族政策的大體方向。此外，一份重要的文件《民族文化宮落成和十年來民族工作展覽》提供了在文化宮內真正展出過的物品的詳情。民族文化宮的多次展覽中，或許不經意地透露了共產黨矛盾重重的民族政策，包括政治口號與實際做法之間的鴻溝，宗教等政治敏感話題的迴避，少數民族自治權的不予重視，還有共產黨對民族文化宮及其展品的嚴密控制。

國務院副總理烏蘭夫和其他政要出席了 1959 年 10 月 6 日隆重的首展開幕禮，當日文化宮也正式向公眾開放，這可以說是獻給中華人民共和國成立十週年的雙重賀禮。[67] 官方和博物館人員用圖表、照片、模型和說明等方式，宣傳新政權的民族大團結政策取得空前成功。[68] 展覽場地分綜合館、地區館和專題館。綜合館並不著重介紹個別事件，而是說明共產黨的總體路線和展示毛澤東的指示。此館為整個民族大形勢提供了一個全面的觀點。地區館有 15 個專區展覽，包括內蒙古自治區和新疆維吾爾自治區。專題館則介紹散居在 13 個省市裡較小的少數民族聚居地。

67　《人民日報》，1959 年 10 月 7 日，第 4 版。

68　展覽會受到各大報章如《人民日報》等報導（例子見《人民日報》，1959 年 10 月 7 日，第 4 版）。有圖文並茂的宣傳小冊子記錄事件，見《民族文化宮落成和十年來民族工作展覽》。

圖 16　民族文化宮綜合展覽館。一幅巨型橫額寫著大躍進的口號：「鼓足幹勁、力爭上游、多快好省地建設社會主義！」

資料來源：〈十年來民族工作展覽〉，《民族文化宮落成和十年來民族工作展覽》（北京：出版社名、年分不詳），無頁數。

　　綜合館無疑是展覽的核心，讓共產黨說明官方政策和標榜新政權下社會主義建設的成就。館區中心是一幅巨型橫額，寫著大躍進的流行口號：「鼓足幹勁、力爭上游、多快好省地建設社會主義！」正好顯示那場政治運動在當時推行得如火如荼（圖16）。牆上貼有官方公告「中華人民共和國是各民族平等、團結、友愛、合作的社會主義大家庭」。公告還附上提示，表明憲法保證所有民族同樣平等。另一張圖表展示1954年在北京召開的第一屆全國人民代表大會的1,226名代表中，

有 178（14.52%）位是來自少數民族地區。還有圖表提到，1953 年中國的 5.94 億人口中，少數民族只占 6%，因此在中央政府內擁有足夠的代表。[69] 展覽用上有紀念價值的照片和新聞報導來強調自治區的成立，並形容這個政策是高明和成效顯著的。

毛澤東主席的照片是綜合館的焦點所在，但見他常常接見少數民族領袖，或被歡天喜地參與第一次全國人民代表大會的民族代表所簇擁。這些照片的含義不言而喻：各個民族都團結在同一屋簷下。就算是造訪內蒙古和西藏等地區的黨高層官員，在照片中也流露出一片祥和親善的氣氛，說明了中央政府是全心全意地照顧各族人民。同時，很多照片都說明「各少數民族也分別組織致敬團、參觀團，來首都向毛主席致敬」。[70]

綜合館的另一個主題是少數民族地區工業和農業的迅速發展。前者被視作「飛躍的發展」，後者被說成是「農業大豐收」。[71] 政府利用這個綜合館，製造了歷久不衰的樂觀主義神話，並要求人民絕對信服社會主義為中國創造了光明前途。

但是，政治宣傳若無具體事例來支持，很容易就會脫離現實和流於空洞，因此地區館透過文物和模型的陳列以補宣傳的不足。這部分的展覽以內蒙古自治區為先，因為它是首個成立

---

69 〈綜合館〉，《民族文化宮落成和十年來民族工作展覽》。1953 年中國的總人口後來修改為 5.77 億。

70 〈綜合館〉，《民族文化宮落成和十年來民族工作展覽》。

71 〈綜合館〉，《民族文化宮落成和十年來民族工作展覽》。

的自治區。其他還有少數民族聚居的地方，如黑龍江、雲南、青海、貴州，以及新疆維吾爾自治區、寧夏回族自治區、廣西僮族自治區和西藏自治區（當時只完成部分陳列）等。

地區館的多個展覽廳都以具體方式表達共產主義來臨前後社會的差異狀況。例如，為了說明 1949 年前的社會階級極端對立，展覽廳把昔日平民的破舊衣服與仕紳的奢華穿戴擺放在一起，成為強烈的對比，還不忘加上說明：「一邊是飢寒交迫，一邊是荒淫無恥。」這種貧富對比還不止於衣著。參觀者看到在社會主義支持下，雲南少數民族推翻了封建領主。西藏的藏民得到共產黨的幫助，廢除殘酷的封建農奴制度。展覽廳使用圖表和統計數字，說明中央政府為所有少數民族地區提供的大量經濟支援和幾乎無限量的物質供應。有說明更指出「七〔、〕八年來黨為西藏人民培養出了一大批幹部，為西藏地區的社會改革和社會主義建設準備了可靠的骨幹力量」。[72]

由於西藏的地理位置在戰略上非常重要，工作人員花盡心思，運用了兩百多張照片、三十多張統計圖表和一百多件實物，以說明歷史上西藏從來都是中國領土「不可分割的一部分」。西方列強對這片土地的侵略及西藏人民「英勇的反帝鬥爭」，都列為重點介紹。其效果是誇耀只有在中華人民共和國成立後，西藏才由共軍「和平解放」。多張照片和圖表都用來告訴觀眾「八年來黨和國家在西藏進行的艱苦工作和所取得的

72　〈地區館〉，《民族文化宮落成和十年來民族工作展覽》。

成就」。[73]

　　民族文化宮的陳列方法與搜集工作一樣，緊跟當時的政治運動走。大躍進的四個主要目標——機械化、電氣化、農業灌溉和因地施肥——都應用於各民族地區。新疆維吾爾自治區館介紹該區石油化工業的新發展。雖然沒明確說明，但顯然是指1955年10月在新疆北部發現的克拉瑪依油田。新疆館裡擺放一座鑽油台的模型和幾種石油產品樣本，以茲記錄這令人興奮的發展。展覽宣布這是「逐漸形成中的我國石油工業基地」。展覽也重點介紹1954年成立的新疆軍區生產建設兵團。[74]這個既是經濟卻又以軍隊方式組織的軍事團體，是用來加速西北偏遠地區的農業和工業發展。據漢學家馬克林（Colin Mackerras）的估計：「到1954年秋天為止，兵團的總數超過二十萬人，90%以上是漢人。」[75]

　　農業成績見於寧夏回族自治區館內的青銅峽水利樞紐工程及其灌溉農田。這浩大工程在1958年開始，到1978年才完成。在甘肅館，展覽以海報和模型說明「在大躍進的1958年中，甘肅省少數民族地區全部實現了人民公社化」。[76]有標題說明人民公社「給各民族帶來了無限美好幸福的前途」。[77]專

73　〈地區館〉，《民族文化宮落成和十年來民族工作展覽》。
74　〈地區館〉，《民族文化宮落成和十年來民族工作展覽》。
75　Mackerras, *China's Minorities*, p. 252。有關少數民族敘述自己的生活與新疆軍區生產建設兵團的關係，見 Cliff, *Oil and Water*, pp. 50-179。
76　〈地區館〉，《民族文化宮落成和十年來民族工作展覽》。
77　〈綜合館〉，《民族文化宮落成和十年來民族工作展覽》。

題館規模較小，強調「散居的少數民族人民長期以來，就和漢族人民生活在一起，建立了親密無間的友誼」。[78]

　　整個展覽都能以綜合館展示的一句聲明來總結：「十年來，我國各民族共同經歷了歷史上最偉大的社會變革，在這中間絕大多數的少數民族從原來的封建制度或者奴隸制度甚至原始公社制度下面解放出來。」[79]

不獲展覽的題材

　　自十八世紀末開始，特別是在二十世紀，西方的博物館成了爭議不絕的場地。[80] 現代博物館雖然不再維護傳統皇室或富有贊助人的利益，但仍要在現實的社會環境中生存，當中也涉及特定的公共價值觀。因此它們受到各方利益及分幫結派的成員所左右。展覽文化不但反映當時政府對國內外所施行的政策及它的理念，還顯示出來自機構贊助人、慈善團體和商業大亨的影響。藝術家海克（Hans Haacke）甚至認為：「不管博物館是由私人營運或受政府監管，它都必然是政治機構。」[81] 他

78　〈專題館〉，《民族文化宮落成和十年來民族工作展覽》。

79　〈綜合館〉，《民族文化宮落成和十年來民族工作展覽》。

80　Andrew McClellan, *Inventing the Louvre: Art, Politics, and the Origins of the Modern Museum in Eighteenth-Century Paris* (Berkeley: University of California Press, 1994).

81　Brian Wallis, ed., *Hans Haacke, Unfinished Business* (New York: New Museum of Contemporary Art, 1986), p. 66.

直言博物館「無可避免地會受到意識形態的影響」。[82] 博物館學者鄧肯（Carol Duncan）也有類似的看法，她聲稱事實上博物館是個儀式場所和意識形態陣地，是一個「政治組織和社會利益團體必爭之地，以實現讓自己看起來很美善、正常和合法的意願」。[83] 即使西方博物館無可避免地受到政治組織所左右和利益團體所影響，它們仍然要在複雜多元的環境中運作，因而博物館的價值觀和展覽計畫都可以被人質疑，引起爭論，甚至遭到反對。博物館經常成為不同利益團體、不同歷史記憶群體的爭奪之所。換句話說，沒有單獨的、一言堂的觀念可以強加於現代西方博物館之上。用另一位博物館學者卡梅倫（Duncan Cameron）的話說，現代的博物館絕非「神殿」，而是「論壇」，讓人民發聲，讓百家爭鳴。[84]

但在中國，國家博物館卻只有一個基本作用：為中共的利益服務。民族文化宮不會成為西方開放式的博物館，而是個有明確政治目標的官方展覽廳。文化宮的眾多展覽館都是高度受控的地方，展覽品傳遞的訊息，是精挑細選下用來維護共產黨正當統治的故事。民族文化宮因此不是個論壇，而是一座神

82　Pierre Bourdieu and Hans Haacke, *Free Exchange* (Stanford, Calif.: Stanford University Press, 1995), p. 85.

83　Carol Duncan, *Civilizing Rituals: Inside Public Art Museums* (London: Routledge, 1995), p. 6.

84　Duncan F. Cameron, "The Museum: A Temple or the Forum," in *Reinventing the Museum: Historical and Contemporary Perspectives on the Paradigm Shift*, ed. Gail Anderson (Walnut Creek, Calif.: AltaMira Press, 2004), pp. 61-73.

殿，只許宣揚中共少數民族事業的成就。

　　官方媒體自然把民族文化宮描繪成一處廣受民眾歡迎之所。[85] 在沒有獨立資料的情況下，大家閱讀這些報導時務必小心。作為這所神聖殿堂的重點，展覽卻沒有展示少數民族地區內存在的巨大分歧，只把這些地區的成就與未來渲染得過分美好。其實展覽的深層意義不在於它陳列了什麼，而是在於它沒有展出些什麼。這些不獲展覽的題材，反而更真實和有力地反映出中共民族政策的本質和困局。

　　一個不獲展出卻很重要的題材是宗教。雖然與少數民族有關的宗教物品不在搜集目標之中，但展覽也有提及它們，只不過多少帶有負面的含意。例如在西藏地區館，宗教被指與農奴和傳統領主制度有直接關係。人類學家戈爾斯坦（Melvyn Goldstein）認為喇嘛、寺廟及本身也是僧侶的官員，確實從傳統領主制度中「獲得過量的收入」，而且這個制度「世世代代把農民束縛在領主的田地裡無償工作，以承擔徭役」。[86] 鑑於展品只注重這一點，展覽自然就不會提及影響藏人生活至深的佛教信仰和靈性修行，也不會在新疆館裡展出有關伊斯蘭教的正面形象。

　　新疆軍區生產建設兵團的確有助當地的經濟生產，但也是充當監管的軍事代理人，具有阻嚇本土和外部動亂勢力的作

85　《人民日報》，1959 年 10 月 7 日，第 4 版。

86　Melvyn C. Goldstein, *A History of Modern Tibet*, vol. 2, *The Calm before the Storm, 1951-1955* (Berkeley: University of California Press, 2007), p. 457.

用。新疆的情況複雜，有強烈的分離主義傾向，外國（以蘇聯為主）的勢力在當地也很大。兵團的存在意味著北京政府面對的困局：既要容許這個地區擁有高度自治，又要確保疆土不會分離。展覽當然不會提及兵團的這些矛盾，也不會透露中央政府與地方勢力的衝突。

展覽也沒有提及與建設兵團直接有關的內遷問題。在中華人民共和國最初十年的五個自治區中，新疆有最多的漢人移居。據馬克林的統計，1953 年漢族占新疆 478 萬總人口中的6.94%，到了 1964 年，已經增加到 31.93%（232 萬人），而維吾爾族人占 54.91%（399 萬人）。[87] 這樣大量的漢人湧入，自然是要同化少數民族的意味極強，是政府伸延控制到邊陲地區的務實做法。展覽中對這種大量漢化與民族自治承諾之間的矛盾，也是隻字不提。

展覽真正強調的，是中央政府對少數民族地區的大量經濟援助，建設新學校和鐵路，並改善了醫療設備。甘肅館內一份報告誇誇而談：「這裡出現了人畜兩旺的新氣象。」[88] 展覽並沒有讓當地的民眾發聲，去評論這些新設施和經濟項目有否尊重他們的文化，以及漢人大舉內遷與現代企業的到來，是否削弱少數民族的身分認同等問題。

展覽當然不會透露中共黨國在背後如何設立和維持嚴厲的

87　Mackerras, *China's Minorities*, p. 253.

88　〈地區館〉，《民族文化宮落成和十年來民族工作展覽》。

組織去控制少數民族地區。例如，1953 年 11 月中共華東局的民族事務委員會在中央的允許下，發表一份重要的報告，要求地方政府在處理回族組織時必須遵守的三件事：

第一、各地一般不能組織獨立的民族團體；並下令處於北京的中國伊斯蘭教協會及中國回民文化協進會為唯一監管民族事務的代表，這樣可擔保控制權來自高層；

第二、當地的回民組織若果非要成立不可，則一定要有共產黨的民族幹部作為骨幹。而且「成立後必需在當地政府領導下進行工作」；

第三、對已經成立的回民團體，「亦應在當地政府領導下進行工作，以防止放任自流，使我們工作上處於被動」。[89]

在這段執政初期，中共萬事都以鞏固政權和穩定一切為先。民族文化宮及其展覽，是共產黨為本身的政權著想而小心翼翼編寫的文本。而這些不獲准展覽的題材，正是少數民族由衷的心聲，也是他們得面對的社會、經濟和文化實況。

---

[89] 華東行政委員會民族事務委員會，〈關於回民要求組織回民團體地方組織問題的答覆〉，上海市檔案館，B21-2-16。

　　從一開始，民族文化宮就是把宏偉建築、少數民族歷史、社會主義民族政策的成就展覽館集於一身的複雜混合體，目標是宣傳中共黨國的民族和諧政策。1994 年 12 月我訪問民族文化宮的首席建築師張鎛時，他語帶自豪地談及自己的傑作：「這建築工程」，像其他九座十大建築一樣，都是上頭指定的「政治要求」，用來慶祝中華人民共和國建國十週年。[90] 文化宮高 67 公尺，是首都當時最高的建築物之一，從遠處不同方向都看得見。對中國共產黨來說，這大樓代表了共產黨至高無上的地位，也代表了藝術與政治的完美結合。

　　民族文化宮是中共用來明確有力地講述其民族政策的地標。張鎛在訪問中強調黨領導賦予文化宮特定的象徵意義，代表「各民族大團結」。[91] 西側與文化宮為鄰的民族飯店，更加強了共產黨對少數民族的敬意。這兩座建築物表明黨極之看重各族人民。

　　民族文化宮也是一座政治博物館。之前提過，沒有一間博物館，就算是美術館，能完全不表達某種特定觀點，因為所有文化機構都代表著多方面的矛盾。[92] 很多藝術史家都認為其中的一個矛盾，就是藝術代表純美感，讓人舒懷與欣賞，而展品

90　我於 1994 年 12 月 14 日在北京訪問張鎛的紀錄。

91　我於 1994 年 12 月 14 日在北京訪問張鎛的紀錄；及張鎛，《我的建築創作道路》，頁 118。

92　Tony Bennett, *The Birth of the Museum: History, Theory, Politics* (London: Routledge, 1995); and Duncan, *Civilizing Rituals*.

卻是一種教誨參觀者的物品，因而兩者的性質互相牴觸。[93] 巴黎羅浮宮（Louvre）便是很好的例子。1793 年當羅浮宮從皇宮改變成公眾博物館時，畫家大衛（Jacques-Louis David）馬上提議將它改成一所「莊嚴的學校」，教導法國人民有關共和主義的理念。[94] 不過，這些西方博物館的意識形態並不是經常強加於人或用來束縛別人。更重要的是，訪客在參觀西方博物館時並非被動的。他們來到博物館之前已有自己一定的看法，見到什麼也可隨意分析，因此訪客與博物館的關係是互動交流的，不是一言堂的。民族文化宮既然是官方的少數民族博物館，自然以不同的原則運作：用一言堂的方式表達共產黨路線。在這裡，藝術很少脫離政治，也無意鼓勵純粹的藝術欣賞。之前提過的 1958 年〈國務院關於搜集民族文化宮所需展品和圖書的通知〉，清楚說明這個博物館的任務「是宣傳黨的民族政策的偉大勝利」，透過精挑細選的文物、圖表、油畫和照片來表達。因此，在黨國指導下，民族文化宮編造一部中共認可的少數民族歷史。

　　展品的陳列策略並非一成不變，而是經常修改以反映共產黨因應時勢不同所調整的政策。1970 年代末期市場改革開始後，民族文化宮展覽的重點改為強調少數民族地區的經濟持續發展和社會新成就，而減少了毛澤東時代的階級鬥爭和不斷革

93　Sherman and Rogoff, *Museum Culture*, p. xii.

94　McClellan, *Inventing the Louvre*, pp. 91-92.

命的論調。例如 1981 年，民族文化宮大肆宣傳地舉辦「中國西藏社會歷史資料展覽」。[95] 展覽集中介紹少數民族的文化和經濟發展，也提及瑤族和彝族地區的進展。陳列品精心選自文化宮超過五萬件民族文物珍藏，該館可說是中國國內收藏少數民族文物最多的一處。[96]

1994 年 9 月，博物館人員籌辦了少數民族三個主題——服飾、樂器、工藝——的常規展覽，在五個展覽廳舉行。[97] 主題思想並不是有關各民族的差異和特質，而是民族之間的交往和共同的經歷。每當展示民族差異的形象時，它們就如漢學家鄧騰克（Kirk Denton）所指的，被用作「宣傳一個由共同政治理念所團結起來的政體」。[98] 博物館學者馬秀雅（Marzia Varutti）認為這樣的策略也可應用在中國其他民族博物館上，如四川成都的西南民族大學博物館。[99] 目前，民族文化宮繼續加強宣揚共產黨長久以來對少數民族的兩種立場：「團結」與「進步」，就像文化宮門前那對詞句一樣。本質上，這座博物館確認了中國是 56 個民族的國土，讓各族人民愉快地生活在同一屋簷下。

95　民族文化宮博物館編，《民族博物館的理論與實踐》（北京：民族出版社，1999），頁 5。

96　民族文化宮博物館編，《民族博物館的理論與實踐》，頁 5-7。

97　〈民族文化宮〉，http://cpon.cn（2020 年 3 月 30 日檢索）。

98　Denton, *Exhibiting the Past*, p. 199.

99　Varutti, *Museums in China*, pp. 145-158.

最後，建於 1950 年代末期的民族文化宮，代表了中國為恢復國家富強而急速崛起。1949 年後，中共所發展的一套治國論調都強調，自滿清末年，中國就一直都是被列強瓜分的受害者。它也強調只有共產黨──而不是腐敗無能且親美的國民黨──才能為這片長期飽受外憂內患蹂躪的國土帶來自主與和平。張鎛在我的訪問中，強調中國的建築師完全有能力興建一座如民族文化宮的大樓，而且能在共產黨設定的限期內完成。他說：「不然，中國人民抬不起頭來！」[100] 張鎛的話是響應毛澤東在立國前夕所說的名句「中國人民站起來了」。[101] 因此民族主義情緒是驅使興建民族文化宮（及其他九大建築）的背後動力，比馬克思主義的影響更強。大樓是傳統漢族式（不是蘇聯複製品），而建築師又是土生土長（不是外國專家），自然令民族自豪感高漲。這也等同宣示在 1950 年代末期中蘇交惡時，中國能夠民族自主，不再受制於人。

當然，民族文化宮的建造，也包含了中共在治理人多地廣的國家時要面對的種種矛盾。這些矛盾包括：各民族平起平坐相對於人多勢眾的漢族控制；政府的民族自治承諾相對於它的漢化政策；宗教自由相對於官方骨子裡負面看待信仰；尊重少數民族地區文化相對於管控當地獨立的社團組織。在建築風格上，文化宮的外表採取漢族色彩，也引來對博物館能否真正代

100　我於 1994 年 12 月 14 日在北京訪問張鎛的紀錄。
101　毛澤東，〈中國人民站起來了〉，《毛澤東選集》，第 5 卷，頁 3-7。

表各族精神的質疑。

　　這座大樓多年來也經歷種種變化。1960 年代初及文革期間，毛派激進分子與劉少奇務實派的衝突升級時，毛派將民族文化宮轉為「以階級鬥爭為綱……反對帝國主義」的示威場所，攻擊「現代修正主義」。[102] 到了 1980 年代，在鄧小平領導的快速經濟改革下，文化宮又有了新任務。除了基本的展覽外，它也（與其他國營機構一樣）尋找商機以維持日常的營運。[103] 1981 年，民族文化宮得到民委的批准，成立公司招攬商業展覽會。[104] 文化宮的網頁說明「可提供展覽場地和租賃設備給社會上所有行業，承擔各類展覽和協助安排附帶活動，如記者招待會等」。[105] 一些公司看準了在這個地標推廣產品的機會，例如在 1988 年 8 月所舉辦的大型體育用品展覽會。1994 年 6 月，一次大型攝影器材展覽也吸引了大批市民參觀。[106] 但這些商業機構畢竟與文化宮傳統嚴肅的政治理念極不協調。資本主義生意買賣與共產主義政治理念同處一室，可算是同床異夢。

　　可是，千萬別以為這座具代表性的建築物已褪去它的政治

---

102 北京市民政局，〈關於北京市為民族文化宮民族工作展覽補充和修改展品工作的請示〉，北京市檔案館，2-16-60。

103 民族文化宮博物館編，《民族博物館的理論與實踐》，頁 334-335。

104 民族文化宮博物館編，《民族博物館的理論與實踐》，頁 24。

105 〈民族文化宮〉，http://cpon.cn（2020 年 3 月 30 日檢索）。

106 《人民日報》，1988 年 8 月 15 日，第 3 版；及 1994 年 6 月 27 日，第 3 版。

本色，這是錯誤的看法。為紀念接管西藏五十週年，官方把2009 年 3 月 28 日定為「西藏百萬農奴解放紀念日」，舉辦了「西藏民主改革五十年大型展覽」，於該日開幕並大肆宣傳。國家主席胡錦濤等九個政治局常委，在開幕前分別來參觀陳列，無疑代表了中共高層極度重視這個展覽。[107] 民族文化宮繼續為政府所用，是官方對人民宣傳民族新政策的必然平台。但鑑於 2008 年 3 月的西藏騷亂、2009 年 7 月的新疆衝突，和2019 年一百萬新疆維吾爾族人被送往再教育營，少數民族問題對中共來說，仍處於一個一觸即發的緊張局面。民族文化宮所代表的各種矛盾，清楚顯示這個國家的民族問題不會在短期內消失。中共非常明白如果對這個棘手問題處理失當，少數民族地區會隨時不受控制。

---

107 新華網，〈胡錦濤等黨和國家領導人參觀「西藏民主改革 50 年大型展覽」〉，2009 年 3 月 28 日，http://news.xinhuanet.com/politics/2009-03/28/content_11087844.htm.

結論

　　人民解放軍於 1949 年 1 月底接管北平時，中國共產黨費盡心思，不單以戰勝者的姿態出現，更重要的是以和平使者及國家文化保護者的形象示人。幾個月後的 1949 年 10 月中華人民共和國成立，引起大眾一片熱切期待。很多人讚揚毛澤東和共產黨領導層為國家帶來和平自主，使這片土地擺脫長久以來的外侵內亂。當時社會上普遍的情緒是希望國共內戰盡快結束，讓人們能夠回復正常生活。他們寄望中共能照顧人民的福祉，不要像國民黨那樣腐敗無能。但對梁思成等知識分子來說，新政權的成立有更重大的意義：等待已久的民族文化復興即將開始。然而梁思成很快便感到失望，因為中共不久便表露了它不是文化保護者，而是文化控制者。熱衷提倡保存傳統建築文物的梁思成很快便受到官方的批評。

　　中華人民共和國初期，即 1949 年到 1953 年，通常被學者視為過渡期，是共產黨逐步鞏固權力的一個階段。在毛澤東的「人民民主專政」理論指引下，中共首先尋求與其他政黨組成聯合陣線，又承諾有思想、言論、出版、結社和宗教信仰的自由，並在臨時憲法《共同綱領》中立下聲明。[1] 這樣一來，新

1　PRC, *The Common Program*（《共同綱領》）, Article 5, p. 3。

政權對外對內都展現得相當民主和包容，而非激進的馬克思主義信徒。在本書中，我認為共產黨並非逐步而行，而是在奪權後立即控制文化活動和人民的思想，以鞏固它的政權。新政府設法擴張權力去監管人民的生活。早在一開始打天下的時候，毛澤東和領導層就明白要建立共產國家，不單需要在一個獨立自主的領土上建立穩定的政權，還有同樣重要的，是需要創造社會主義的新文化。新的社會主義國家要有穩如磐石的文化基礎。達致這個目標不單要靠說服和教育，還需要思想灌輸和強迫手段。

共產黨完成軍事接管後，馬上以查禁手法及大規模動員群眾去反對某類刊物，並重組舊有的新聞網絡及文化機構等方法去控制傳媒。中共制定一系列政策，並透過多種途徑，如書籍出版、報章、宗教團體、基層文化館、幼稚園教育、公園和建築等，去控制市民的文化生活。這種控制有助共產黨推廣自己的政策和管治國家。中共的成功不能單靠任何一個因素，而我認為共產黨要實現它的治國大計，以下四個最重要的因素是不可或缺的：在建國初期開展具體的控制政策和程序，建立嚴緊的組織架構，成立一個無孔不入的審查制度，及設計出一套無處不在的宣傳網絡。

建國初期開展的控制方法

中共的文化控制方法最好從歷史方面去理解。這套方法在

延安時期已經定下基本模式；待中共政權取得合法地位及大量資源和人手之後，這套模式隨即發展成有全面策略和清晰規條的控制系統。共產黨在 1950 年代初以迅速有力的行動穩定政局，靠的是一方面鏟除地主及實行土地改革，另一方面大規模動員群眾，如 1951 年至 1952 年的三反及五反運動。1950 年 6 月韓戰爆發後，新政權更加緊鞏固統一的步伐。中共黨國透過抗美援朝的全國抗爭，把影響力擴展至公眾生活的每一個角落。

中共的領導人受到蘇聯的啟發，加上從延安經驗所得，都明白在重建戰後社會時，文化範疇至為重要（同時也易招危險），不容放任不管。他們相信要馬上透過文化手段去培育新一代人。毛澤東在他的「延安講話」中提到「文化的軍隊」，不僅要「團結自己、戰勝敵人」，更要改變全國人民的思想，使他們成為社會主義新政權的積極擁護者。

建國初期基本政策和必要程序的制定，主要是依靠中央集權、制度化及高壓手段。在文化方面，共產黨關閉國民黨報社，開辦自己的官方傳媒機構，關閉懷疑與外國有聯繫的教堂，逮捕民間教派中被視為顛覆政權的人士，安排大規模漢族遷徙至少數民族地區，以及興建博物館展示共產黨各方面的成就。這種種文化控制政策隨著年月會有所改變，但很多仍然適用於今天，尤其是在新聞和書籍審查方面。

組織

中共根據列寧路線，成立一個統一的組織架構以取得政治控制。它的組織極為嚴緊，與國民黨的分幫結派大為不同；結果是毛澤東和黨高層能有效地向下發號施令。

嚴密的組織是需要一個有效率的官僚體制來配合。像蘇聯一樣，中共之所以能取得實權，靠的是建立一支忠心耿耿的官僚隊伍，使他們依循一套嚴格的規律行事；這套規律包括政治忠誠、中央監督、職責明確畫分、統一指揮系統，還有絕對保密。以書籍出版為例，三層的控制架構——中共中央宣傳部、國務院出版總署和北京市政府新聞出版處——對出版物實施多層審查，並要確保每一環節都依循已訂下的程序執行。這種由頭到尾都結構嚴緊的程序，是由書稿送審開始，經過編輯、印刷，再到最後的書店發行，一切都順序施行，環環相扣。出版總署和新聞出版處要確保沒有不良刊物流入公開市場，以及獲准出版的書刊會有助宣傳社會主義事業。在地區層面，三層架構即文化館、文化站和農村俱樂部也是依循相同的協調和控制原則。這樣多層黨組織的發展，是威權主義國家最令人畏懼的成就。

但著重組織也不是沒有自身的問題。政令與控制來自多個官方層面，互相重疊，會造成執行時的混亂，並令到不同層級出現矛盾。就文化館而言，它們多半是倉促成立，特別是在農村。其他運作失效的原因可歸咎於領導不力、資源缺乏、上級

指示不清和人手不足。

再怎麼嚴密的組織，都可能受到不同因素的挑戰而削弱其運作能力。在 1950 年代，持續的政治不穩是其中一個因素。官員時常擔心自己的職位不保或政治前途受阻，因為他們的忠誠度要經過上級的不斷評估。毛澤東的「團結自己」指的不僅是團結思想，也是肅清被認為不可靠的黨員。反革命的威脅一日存在，躲在暗裡或黨內的特務、敵人和反動勢力一日都不能輕易放過。自延安時期起整風運動成了常規，在建國初期更越演越烈，持續篩查都說成是「清理」行動。北京市長彭真在 1951 年就警告：「為什麼現在要清理我們的隊伍？因為我們的隊伍很複雜。」[2] 要防止階級敵人的滲透，就必須不斷鏟除可疑的黨員。《北京日報》便是一個實例，它連續解僱多批員工，指控他們隱瞞了地主或國民黨的背景。這樣的解僱引起了恐慌。隨後，更糟的還有 1960 年代因黨內高層的權力鬥爭，令政治路線不斷改變，下層官員個人的前途越來越朝不保夕。

儘管有這些問題，這個從上而下的黨組織確實建立了一個有紀律和程序的高效能系統。紀律和程序是強大組織不可或缺的兩個要素。1949 年以後建成的文化館，確實比它的前身，也就是協調不足、經費不夠的國民黨的民眾教育館有效得多。

2　彭真，《彭真文選》，頁 215。

審查制度

不論是以往或現在，審查制度都是共產黨另一厲害武器。審查制度象徵了國家權力和人民權利之間的衝突，也顯示了政治控制與自由創作之間的角力。最終，卻只餘下威權主義國家伸展其無限權力，管制國民什麼可以看和寫，什麼不可以。審查制度也是政府壟斷大眾傳播的主要手段。列寧視審查為必要的武器，1917 年布爾什維克黨取得政權後，他馬上查封資產階級的報章。他說：「要容忍這些報章，倒不如不做社會主義分子好了。」[3] 第二次世界大戰後蘇聯占領的東德，當局發覺面前最大的問題是缺乏政府機關去審查東德人民的言論著作，因此必須倉促成立一個審查部門。[4] 中國共產黨的審查始於毛澤東的「延安講話」，它規定知識分子與藝術工作者在共黨控制的邊區必須跟隨群眾路線走。1949 年 1 月北平軍事管制委員會成立文化接管委員會，在文管會的推動下，這個審查政策變得更有制度和更合法。

共產黨接管印刷業（包括書籍和期刊）、其他媒體及大學機構之速度是驚人的。文管會廢除由來已久的文化規範，用新的準則替代。例如，1949 年 4 月在北平學習的美國傅爾布萊特（Fulbright）獎學金的年輕學者卜德（Derk Bodde），在日記中寫下他對共產黨早期的「思想控制」的觀察：

3　Jeffrey Brooks, *Thank You, Comrade Stalin!*, p. 4.

4　Naimark and Gibianskii, eds., *The Establishment of Communist Regimes*, p. 218.

　　在藝術方面，文化管制委員會〔文化接管委員會〕禁
止了 57 齣屬於傳統劇目的演出。有 23 齣是迷信的；14
齣是淫蕩的；4 齣貶低國家尊嚴因為過分突出外敵的侵略
（如匈奴和蒙古人入侵）；4 齣一味迎合「奴化道德」；
5 齣擁護封建吃人禮教；7 齣「極之乏味」或缺乏明確的
劇情。[5]

　　到了 1949 年中，離中華人民共和國正式成立還有幾個
月，北平軍管會宣稱占領工作極為成功。隨後審查情況持續不
減，甚至變本加厲。例如出版和傳媒界幾乎鏟除了非共產黨的
刊物，尤其是涉及宗教和少數民族等敏感議題。在北京市新聞
出版處，審查員極為仔細地檢查宗教和少數民族的書籍，決定
書籍是否符合國家政策。只要是擁護新政權的作品，就很容易
獲得通過。1953 年，在周恩來的鼓勵下，民族出版社成立並
印製宣揚民族和諧團結的書籍。[6] 稍後用來慶祝建國十週年的
民族文化宮，其建造也是用來表達同樣的主題。

　　毛澤東時代的審查制度是個複雜的程序，它不僅限制大眾
輿論的表達或禁止知識分子的思想交流；就如大家已看到的一
樣，它也令審查員與作者之間的關係變得緊張。審查員急切要

5　　Derk Bodde, *Peking Diary: A Year of Revolution* (New York: Henry Schuman, 1950), p. 142.

6　　當代中國叢書編輯部編，《當代中國》，第 1 卷，頁 636；見民族圖書館編，《中華人民共和國民族工作大事記》，頁 448。

訂立一連串外界不太清楚且經常變更的規條，以協助他們的工作並為自己的審查裁決護航；而作者則要謹言慎行，小心遊走於各種規條中，好讓作品能獲准通過出版。審查員的職業生涯在 1950 年代並非一帆風順。如果某人失職，沒找出文章中暗藏的顛覆用意，後果會很嚴重。又如第二章討論過的，《北京日報》的編輯和作者不論願意與否，後來都被捲入共黨領導層關於社會主義路線的內訌裡，導致報社為求自保而陷入自我審查中。

時至今日，中共繼續嚴厲執行各種審查。當然，中國並不是唯一的共產國家，禁止持異見的印刷和電子媒體的資訊流通，北韓和越南也這樣做。[7] 但經常被忽視的是很多非共產國家的新聞自由也受到攻擊。在馬來西亞、新加坡和菲律賓，西方式的自由報刊確實存在，但都是被政府緊緊監視。[8] 在這些國家，一隊隊審查員像例行公事般刪除批評當局的文章，而且正如一位新聞學者指出的：「只需把立法和集中所有權這兩事巧妙地結合起來，便能確保傳媒持續受到控制。」[9] 但中國與

7　見 Jane Portal, *Art under Control in North Korea* (London: Reaktion Books, 2005), pp. 7-30, 53-104；及 Bill Hayton, *Vietnam: Rising Dragon* (New Haven, Conn.: Yale University Press, 2010), pp. 135-158。

8　Louise Williams and Roland Rich, ed., *Losing Control: Freedom of the Press in Asia* (Canberra: Australian National University E Press, 2013), pp. 1-15, 115-137, 147-189.

9　Louise Williams, "Censors at Work, Censors out of Work," in *Losing Control*, ed. Williams and Rich, p. 2.

別不同之處，就是政府在文藝方面的干預超出了報章、書籍和電視的範圍；它伸展到幾乎所有文化領域，包括宗教、公園和博物館。共產黨控制人民的文化生活可說是鋪天蓋地，沒有遺漏。在世界上二十個最大的經濟體裡，中國是唯一在憲法上奉行一黨專政的國家。當共產黨揮動幾乎無限的權力大棒時，它的權威幾乎是無遠弗屆的。

宣傳

宣傳工作與中共鞏固權力的行動，是步伐一致的。宣傳的效力在於它的基本策略：鼓吹特定目標，說話半真半假，將複雜事情簡化，以及利用群眾的情緒。社會學家以祿還加入另一策略：重複又重複。以祿表示，宣傳「靠的是緩慢而持續的灌輸。只有透過不斷重複，才能產生不知不覺的影響力，對群眾灌輸信念並令他們順從」。[10]

所有政府都做宣傳，而且是大量的宣傳。威權政府與民主政府的最大分別是前者在封閉的環境中製造宣傳，從上而下並且專橫地強加在人民身上。這種情況在中國尤其複雜。中文「宣傳」一詞不盡是負面的含義。此「宣傳」不是西方所理解的強硬式思想灌輸或玩弄政策。在中國，宣傳有時可以解作正面傳授某些觀點給它的宣傳對象。這種比較正面的含義令中共

---

10 Ellul, *Propaganda*, p. 17-18.

的宣傳變得更複雜，影響更深遠。它暗示宣傳不單傳遞首長想要發出的資訊，而且動機是良好的。

中國共產黨跟蘇聯共產黨一樣善於宣傳，毛澤東更是宣傳高手。之前說過，他早在 1927 年已察覺到口號和漫畫可以對農民產生廣泛影響。這種先見之明導致延安時期就已經制定出一套具體的政策，下令藝術家，特別是魯迅藝術學院訓練出來的人，要創作有社會主義內容的新秧歌劇並改造新年畫，作為宣傳武器，攻擊國民黨和日本侵略者。這些新的藝術形式大量取材自中國的民間傳統，家喻戶曉並深受民眾喜愛，是非常有效的宣傳工具。[11] 1950 年代文化館人員採用秧歌和漫畫來宣傳，顯然是跟隨這流傳下來的做法。

在反一貫道的運動中，我們見到的是另一種宣傳方式。共產黨利用群眾動員來挑起人民對官方視為邪教組織的敵意。在這場反教派運動中，官媒、公審、電影和展覽全都用上了。其中以公審最引人注目。公審與 1930 年代蘇聯史達林政府的公審相似，民間教派尤其是一貫道首領的公審，被安排在群情洶湧且富戲劇成分的場合演出，以吸引更多觀眾。[12] 公審的目的不單將被告的罪行示眾，更將他背後的邪惡組織的本質公開。最轟動的莫過於兒子譴責父親加入邪教組織的公審。這樣的公開審判混合懸疑和娛樂成分，增加公眾的關注（因而產生最大

11　Hung, *War and Popular Culture*, pp. 221-269.

12　Wood, *Performing Justice*; Fitzpatrick, "Signals from Below."

影響力）。再者，這類審訊都被說成是依照法律程序進行，因而裁決變得十分有力。最重要的是，控方是年輕人，他大義滅親、年少無畏及決心挑戰社會黑暗勢力的表現，象徵社會主義新一代明白貢獻國家的大道理。中共黨國聲稱執政是為人民服務，這些宣傳工具有助它爭取群眾的支持。群眾動員令參與者義憤填膺，成為國家理念的熱心支持者。

新聞傳播是中共最有力的宣傳工具，因為它能接觸到最廣泛的讀者和觀眾。《人民日報》和《北京日報》是在當時媒體中最為人熟知的武器。在這個電子通訊的時代，中央領導人繼續重視新聞媒介的宣傳。2016 年 2 月 19 日早上，國家主席習近平馬不停蹄地到訪 —— 官方稱之為「調研」—— 三家國營新聞機構：《人民日報》、新華社和中國中央電視台（央視）。[13] 為表現歡迎習近平來訪，央視在禮堂的大螢幕打出「央視姓黨、絕對忠誠、請您檢閱」的字句。[14] 在所到之處，習近平以堅定的語氣，告訴簇擁和崇拜著他的傳媒工作者：

> 黨的新聞輿論媒體的所有工作，都要體現黨的意志、反映黨的主張，維護黨中央權威、維護黨的團結……黨的新

13　*People's Daily Online*, "President Xi Jinping Makes Research Tour to *People's Daily*," February 19, 2016, http://en.people.cn/n3/2016/0219/c90000-9018740. html.

14　〈習近平到中央電視台調研〉，http://news.cntv.cn/special/xjpmtdy/index. shtml（2016 年 2 月 20 日檢索）。

　　聞輿論工作的職責和使命是：高舉旗幟、引領導向，圍繞
中心、服務大局，團結人民、鼓舞士氣，成風化人、凝心
聚力，澄清謬誤、明辨是非，聯接中外、溝通世界。[15]

　　在央視總部，習近平甚至跟央視駐北美華盛頓的分台負責
人舉行視訊會議，他告訴工作人員：「我看到你們這是國際化
的團隊。希望你們能夠客觀、真實、全面的介紹中國經濟社會
的發展情況。要講好中國故事，也要傳播中國文化。搭建我們
與所在地區的這種友好的橋梁。」[16] 習近平的講話堅持要國內
外的員工負起兩個互相矛盾的責任：一方面要客觀真實地報導
國內外事情；另一方面要宣傳和推廣中共的理念。顯然，在中
共領導人的心目中，若「要講好中國故事」，就不能隨便或任
意地講，一定要跟著中共的劇本演出。習近平的到訪顯示了他
看到的緊急情況：在國家經濟發展正在放緩和社會不公日益擴
大的時候，非要用官方媒體去描繪美好的中國前景不可。

　　中國的宣傳工作自 2000 年代早期起已推展至全球。官方
資助的孔子學院（隸屬教育部）始創於 2004 年，在外國的教

15　*China Daily*, "China's Xi Underscores CPC's Leadership in News Reporting," February 20, 2016, http://www.chinadaily.com.cn/china/2016-02/20/content_23564276.htm.

16　Edward Wong, "Xi Jinping's News Alert: Chinese Media Must Serve the Party," *New York Times*, February 23, 2016, http://www.nytimes.com/2016/02/23/world/asia/china-media-policy-xi-jinping.html.

育機構教授中文、歷史和文化科目，在全球展現中國共產黨的「軟實力」（soft power，借用政治學家奈伊〔Joseph Nye〕的用語）。[17] 時至今日，孔子學院的分校可在世界多個地方見到，讓北京領導人借用這個看似別無機心的文化交流，推動中國是個愛好和平的國家、願意與世界各國和諧合作發展的形象。[18] 不過，一些外國教育家已開始質疑孔子學院是個宣傳機關。事實上，共產黨高層領導李長春（1944-）在 2014 年也承認孔子學院是「中國大外宣格局的重要組成部分」。[19] 諷刺的是，孔子這位公元前六世紀的哲人，在毛澤東時代被批鬥為封建王朝、儒家社會的支柱，[20] 而今卻又有以他命名的文化機構及天安門豎立的巨型銅像在表揚他。[21]

17　Joseph S. Nye Jr., *Soft Power: The Means to Success in World Politics* (New York: Public Affairs, 2004).

18　有關孔子學院，例如見 Kenneth King, *China's Aid and Soft Power in Africa: The Case of Education and Training* (Woodbridge, UK: Boydell & Brewer, James Currey, 2003), pp. 1-67, 144-212；及 Ying Zhou and Sabrina Luk, "Establishing Confucius Institutes: A Tool for Promoting China's Soft Power?" *Journal of Contemporary China* 25, no. 100 (July 2016): 628-642。

19　"A Message from Confucius: New Ways of Projecting Soft Power," *The Economist*, October 22, 2009, p. 10.

20　Joseph R. Levenson, "The Role of Confucius in Communist China," *China Quarterly* 12 (October-December 1962): 1-18.

21　2011 年初，在天安門廣場的中國國家博物館的北邊，對著東長安街的地方，立了一座孔子銅像。我在 2011 年 1 月到北京時看過銅像。但剛過了三個月，銅像就被搬到國家博物館內一處較不顯眼的庭院裡。官方沒有解釋為何要搬移。有可能是該如何評價這位中國最有名的哲人，仍然是最高領導層之間的爭論點。

習近平 2013 年推動的一帶一路倡議（現今官方英文名稱是 The Belt and Road Initiative），也可視作另一個全球文化宣傳活動，用以提升中國作為友好睦鄰的大國崛起形象。[22] 中國政府積極把這個倡議，宣傳為通往西方的經濟走廊。它提議多建港口、公路和跨境公共設施（如鐵路），如此既能使中國的經濟富裕起來，也使它在中亞、中東、歐洲和非洲的六十多個貿易夥伴受惠。這樣一個極具野心的倡議令很多人提出質疑：首先，中國是否有能力籌集所需的八萬億美元基金去達致成果。第二，中國需要與眾多國家建立穩定的合作關係，然而這些國家之間很多都有政治爭端，各有矛盾，故很難達到目標。最重要的是，很多人懷疑中國這個計畫背後的真正動機。中國是否真的尋求互惠，還是要加重合作夥伴對北京的經濟依賴，因而增強北京的地緣戰略位置？更有人質疑，若與一個有長期侵犯人權紀錄的政府合作，那麼這些與它合作的國家是否也該負道德上的責任。

22　一帶一路倡議，例如見 Simeon Djankov and Sean Miner, eds., *China's Belt and Road Initiative Motives: Scope, and Challenges* (Washington, D.C.: Peterson Institute for International Economics, 2016)；Anoushiravan Ehteshami and Niv Horesh, eds., *China's Presence in the Middle East: The Implications of the One Belt, One Road Initiative* (Abingdon, UK: Routledge, 2018)；及 Flynt Leverett and Wu Bingbing, "The New Silk Road and China's Evolving Grand Strategy," *China Journal* 77 (January 2017): 110-132。

影響

　　自 1949 年起，中共花了相當多的時間和精力去建立一個文化控制網絡來監管人民。這種政策有多成功，及是否改變了中國的文化史？這些問題不易回答，因為文化政策常與政府其他政策混合在一起，包括政治運動及社會和經濟計畫等，所以很難單獨評估文化政策的影響。幸好現今一些中國檔案館已有限度地開放，大家才能知道多一些中共推行這些計畫時的背後想法。遺憾的是，仍有極大部分的檔案文件不供大眾查閱，特別是那些被視為敏感（如有關宗教和民族）的資料。再者，政府資料（如政令、通告、官方報告）只提供局部且經常誤導的資訊，因此很難知道低下階層所發生的事。政府慣常的做法是報喜不報憂，所以閱讀這些報告時務必小心。最後，對於那些只能接受政策的民眾，要評估他們的想法是項挑戰，尤其是他們多半沒受過教育，很少留下文字紀錄。一個難得的發現與《北京日報》的讀者來信有關。檔案資料顯示 1959 年收到的 18,492 封來信中，約 52% 得到報社的回覆，而只有 1% 獲得刊登。[23] 不過，這些資料並非完整無缺，因為北京市檔案館裡存放的該報資料，只保留簡單的統計數字，而非原本的信件。換言之，我們仍然未能聽到那些讀者的完整及真實聲音。

　　檔案雖然不完整，但我搜集到的資料，還是可以對中共文

23　北京市檔案館，114-1-97。

化政策的影響提供一些線索。政府在某些領域裡確實取得相當好的成績，例如鎮壓一貫道的強硬行動便給予所有民間教派致命的一擊。到了 1953 年鎮反運動的尾聲，官方關押了教派道首，充公財產，宣布教派集會違法。在書籍印刷方面，官員其後接管了整個出版行業，強制執行嚴格的出版方針並監視發行部門。雖然私營出版社在那段時期的情況不明朗，但到了1956 年初，政府已完全掌控所有出版社，私營問題便不復存在。[24] 這種對出版社的控制，很快便伸展到所有自由發表和寫作的空間。這就是 1957 年反右運動的結果，與官方意見不同的知識分子和政治人物（如民主同盟的黨員）都被清算。梁思成因熱烈呼籲保留傳統特色的建築物而惹上麻煩，當局批評他鼓吹「復古主義」，並在國家資源不足的時候縱容「浪費」。其後這位建築大師被迫承認自己的工作犯了嚴重的錯誤。[25]

其他領域比較難於衡量。例如，我們對博物館訪客參觀民族文化宮時的情況所知甚少。調查和統計的資料都不存在，訪客看到毛澤東接見歡天喜地參加 1954 年第一次全國人民代表大會的少數民族領袖的合照時，有何感想亦無人能知。

影響的問題可從另一角度去看。負責制定政策的官員，在推行政策時可能會感到挫敗。檔案資料透露了背後的複雜情況：審查員檢查書籍時所持的參差準則；管理層投訴缺乏合資

24　當代中國叢書編輯部編，《當代中國》，第 1 卷，頁 56。

25　梁思成，《梁思成全集》，第 5 卷，頁 268。

格的人手；幼稚園老師無法及時編寫出配合新社會主義的課程；文化館職員對讀者只有興趣借閱通俗雜誌和漫畫書刊而非政治刊物，經常感到心灰意冷。這種種失望的情緒通常記錄在各人的報告中——這些都是真實的反應，卻永遠不會白紙黑字地公開報導。

儘管中共的文化政策有這些缺點，卻對人民的生活肯定有莫大影響，因為官方不是叫人們該做什麼，而是下令他們不該做什麼。中共完全明白若要建立黨的絕對統治，必先要壟斷文化領域和控制各種通訊工具。這種控制不是透過慢慢勸說，而是借助灌輸和強迫手段去達致。這種由上而下的管控要確保人民別無選擇。中共黨國透過宣傳，只提供一種真理，而不是多元思維。當黨國壟斷文化，也就是獨占了人民的心靈。中共的文化控制在毛澤東時代之所以如此成功，皆因一個簡單的道理：如果小孩在學前階段已經要接受片面的教育，長大後他們當然相信那就是全部的真理。

以往紅衛兵為響應毛澤東不斷革命的號召，在天安門廣場舉行大型火紅示威的那段日子已一去不返。共產黨領導的許多場全國運動（如大躍進）是中華人民共和國最初十年的典型，到現在已成歷史。我過去十年到訪過北京、上海、廣州等大城市的公園，見到的是人民安享輕鬆的生活。跳舞、唱歌或細語家常是普遍景象。中國已經成為全球第二大經濟體，僅次於美國，很多中國人對 1949 年以來的成就理所當然地感到驕傲。但這個國家仍然是一個充滿矛盾和衝突的地方：崇高的共產主

義理想與唯利是圖的資本主義投機買賣；普世價值與傳統主義；鐵腕反貪與腐敗成風；宣稱要依法治國卻同時打壓異見人士；政府在毛澤東時代將儒家道德規範貶為封建思想，卻在此時此刻宣揚孔子的忠孝及和諧之道。到目前為止，中共掌舵一直都能帶領國家渡過一道道險灘，並且也能因時制宜以求繼續掌權。有些學者稱這種靈活變通的手法為「游擊戰術」，即施政不再局限於僵硬死板的教條理論，而是見機行事的實用主義。[26] 其中一個做法便是招攬國家的頂級人才，以大量的榮譽和聲望滿足他們。張藝謀（1950-）原本是個不囿於政治禁區的電影導演，拍攝過反映國家治理不當和赤貧的作品，曾經招致當局的憤怒，後來卻變成御用藝術家，執導親政府的 2008 年北京奧運會開幕禮，那是場花費不菲的豪華表演。明顯地，當今的中共領導人沒有死守毛澤東狂熱的理想主義，把「政治掛帥」及階級鬥爭推向全國。他們反而是鄧小平務實主義的信徒。鄧小平相信：「不管白貓黑貓，捉到老鼠就是好貓。」[27]

為了推廣自己的世界大國形象，中國明白它需要些比經濟、軍事力量更重要的軟實力。透過世界各地的孔子學院分校、表演藝術、文學、音樂和電影，它積極在外國宣傳自己是

26　Sebastian Heilmann and Elizabeth J. Perry, eds., *Mao's Invisible Hand: The Political Foundations of Adaptive Governance* (Cambridge, Mass.: Harvard University Asia Center, 2011), pp. 1-29.

27　Roderick MacFarquhar and Michael Schoenhals, *Mao's Last Revolution* (Cambridge, Mass.: Belknap Press of Harvard University Press, 2006), p. 69.

文化深厚、樂於助人的泱泱大國。[28] 這場宣傳戰由國務院新聞辦公室與中共中央宣傳部合力推動。它們也是負責審查制度的主要機關，以確保統一宣揚黨的光輝面貌，同時壓制任何負面形象。

　　目前中國在國際上大力宣揚自己愛好和平，與他國互惠互利，但這與它在國內的控制和審查做法形成強烈對比。中共黨國繼續盯緊文化機構和傳媒，抓緊人民可以讀、寫和聽到的事。2014 年 10 月在一個為期兩天、紀念毛澤東的 1942 年「延安講話」的研討會上（翌年官方才公布講稿），習近平在人民大會堂發表了當前中國文藝工作的正確道路的講話。[29] 儘管事隔 72 年，背景也不同 —— 毛澤東在延安一處破舊的禮堂講話，而習近平則在首都中心的大禮堂演說 [30] —— 但兩者的論點卻極度相似。習近平仿效毛澤東的「文化軍隊」觀念，明言「文藝戰線是黨和人民的重要戰線」。而且他也像毛澤東一樣，指示文化界要「堅持為人民服務、為社會主義服務」。但習近平在這裡加了個轉折：他避開毛澤東的階級鬥爭用語，卻號召作家多強調愛國主義和宣揚國家的偉大。他聲稱：「在

28　David Shambaugh, "China's Soft-Power Push," *Foreign Affairs* 94, no. 4 (July-August 2015): 99-107.

29　習近平，〈在文藝工作座談會上的講話〉，2014 年 10 月 15 日，http:// www.xinhuanet.com/politics/2015-10/14/c_1116825558.htm.

30　2014 年 6 月，我到訪毛澤東 1942 年講話的延安禮堂 —— 因形似飛機而稱為「飛機樓」的中共中央辦公廳 —— 發現它設備簡單，牆上只有幾張舊照，包括兩張扭秧歌的照片。

社會主義核心價值觀中，最深層、最根本、最永恆的是愛國主義。」[31] 習近平的講話在各大主要官方媒體刊登，明確提醒大家，雖然經過數十年的市場改革和開放，共產黨的路線仍然主導文化舞台。

在這之後，政府最高領導層繼續對什麼才是寫作的正確態度發出指示。就如第五章所說：2017 年 2 月，中共中央委員會和國務院聯合發表題為〈關於加強和改進新形勢下高校思想政治工作的意見〉，規定各高校學生一定要服務「以習近平同志為核心的黨中央」的共產黨。[32] 習近平的講話和指示加強了共產黨必定要掌控整個文化領域的理念，並且警告知識分子和作家不能超越某些政治紅線。習近平的「中國夢」明顯地容不下任何異夢。

---

31 習近平，〈在文藝工作座談會上的講話〉。
32 中共中央、國務院，〈關於加強和改進〉，《人民日報》，2017 年 2 月 28 日，第 1-2 版。

中文參考書目
（按漢語拼音排序）

檔案
北京師範大學檔案館
北京市檔案館
廣州市檔案館
上海市檔案館

報章與期刊
《北京日報》
《光明日報》
《解放日報》
《內部參考》
《人民教育》
《人民日報》
《新華月報》

專著與論文
B
〈北京的文化館〉，北京市檔案館，1-12-870。
〈北京勞動人民文化宮的法輪功小學員煉功點，中國，北京〉（2020 年 3
　　月 31 日檢索）。https://www.flickr.com/photos/49183068@N06/galleries/
　　72157624068125013.
〈北京日報版面革新計劃（草案）〉，北京市檔案館，114-1-40。
〈北京日報編輯出版方針（草案）〉，北京市檔案館，114-1-15。
〈北京日報編制人數初步意見〉，北京市檔案館，114-1-127。

〈北京日報黨總支會議記錄〉，北京市檔案館，114-1-25。

〈北京日報工作條例（草案）〉，北京市檔案館，114-1-160。

〈北京日報關於發稿、審稿和改稿程序暫行規定〉，北京市檔案館，114-1-98。

〈北京日報情況介紹（草稿）〉，北京市檔案館，114-1-56。

《北京日報三十年》。出版地不詳：出版社名、年分不詳。

北京師範大學校史編寫組編，《北京師範大學校史，1902-1982》。北京：北京師範大學出版社，1982。

〈北京市委關於改進北京日報工作的決議（草稿）〉，北京市檔案館，114-1-37。

北京市檔案館編，《北京檔案史料，2012，2：檔案中的北京文化》。北京：新華出版社，2012。

北京市地方誌編纂委員會編，《北京誌：新聞出版廣播電視卷：報業、通訊社誌》。北京：北京出版社，2006。

——，《北京誌：新聞出版廣播電視卷：出版誌》。北京：北京出版社，2005。

〈北京市第一文化館的調查報告〉，北京市檔案館，11-1-118。

〈北京市公安局關於取締一貫道工作的情況及經驗教訓的報告〉，《北京市重要文獻選編，1951》，頁 259-267。

北京市工農業餘教育局，〈本局關於文化館、書報閱覽室工作的概括、總結〉，北京市檔案館，152-1-52。

北京市教育局，〈北京市 12 年來幼兒教育工作及北京市提高幼兒園教育質量的工作情況〉，北京市檔案館，153-4-2545。

——，〈工作中存在的問題及解決問題的意見〉，北京市檔案館，1-23-16。

——，〈教育局接管工作計劃草案〉，北京市檔案館，153-1-2。

——，〈組織街道幼兒園（幼兒班）參考辦法〉，北京市檔案館，153-1-755。

北京市教育局幼教科，〈關於討論幼稚園暫行規程（草案）的通知〉，北京市檔案館，153-4-2441。

——，〈1949 年第一學期工作總結各私立幼兒園〉，北京市檔案館，153-4-2426。

——，〈1950 年第一學期各園自編教材〉，北京市檔案館，153-4-2440。

——，〈1950 年度第一學期工作總結各市立幼兒園〉，北京市檔案館，153-4-2436。

——，〈幼兒園教材〉，北京市檔案館，153-4-2461。

北京市民政局，〈關於北京市為民族文化宮民族工作展覽補充和修改展品工作的請示〉，北京市檔案館，2-16-60。

——，〈關於為民族文化宮搜集展品圖書和進行預展工作計劃的請示〉，北京市檔案館，196-2-676。

——，〈搜集民族文化宮所需展品和圖書的計劃提綱〉，北京市檔案館，196-2-676。

——，〈為民族文化宮搜集展品和圖書的計劃提綱〉，北京市檔案館，196-2-676。

——、北京市文化局，〈北京市為民族文化宮搜集展品，圖書和進行預展工作計劃〉，北京市檔案館，196-2-676。

〈北京市人民政府布告，嚴厲取締一貫道〉，《人民日報》，1950 年 12 月 19 日，第 4 版。

北京市人民政府文化教育委員會，〈私小接辦工作簡報〉，北京市檔案館，11-1-70。

北京市人民政府文化事業管理處，〈和真理報記者的談話〉，北京市檔案館，11-2-160。

北京市人民政府新聞出版處，〈北京市人民政府新聞處業務與組織情況〉，北京市檔案館，8-1-1。

——，〈北京市通俗讀物審查記錄表〉，北京市檔案館，8-2-250。

——，〈本處調查反動書及翻版書分析情況工作總結報告〉，北京市檔案館，8-2-789。

——，〈本處關於處理舊連環書的情況報告〉，北京市檔案館，8-1-73。

——，〈本處關於新聞管理工作的初步方案〉，北京市檔案館，8-2-40。

——，〈本處緊急處理舊反動書刊工作計劃〉，北京市檔案館，8-2-780。

——，〈處理東單、東安市場書攤售賣反動書籍經過報告〉，北京市檔案館，8-2-426。

——，〈處理「新生活運動」等 14 種反動書向出版總署報告及批覆〉，北京市檔案館，8-2-417。

──，〈對寶文堂出版物的審查紀錄表〉，北京市檔案館，8-2-227。

──，〈對大眾書店出版社出版物的審讀報告及審查紀錄表〉，北京市檔案館，8-2-453。

──，〈對文化供應社出版物的審讀報告〉，北京市檔案館，8-2-226。

──，〈對五十年代出版社的審讀報告及審查紀錄表〉，北京市檔案館，8-2-454。

──，〈各種刊物申請登記處理情況表〉，北京市檔案館，8-1-2。

──，〈關於可准燕京大學進口《印度之行》等兩書的報告〉，北京市檔案館，8-2-629。

──，〈管制國外進口出版物第一次會議紀錄〉，北京市檔案館，8-2-706。

──，〈函覆文化部沈部長的建議〉，北京市檔案館，8-2-421。

──，〈取締舊曆書情況〉，北京市檔案館，8-2-256。

──，〈市民張北野檢舉舊曆書的來信及本處調查報告〉，北京市檔案館，8-2-257。

──，〈推薦本市優良通俗讀物一覽表〉，北京市檔案館，8-2-423。

──，〈新連環畫審查紀錄表〉，北京市檔案館，8-2-159。

──，〈新聞科 1949 工作總結〉，北京市檔案館，8-1-13。

北京市市委文化部，〈本局黨委關於 1956 年本市郊區農村文化工作情況及今後改進的報告〉，北京市檔案館，164-1-9。

北京市文化局，〈北京市文化事業遠景規劃草案〉，北京市檔案館，164-1-163。

──，〈關於分立文化、出版、電影三個局的組織機構人員編制的請示〉，北京市檔案館，1-24-14。

──，〈海澱區農村文化工作調查材料〉，北京市檔案館，164-1-242。

〈北京市文化局關於農村文化工作的情況及今後改進意見的報告（草案）〉，北京市檔案館，164-1-4。

北京市園林處祕書室，〈本處 1954 年工作總結〉，北京市檔案館，98-1-157。

北京市園林局，〈關於公園工作中若干帶有方向路線性問題的調查報告〉，北京市檔案館，98-2-410。

北京市園林局辦公室，〈局黨委研究批林批孔如何結合園藝方針、古為今

用問題的記錄〉，北京市檔案館，98-2-369。

北京市園林局革命領導小組，〈關於五一遊園活動情況的匯報〉，北京市檔案館，98-2-48。

〈北京市園林局 1963 年工作總結〉，北京市檔案館，98-1-547。

〈北京市中專、中小學和幼兒園教育發展概況：參考資料〉，北京市檔案館，147-3-32。

《北京市重要文獻選編，1948.12-1949》，北京市檔案館、中共北京市委黨史研究室編。北京：中國檔案出版社，2001。

《北京市重要文獻選編，1950》，北京市檔案館、中共北京市委黨史研究室編。北京：中國檔案出版社，2001。

《北京市重要文獻選編，1951》，北京市檔案館、中共北京市委黨史研究室編。北京：中國檔案出版社，2001。

北京市總工會文教部，〈抗美援朝宣傳工作的指示〉，北京市檔案館，101-1-296。

北京市總工會宣傳部，〈北京市勞動人民文化宮工作綜合報告（草稿）〉，北京市檔案館，101-1-502。

〈北京誌：廣播通訊社出版篇〉，北京市檔案館，1-12-863。

《北平和平解放前後》，北京市檔案館編。北京：北京出版社，1998。

《北平解放》，2 卷本，北京市檔案館編。北京：中國檔案出版社，2009。

〈本報編委會會議記錄〉，北京市檔案館，114-1-158。

〈本報編委會會議記錄〉，北京市檔案館，114-1-200。

〈本報黨員情況統計報表〉，北京市檔案館，114-1-90。

〈本報關於幹部問題的總結、報告、情況等〉，北京市檔案館，114-1-43。

〈本報關於宣傳報道中保密檢查及改進意見〉，北京市檔案館，114-1-122。

〈本報機關黨委會會議記錄〉，北京市檔案館，114-1-233。

〈本報宣傳報道檢查〉，北京市檔案館，114-1-68。

〈本報有嚴重政治歷史問題人員情況〉，北京市檔案館，114-1-127。

〈本報總編輯會議記錄〉，北京市檔案館，114-1-177。

〈本報總編輯會議記錄〉，北京市檔案館，114-1-199。

〈本市各文化館、站幹部配備表和學習計劃〉，北京市檔案館，11-2-77。

〈編委擴大會議〉，北京市檔案館，114-1-176。

〈編委擴大會討論毛著的問題〉，北京市檔案館，114-1-216。

C

曹孚，〈杜威批判引論〉，《人民教育》，第 1 卷，第 6 期（1950 年 10 月），頁 21-28；及第 2 卷，第 1 期（1950 年 11 月），頁 22-29。

陳鶴琴，〈我對「活教育」的再檢討〉，《人民教育》，第 4 期（1952 年 4 月），頁 8-10。

陳立夫，《成敗之鑑》。臺北：正中書局，1994。

陳清泉、宋廣渭，《陸定一傳》。北京：中共黨史出版社，1999。

陳永發，《延安的陰影》。臺北：中央研究院近代史研究所，1990。

〈出版總署關於查禁或處理書刊的指示〉，北京市檔案館，8-2-753。

〈出版總署關於當前查禁舊書中的一些規定〉，北京市檔案館，8-2-757。

《初級小學課本語文第二冊教學參考書》。北京：人民教育出版社，1955。

〈摧毀反動統治，建立人民政權〉，《北京市重要文獻選編，1950》，頁 127-132。

D

〈代新聞總署、出版總署轉發一部分基督教人士的宣言的宣傳通報〉，北京市檔案館，8-2-187。

當代中國叢書編輯部編，《當代中國的出版事業》，3 卷本。北京，當代中國出版社，1993。

〈大學主席著作，改進報紙工作〉，北京市檔案館，114-1-221。

鄧拓，《鄧拓文集》，4 卷本。北京：北京出版社，1986。

〈鄧小平爺爺植樹〉（2013 年 6 月 8 日檢索）。http://www.pep.com.cn/xiaoyu/jiaoshi/tbjx/jiaocan/tb1x/201103/t20110311_1026957.htm.

《訂正新撰國文教科書》，第 6 冊。出版地不詳：出版社名、年分不詳。

〈第一社審查新連環畫名單〉，北京市檔案館，8-2-154。

董夫騰，〈新時期文化館人才隊伍建設與管理研究〉，《大眾文藝》，第 2 期（2016），頁 9。

E

〈2017 年中國大學畢業生的起薪公布了，含碩博士〉（2019 年 2 月 10 日
　檢索）。https://chinaqna.com/a/14973.

F

范瑾，〈關於批評與自我批評等問題的發言〉，北京市檔案館，114-1-39。
──，〈懷念與敬意：回憶市委領導對北京日報的關懷〉，《新聞與傳播
　研究》，第 1 期（1983），頁 48-58。
方成，《點傳師》，《人民日報》，1955 年 8 月 4 日，第 2 版。
方漢奇編，《中國新聞事業通史》，3 卷本。北京，中國人民大學出版
　社，1992-1999。
費孝通等編，《胡愈之印象記》，修訂本。北京：中國友誼出版公司，
　1996。
馮基平，〈繼續改進首都的社會秩序〉，《北京市重要文獻選編，
　1951》，頁 54-62。
馮紹謙，〈我檢舉了爺爺〉，《人民日報》，1951 年 4 月 17 日，第 3 版。
孚中編，《一貫道發展史》。臺北縣：正一善書出版社，1999。
〈輔仁大學附屬幼稚園學期工作總結〉，北京市檔案館，153-4-2438。

G

〈改進北京晚報的初步意見〉，北京市檔案館，114-1-120。
戈林娜（Galina），〈蘇聯的幼兒教育〉，《人民教育》，第 6 期（1952
　年 6 月），頁 31-36。
──，〈蘇聯兒童道德品質的教育〉，《人民教育》，第 2 卷，第 3 期
　（1951 年 1 月），頁 41-49。
──，《蘇聯幼兒教育講座》。北京，人民教育出版社，1953。
甘肅省檔案館編，《蘭州解放》。北京：中國檔案出版社，2009。
高華，《紅太陽是怎樣升起的：延安整風運動的來龍去脈》。香港：香港
　中文大學出版社，2000。
耿志忠，〈我怎樣退出了一貫道〉，《人民日報》，1950 年 12 月 24 日，
　第 3 版。
共青團北京市委員會，〈關於文教館的解說詞〉，北京市檔案館，100-3-

473。

公園管理委員會祕書室，〈本會1953年工作計劃要點〉，北京市檔案館，
　　98-1-101。

顧明遠，〈論蘇聯教育理論對中國教育的影響〉，《北京師範大學學報
　　（社會科學版）》，第1期（2004），頁5-13。

──，《中國教育的文化基礎》。太原：山西教育出版社，2004。

〈廣東省文化館黨支部開展主題黨日學習活動〉（2019年1月9日檢索）。
　　http://www.gdsqyg.com/agdzxdt/workinginfo?id=2018122623760481.

〈廣州市工人文化宮開辦以來的初步工作總結〉，廣州市檔案館，92-0-
　　84。

〈關於報社遷京計劃和建造大樓給國務院的報告〉，北京市檔案館，43-
　　1-23。

〈關於本市貫徹鎮壓反革命運動的宣傳工作通知〉，上海市檔案館，A22-
　　1-93。

〈關於編制1955年文化事業建設計劃事〉，北京市檔案館，11-2-226。

〈關於大躍進以來基層文化工作的檢討報告〉，北京市檔案館，164-1-
　　46。

〈關於郊區電話、廣播網投資效果檢查報告〉，北京市檔案館，1-14-396。

〈關於郊區農村知識青年目前的思想、學習情況和問題〉，北京市檔案
　　館，1-12-521。

〈關於接辦北京人民廣播電台問題的請示報告〉，北京市檔案館，1-12-
　　442。

〈關於進一步改造民間職業戲曲劇團的方案〉，北京市檔案館，164-1-
　　15。

〈關於全面取締反動會道門工作中宣傳工作的通知〉，上海市檔案館，
　　A22-1-93。

〈關於修建民族文化宮的會議記要〉，北京市檔案館，47-1-10。

〈關於宣傳鼓動工作的報告〉，北京市檔案館，101-1-334。

〈關於在首都各公園內設立勞動模範及戰鬥英雄事蹟圖片會議的記錄〉，
　　北京市檔案館，153-1-1238。

郭沫若、周揚編，《紅旗歌謠》。北京：人民文學出版社，1979。

郭玉強，〈建國前後取締一貫道的鬥爭〉，《中共黨史資料》，第60期

（1996 年 12 月），頁 114-135。

國家民族事務委員會「中國民族工作五十年」編輯委員會編，《中國民族工作五十年》。北京：民族出版社，1999。

國慶工程辦公室，〈民族文化宮〉，北京市檔案館，125-1-1219。

——，〈民族文化宮施工情況〉，北京市檔案館，125-1-1219。

〈國務院關於搜集民族文化宮所需展品和圖書的通知〉，北京市檔案館，196-2-676。

〈國務院關於嚴厲打擊非法出版活動的通知〉，1987 年 7 月 6 日。http://www.people.com.cn/electric/flfg/d4/870706.html.

H

何東昌編，《當代中國教育》，2 卷本。北京：當代中國出版社，1996。

胡績偉，《青春歲月：胡績偉自述》。鄭州：河南人民出版社，1999。

胡喬木傳編寫組編，《胡喬木書信集》。北京：人民出版社，2002。

《胡適思想批判》，8 卷本。北京：三聯書店，1955-1956。

胡愈之，《胡愈之文集》，6 卷本。北京：生活、讀書、新知三聯書店，1996。

——，《我的回憶》。南京：江蘇人民出版社，1990。

華東行政委員會民族事務委員會，〈關於回民要求組織回民團體地方組織問題的答覆〉。上海市檔案館，B21-2-16。

J

〈記一貫道罪證展覽〉，《人民日報》，1951 年 3 月 3 日，第 3 版。

賈福林，《太廟探幽》。北京：文物出版社，2005。

〈堅決取締一貫道〉，《人民日報》，1950 年 12 月 20 日，第 1 版。

晉察冀邊區行政委員會教育廳編，《國語課本》。出版地不詳：出版社名不詳，1948。

〈京郊取締一貫道工作總結〉，北京市檔案館，1-14-165。

《建國以來重要文獻選編》，中共中央文獻研究室編，20 冊本。北京：中央文獻出版社，1992-1998。

K

凱洛夫（Kairov, I. A.），《教育學》，沈穎、南致善等譯，2 卷本。北京：
　　人民教育出版社，1952，初版 1951。

〈開展鎮壓反革命群眾運動的宣傳要點〉，上海市檔案館，A22-1-14。

課程教材研究所、小學語文課程教材研究開發中心編，《語文：一年級，
　　下冊》。北京：人民教育出版社，2001。

L

李莉，〈新時期做好縣級文化館工作的幾點思考〉，《大眾文藝》，第
　　14 期（2012），頁 199。

李世瑜，《現代華北祕密宗教》。上海：上海文藝出版社，1990，初版
　　1948。

黎淑芳，〈蘇聯專家戈麗娜〉，《北京日報》，1952 年 11 月 5 日，第
　　4 版。

李唯一，《中國工資制度》。北京：中國勞動出版社，1991。

梁思成，《梁思成全集》，9 卷本。北京：中國建築工業出版社，2001。

〈煉鐵部黑板報在社會主義競賽中為什麼受到群眾的歡迎〉，北京市檔案
　　館，1-12-272。

林洙，《大匠的困惑》。北京：作家出版社，1991。

劉妮，《清涼山記憶》。西安：三秦出版社，2011。

劉少奇，〈關於開展反對一貫道活動給西北局的信〉，《黨的文獻》，第
　　4 期（1996），頁 10-11。

劉御編，《初小國語》。出版地不詳：新華書店，出版年分不詳。

盧樂珍編，《幼兒道德啟蒙的理論與實踐》。福州：福建教育出版社，
　　1999。

羅瑞卿，《論人民公安工作》。北京：群眾出版社，1994。

──，〈取締反動會道門工作初見成效〉，《論人民公安工作》，頁 169-
　　173。

──，〈三年來鎮壓反革命工作的偉大成就〉，《人民日報》，1952 年 9
　　月 29 日，第 2 版。

──，〈中共中央轉發羅瑞卿關於取締反動會道門情況的報告〉，《黨的
　　文獻》，第 4 期（1996），頁 18-20。

M

馬南邨（鄧拓），〈生命的三分之一〉，《北京晚報》，1961 年 3 月 19 日，
　　第 3 版。

馬西沙、韓秉方，《中國民間宗教史》。上海：上海人民出版社，1992。

茅盾，《蘇聯見聞錄》。上海：開明書店，1948。

毛澤東，《建國以來毛澤東文稿》，13 冊本。北京：中央文獻出版社，
　　1987-1998。

──，《毛澤東文集》，中共中央文獻研究室編，8 卷本。北京：人民出
　　版社，1993-1999。

──，《毛澤東選集》，5 卷本。北京：人民出版社，1952-1977。

〈毛主席為北京日報寫的報頭〉，北京市檔案館，114-1-11。

〈民族飯店工程的基本情況〉，北京市檔案館，47-1-92。

民族圖書館編，《中華人民共和國民族工作大事記，1949-1983》。北京：
　　民族出版社，1984。

〈民族文化宮〉，《建築學報》，第 9-10 期（1959 年 10 月），頁 47-51。

〈民族文化宮〉（2020 年 3 月 30 日檢索）。http://www.cpon.cn.

民族文化宮博物館編，《民族博物館的理論與實踐》。北京：民族出版
　　社，1999。

〈民族文化宮初步方案說明〉，北京市檔案館，47-1-10。

〈民族文化宮工程的基本情況〉，北京市檔案館，47-1-92。

〈民族文化宮工程基建檔案整理工作總結〉，北京市檔案館，44-1-99。

《民族文化宮落成和十年來民族工作展覽》。北京：出版社名、年分不
　　詳。

N

南京市檔案館編，《南京解放》，2 卷本。北京：中國檔案出版社，
　　2009。

P

彭真，〈公安工作要依靠群眾〉，《彭真文選，1941-1990》，頁 253-
　　254。

──，《彭真文選，1941-1990》。北京：人民出版社，1991。

Q

錢俊瑞，〈當前教育建設的方針〉，《人民教育》，第1卷，第1期（1950年5月），頁10-16。

──，《錢俊瑞選集》。太原：山西經濟出版社，1986。

慶格勒圖，〈建國初期綏遠地區取締一貫道的鬥爭〉，《內蒙古大學學報》，第33卷，第3期（2001年5月），頁43-48。

〈全國勞動模範〉，北京市檔案館，101-1-1299。

R

任遠遠編，《紀念任弼時》。北京：文物出版社，1986。

〈人民日報訂購進口出版物的函〉，北京市檔案館，8-2-641。

S

上海市檔案館編，《上海解放》，3卷本。北京：中國檔案出版社，2009。

上海市民族事務委員會，〈各民族宗教信仰風俗習慣生活福利部分〉，上海市檔案館，B21-1-5。

──，〈關於區劃調整後對各區民族工作幹部配備的意見〉，上海市檔案館，B21-1-17-1。

──，〈民族工作有關規定〉，上海市檔案館，B21-1-42-9。

──，〈上海市民族工作情況報告（草稿）〉，上海市檔案館，B21-1-8-1。

──，〈有關少數民族照顧的暫行辦法〉，上海市檔案館，B21-2-16。

上海市人民政府公安局，〈取締反動會道門宣傳工作手冊〉，上海市檔案館，A22-1-93。

上海市文化局，〈中山公園文化館1955年春節活動計劃〉，上海市檔案館，B172-4-429-42。

上海市兄弟民族招待委員會，〈招待青海省各民族參觀團綜合簡報〉，上海市檔案館，B21-2-65。

〈社會文化科（文化館部分）總結〉，北京市檔案館，11-2-189。

沈志華，《蘇聯專家在中國》。北京：中國國際廣播出版社，2003。

石坪，〈興建中的民族文化宮〉，《民族團結》，第16期（1959年1

月），頁 16。

〈市委機關有關各項工作的通知及北京市委軍管會代號表〉，北京市檔案館，40-2-2。

〈市委宣傳部關於北京市發展宣傳網的情況〉，北京市檔案館，1-12-96。

〈市委宣傳部關於召開宣傳員代表會議的計劃〉，北京市檔案館，1-12-110。

市委研究室，〈工業問題座談會紀要：（21）解放以來、工廠裡開展了哪些群眾運動？〉，北京市檔案館，1-9-585。

《社會主義時期中共北京黨史紀事》，中共北京市委黨史研究室編，4 輯本。北京：人民出版社，1994-1998。

司馬遷，《史記》，10 卷本。北京：中華書局，1987。

宋光宇，〈一貫道的昨天、今天和明天〉，《聯合月刊》，第 10 期（1982 年 5 月），頁 72-79。

宋連生，《鄧拓的後十年》。武漢：湖北人民出版社，2010。

宋永毅編，《中國反右運動數據庫，1957-》。香港：中國研究服務中心，香港中文大學，2009。

宋玉麟，〈回憶延安新華書店〉，《出版史料》，第 2 期（1983 年 12 月），頁 5-7。

孫旭培，《坎坷之路：新聞自由在中國》。高雄：巨流圖書股份有限公司，2013。

——，〈三十年新聞立法歷程與思考〉，《炎黃春秋》，第 2 期（2012），頁 1-7。

T

唐淑編，《幼兒園課程研究與實踐》。南京：南京師範大學出版社，2000。

——、孫起英編，《幼兒園課程基本理論和整體改革》。南京：南京師範大學出版社，2010。

田作良，《仙班》，《人民日報》，1951 年 5 月 9-12 日，第 3 版。

童寯，《江南園林誌》，第 2 版。北京：中國建築工業出版社，1984。

W

王建軍，《中國近代教科書發展研究》。廣州：廣東教育出版社，1996。

王建政，〈淺析文化館在群眾文化實踐中的職能與發揮〉，《大眾文藝》，第 2 期（2016），頁 21。

王力雄，《天葬：西藏的命運》。臺北：大塊文化出版股份有限公司，2009。

──，《我的西域，你的東土》。臺北：大塊文化出版股份有限公司，2007。

〈為什麼要取締反動會道門〉，上海市檔案館，A22-1-93。

〈文化部關於加強農村春節文化藝術工作的指示〉，北京市檔案館，8-2-20。

〈文化處工作周報〉，北京市檔案館，11-2-157。

〈文化處關於三年來文化工作檢查、文藝工作會議及 1952 年工作總結報告〉，北京市檔案館，11-2-148。

〈文化館的工資〉（2019 年 2 月 10 日檢索）。https://www.kanzhun.com/gsx1599688.html.

〈我校 13 個系教學大綱報部文稿〉，北京師範大學檔案館，校長辦公室，38（1951）。

〈我校增聘人事計劃〉，北京師範大學檔案館，校長辦公室，26（1951 年）。

X

習近平，〈在文藝工作座談會上的講話〉，2014 年 10 月 15 日。http://www.xinhuanet.com/politics/2015-10/14/c_1116825558.htm.

〈習近平到中央電視台調研〉（2016 年 2 月 20 日檢索）。http://news.cntv.cn/special/xjpmtdy/index.shtml.

蕭文明，〈國家觸角的限度之再考察：以新中國成立初期上海的文化改造為個案〉，《開放時代》，第 3 期（2013），頁 130-152。

〈西北局關於開展反對一貫道活動的工作指示〉，《黨的文獻》，第 4 期（1996），頁 11-13。

新華網，〈胡錦濤等黨和國家領導人參觀「西藏民主改革 50 年大型展覽」〉，2009 年 3 月 28 日。http://news.xinhuanet.com/politics/2009-03/

28/content_11087844.htm.

熊月之，〈晚清上海私園開放與公共空間的拓展〉，《學術月刊》，第 8 期（1998），頁 73-81。

〈宣傳部 1963 年上半年工作小結〉，北京市檔案館，101-1-1170。

〈宣傳畫：有效的宣傳武器〉，北京市檔案館，1-12-223。

Y

顏芳，〈蘇聯專家對北京師範大學教育改革的影響〉，《高校教育管理》，第 5 卷，第 3 期（2011 年 5 月），頁 57-61。

嚴仲勤，《當代中國的職工工資福利和社會保險》，北京：當代中國出版社，2009。

〈嚴懲怙惡不悛的會道門首惡〉，《人民日報》，1951 年 1 月 19 日，第 1 版。

葉劍英，〈北平市軍事管制委員會成立布告〉，《北平和平解放前後》，頁 84-87。

〈葉劍英關於軍管會問題的報告要點〉，《北平解放》，上卷，頁 198-200。

〈葉市長在第一次工農兵勞動模範大會上的指示〉，廣州市檔案館，92-0-2。

〈一帶一路在我館演出〉（2017 年 2 月 17 日檢索）。http://dcwhg.bjdch.gov.cn/n3363374/n3373107/n3373108/n3373109/c3571655/content.html.

《一貫害人道》電影，中央電影局、北京電影製片廠，1952。

〈1959 年來信工作總結〉，北京市檔案館，114-1-97。

〈1959 年廣播處工作總結（草稿）〉，北京市檔案館，164-1-234。

余敏玲，《形塑「新人」：中共宣傳與蘇聯經驗》。臺北：中央研究院近代史研究所，2015。

袁鷹，《風雲側記：我在人民日報副刊的歲月》。北京：中國檔案出版社，2006。

Z

張鎛，《我的建築創作道路》。北京：中國建築工業出版社，1994。

張西銘，〈民族文化宮籌建始末〉，《中國民族報》，2006 年 2 月 24 日，

第 7 版。

張新辰，〈北京勞動人民的樂園：北京市勞動人民文化宮〉，《人民日報》，1953 年 7 月 19 日，第 3 版。

章詒和，《最後的貴族》。香港：牛津大學出版社，2004。

〈鎮壓反革命宣傳工作的小結〉，上海市檔案館，A22-1-14。

中共北京市委劉仁傳編寫組編，《劉仁傳》。北京：北京出版社，2000。

〈中共中央關於鎮壓反革命活動的指示〉，《建國以來重要文獻選編》，第 1 冊，頁 420-423。

中共中央、國務院，〈關於加強和改進新形勢下高校思想政治工作的意見〉，《人民日報》，2017 年 2 月 28 日，第 1-2 版。

〈中共中央批轉中央公安部「關於全國公安會議的報告」〉，《建國以來重要文獻選編》，第 1 冊，頁 441-446。

中共中央文獻研究室編，《劉少奇年譜，1898-1969》，2 卷本。北京：中央文獻出版社，1996。

中共中央宣傳部辦公廳、中央檔案館編研部編，《中國共產黨宣傳工作文獻選編，1937-1949》。北京：學習出版社，1996。

中國革命博物館編，《解放區展覽會資料》。北京：文物出版社，1988。

中國共產黨北京市委員會辦公廳，〈文化接管委員會各單位人員名單〉，北京市檔案館，1-6-277。

中國人民政治協商會議北京市委員會文史資料委員會編，《周恩來與北京》。北京：中央文獻出版社，1998。

中國社會科學院歷史研究所清史室、資料室編，《清中期五省白蓮教起義資料》，5 卷本。南京：江蘇人民出版社，1981。

中國社會科學院新聞研究所編，《中國共產黨新聞工作文件匯編》，3 卷本。北京：新華出版社，1980。

〈中華人民共和國懲治反革命條例〉，《人民日報》，1951 年 2 月 22 日，第 1 版。

《中華人民共和國出版史料》，中國出版科學研究所、中央檔案館編。北京：中國書籍出版社，1995。

中華人民共和國教育部，《幼兒園教育指導綱要（試行）》。北京：北京師範大學出版社，2001。

中華人民共和國教育部計劃財務司編，《中國教育成就：統計資料，

1949-1983》。北京：人民教育出版社，1984。

〈中央關於重視運用大公報的通知等〉，北京市檔案館，43-1-22。

〈中央和市委領導同志對報紙工作的指示〉，北京市檔案館，114-1-198。

〈中央人民政府文化部關於調查處理黃色書刊的各項指示通知〉，北京市
　　檔案館，8-2-508。

周保昌，〈新華書店在延安初創時期〉，《出版史料》，第 2 期（1983
　　年 12 月），頁 1-4。

周慧梅，《民眾教育館與中國社會變遷》。臺北：秀威資訊科技股份有限
　　公司，2013。

周應鵬，〈良宵盛會喜空前：憶新中國成立後「第一屆全國出版會議」〉
　　（2016 年 2 月 6 日檢索）。http://www.pep.com.cn/cbck/200909x/201012/
　　t20101227_993513.htm.

周遊，〈堅持唯物主義，堅持實事求是：紀念北京日報創刊 30 週年〉，
　　《新聞與傳播研究》，第 1 期（1983），頁 59-67。

朱順佐，《胡愈之》。石家莊：花山文藝出版社，1999。

外文參考書目

A

Adam, Peter. *Art of the Third Reich*. New York: Harry N. Abrams, 1992.

Altehenger, Jennifer. *Legal Lessons: Popularizing Laws in the People's Republic of China, 1949-1989*. Cambridge, Mass.: Harvard University Asia Center, 2018.

Anderson, John. *Religion, State and Politics in the Soviet Union and Successor States*. Cambridge: Cambridge University Press, 1994.

Applebaum, Ann. *Iron Curtain: The Crushing of Eastern Europe, 1944-1956*. New York: Doubleday, 2012.

Arendt, Hannah. *The Origins of Totalitarianism*. New York: World Publishing, 1958.

B

Bauer, Raymond A. *The New Man in Soviet Psychology*. Cambridge, Mass.: Harvard University Press, 1952.

Bei Ling. "Bei Ling: The State of Underground Literature in China." October 13, 2009. http://www.igfm.de/bei-ling.

Beijing Normal University Kindergarten. "Pictures of Events in the Kindergarten's History." Accessed April 8, 2020. http://bnuk.english.bnu.edu.cn/about_bnuk/history_bnuk/37913.htm.

Bennett, Tony. *The Birth of the Museum: History, Theory, Politics*. London: Routledge, 1995.

Berlin, Isaiah. *Against the Current: Essays in the History of Ideas*. Edited by Henry Hardy. Princeton, N.J.: Princeton University Press, 2001.

Bodde, Derk. *Peking Diary: A Year of Revolution*. New York: Henry Schuman,

1950.

Boitsova, Olga. "Photographs in Contemporary Russian Rural and Urban Interiors." In *Material Culture in Russia and the USSR: Things, Values, Identities*, edited by Gram H. Roberts, pp. 71-99. London: Bloomsbury Academic, 2017.

Bonnell, Victoria E. *Iconography of Power: Soviet Political Posters under Lenin and Stalin*. Berkeley: University of California Press, 1997.

Bosco, Joseph "Yiguan Dao: 'Heterodoxy' and Popular Religion in Taiwan." In *The Other Taiwan: 1945 to the Present*, edited by Murray A. Rubinstein, pp. 423-444. Armonk, N.Y.: M. E. Sharpe, 1994.

Bourdieu, Pierre, and Hans Haacke. *Free Exchange*. Stanford, Calif.: Stanford University Press, 1995.

Brady, Anne-Marie. *Marketing Dictatorship: Propaganda and Thought Work in Contemporary China*. Lanham, Md.: Rowman and Littlefield, 2008.

Brokaw, Cynthia J., and Christopher A. Reed, eds. *From Woodblocks to the Internet: Chinese Publishing and Print Culture in Transition, circa 1800 to 2008*. Leiden: Brill, 2010.

——, and Kai-wing Chow, eds. *Printing and Book Culture in Late Imperial China*. Berkeley: University of California Press, 2005.

Brooks, Jeffrey. *How Russia Learned to Read: Literacy and Popular Literature, 1861-1917*. Princeton, N.J.: Princeton University Press, 1985.

——. *Thank You, Comrade Stalin! Soviet Public Culture from Revolution to Cold War*. Princeton, N.J.: Princeton University Press, 2000.

Brophy, David. *Uyghur Nation: Reform and Revolution on the Russia-China Frontier*. Cambridge, Mass.: Harvard University Press, 2016.

Brown, Jeremy, and Matthew D. Johnson, eds. *Maoism at the Grassroots: Everyday Life in China's Era of High Socialism*. Cambridge, Mass.: Harvard University Press, 2015.

——, and Paul G. Pickowicz, eds. *Dilemmas of Victory: The Early Years of the People's Republic of China*. Cambridge, Mass.: Harvard University Press, 2007.

Burckhardt, Jacob. *The Civilization of the Renaissance in Italy*. 2 vols.

Introduced by Benjamin Nelson and Charles Trinkaus. New York: Harper & Row, 1958.

Burke, Peter. *Varieties of Cultural History*. Ithaca, N.Y.: Cornell University Press, 1997.

C

Cameron, Duncan F. "The Museum: A Temple or the Forum." In *Reinventing the Museum: Historical and Contemporary Perspectives on the Paradigm Shift*, edited by Gail Anderson, pp. 61-73. Walnut Creek, Calif.: AltaMira Press, 2004.

Chadwick, George F. *The Park and the Town: Public Landscape in the 19th and 20th Centuries*. London: The Architectural Press, 1966.

Chang, Julian. "The Mechanics of State Propaganda: The People's Republic of China and the Soviet Union in the 1950s." In Cheek and Saich, *New Perspectives on State Socialism in China*, pp. 76-124.

Chang, Maria Hsia. *Falun Gong: The Ends of Days*. New Haven, Conn.: Yale University Press, 2004.

Cheek, Timothy. *Propaganda and Culture in Mao's China: Deng Tuo and the Intelligentsia*. Oxford: Clarendon Press, 1997.

——, and Tony Saich, eds. *New Perspectives on State Socialism in China*. Armonk, N.Y.: M. E. Sharpe, 1997.

Chen, Janet Y. *Guilty of Indigence: The Urban Poor in China, 1900-1953*. Princeton, N.J.: Princeton University Press, 2012.

Chen, Nancy N. *Breathing Spaces: Qigong, Psychiatry, and Healing in China*. New York: Columbia University Press, 2003.

Cheng, Yinhong. *Creating the "New Man": From Enlightenment Ideals to Socialist Realities*. Honolulu: University of Hawai`i Press, 2009.

China Daily. "China's Xi Underscores CPC's Leadership in News Reporting." February 20, 2016. http://www.chinadaily.com.cn/china/2016-02/20/content_23564276.htm.

Chiu, Melissa, and Shengtian Zheng, eds. *Art and China's Revolution*. New Haven, Conn.: Yale University Press, 2008.

Cliff, Tom. *Oil and Water: Being Han in Xinjiang*. Chicago: University of Chicago Press, 2016.

Coble, Park M. *China's War Reporters: The Legacy of Resistance against Japan*. Cambridge, Mass.: Harvard University Press, 2015.

Conquest, Robert. *The Harvest of Sorrow: Soviet Collectivization and the Terror-Famine*. New York: Oxford University Press, 1986.

Conway, Hazel. *People's Parks: The Design and Development of Victorian Parks in Britain*. Cambridge: Cambridge University Press, 1991.

Culp, Robert. "'China-The Land and Its People': Fashioning Identity in Secondary School History of Textbooks, 1911-37." *Twentieth-Century China* 26, no. 2 (April 2001): 17-62.

D

Darnton, Robert. *Censors at Work: How States Shaped Literature*. New York: W. W. Norton, 2014.

Davis, Deborah S., Richard Kraus, Barry Naughton, and Elizabeth J. Perry, eds. *Urban Spaces in Contemporary China: The Potential for Autonomy and Community in Post-Mao China*. Washington, D.C.: Woodrow Wilson Center Press, 1995.

de Certeau, Michel. *The Practice of Everyday Life*. Translated by Steven Rendall. Berkeley: University of California Press, 1984.

de Groot, J. J. M. *Sectarianism and Religious Persecution in China*. 2 vols. Taipei: Literature House, 1963. First published 1903.

Denton, Kirk A. *Exhibiting the Past: Historical Memory and the Politics of Museums in Postsocialist China*. Honolulu: University of Hawai'i Press, 2014.

Diamant, Neil J. *Revolutionizing the Family: Politics, Love, and Divorce in Urban and Rural China, 1949-1968*. Berkeley: University of California Press, 2000.

Djankov, Simeon, and Sean Miner, eds. *China's Belt and Road Initiative Motives: Scope, and Challenges*. Washington, D.C.: Peterson Institute for International Economics, 2016.

Dreyer, June Teufel. *China's Forty Millions: Minority Nationalities and National Integration in the People's Republic of China.* Cambridge, Mass.: Harvard University Press, 1976.

Du, Ying. "Shanghaiing the Press Gang: The Maoist Regimentation of the Shanghai Popular Publishing Industry in the Early PRC (1949-1956)." *Modern Chinese Literature and Culture* 26, no. 2 (Fall 2014): 89-141.

Duara, Prasenjit. "Knowledge and Power in the Discourse of Modernity: The Campaigns against Popular Religion in Early Twentieth-Century China." *Journal of Asian Studies* 50, no. 1 (February 1991): 67-83.

——. *Sovereignty and Authenticity: Manchukuo and the East Asian Modern.* Lanham, Md.: Rowman and Littlefield, 2003.

Duncan, Carol. *Civilizing Rituals: Inside Public Art Museum.* London: Routledge, 1995.

E

Ehteshami, Anoushiravan, and Niv Horesh, eds. *China's Presence in the Middle East: The Implications of the One Belt, One Road Initiative.* Abingdon, UK: Routledge, 2018.

Ellul, Jacques. *Propaganda: The Formation of Men's Attitudes.* Translated by Konrad Kellen and Jean Lerner. New York: Vintage Books, 1973.

Ermolaev, Herman. *Censorship in Soviet Literature, 1917-1991.* Lanham, Md.: Rowman and Littlefield, 1997.

Esherick, Joseph. *Ancestral Leaves: A Family Journey through Chinese History.* Berkeley: University of California Press, 2011.

F

Fairbank, John K., and Kwang-ching Liu, eds. *The Cambridge History of China.* Vol. 11. Cambridge: Cambridge University Press, 1980.

Fitzpatrick, Sheila. *The Commissariat of Enlightenment: Soviet Organization of Education and the Arts under Lunacharsky, October, 1917-1921.* Cambridge: Cambridge University Press, 1970.

——. *Education and Social Mobility in the Soviet Union, 1921-1934.* Cambridge:

Cambridge University Press, 1979.

——. *Everyday Stalinism: Ordinary Life in Extraordinary Times: Soviet Russia in the 1930s*. New York: Oxford University Press, 1999.

——. "New Perspectives on Stalinism." *Russian Review* 45, no. 4 (October 1986): 357-373.

——. "Signals from Below: Soviet Letters of Denunciation of the 1930s." In Fitzpatrick and Gellately, *Accusatory Practices*, pp. 85-120.

——. *Stalin's Peasants: Resistance and Survival in the Russian Village after Collectivization*. New York: Oxford University Press, 1994.

——. "Supplicants and Citizens: Public Letter-Writing in Soviet Russia in the 1930s." *Slavic Review* 55, no. 1 (Spring 1996): 78-105.

——. *Tear Off the Masks! Identity and Imposture in Twentieth-Century Russia*. Princeton, N.J.: Princeton University Press, 2005.

——, and Robert Gellately, eds. *Accusatory Practices: Denunciation in Modern European History, 1789-1989*. Chicago: University of Chicago Press, 1997.

Friedrich, Carl J., and Zbigniew K. Brzezinski. *Totalitarian Dictatorship and Autocracy*. 2nd rev. ed. New York: Praeger, 1966.

Furet, François. *Interpreting the French Revolution*. Translated by Elborg Forster. Cambridge: Cambridge University Press, 1981.

G

Gao, James Z. *The Communist Takeover of Hangzhou: The Transformation of City and Cadre, 1949-1954*. Honolulu: University of Hawai`i Press, 2004.

Geertz, Clifford. "Centers, Kings, and Charisma: Reflections on the Symbolics of Power." In *Local Knowledge: Further Essays in Interpretive Anthropology*, pp. 121-146. New York: Basic Books, 1983.

——. *The Interpretation of Cultures*. New York: Basic Books, 1973.

——. *Negara: The Theatre State in Nineteenth-Century Bali*. Princeton, N.J.: Princeton University Press, 1980.

Geyer, Michael, and Sheila Fitzpatrick, eds. *Beyond Totalitarianism: Stalinism and Nazism Compared*. Cambridge: Cambridge University Press, 2009.

Goldman, Merle. *China's Intellectuals: Advise and Dissent*. Cambridge, Mass.:

Harvard University Press, 1981.

Goldstein, Melvyn C. *A History of Modern Tibet, 1913-1951: The Demise of the Lamaist State*. Berkeley: University of California Press, 1989.

——. *A History of Modern Tibet*. Vol. 2, *The Calm before the Storm, 1951-1955*. Berkeley: University of California Press, 2007.

——. *A History of Modern Tibet*. Vol. 3, *The Storm Clouds Descend, 1955-1957*. Berkeley: University of California Press, 2014.

Goossaert, Vincent, and David A. Palmer. *The Religious Question in Modern China*. Chicago: University of Chicago Press, 2011.

Greenstein, Fred I. *Children and Politics*. Rev. ed. New Haven, Conn.: Yale University Press, 1969.

Grieder, Jerome B. *Hu Shih and the Chinese Renaissance: Liberalism in the Chinese Revolution, 1917-1937*. Cambridge, Mass.: Harvard University Press, 1970.

Groys, Boris. "The Struggle against the Museum; or, The Display of Art in Totalitarian Space." In Sherman and Rogoff, *Museum Culture*, pp. 144-162.

Guy, R. Kent. *The Emperor's Four Treasures: Scholars and the State in the Late Ch'ien-lung Era*. Cambridge, Mass.: Council on East Asian Studies, Harvard University, 1987.

H

Hatch, John. "Hangouts and Hangovers: State, Class and Culture in Moscow's Workers' Club Movement, 1925-1928," *Russian Review* 53, no. 1 (January 1994): 97-117.

Hayden, Peter. *Russian Parks and Gardens*. London: Frances Lincoln, 2005.

Hayhoe, Ruth. *China's Universities, 1895-1995: A Century of Cultural Conflict*. New York: Garland, 1996.

Hayton, Bill. *Vietnam: Rising Dragon*. New Haven, Conn.: Yale University Press, 2010.

Heilmann, Sebastian, and Elizabeth J. Perry, eds. *Mao's Invisible Hand: The Political Foundations of Adaptive Governance*. Cambridge, Mass.: Harvard University Asia Center, Harvard University, 2011.

Hershatter, Gail. *The Gender of Memory: Rural Women and China's Collective Past*. Berkeley: University of California Press, 2011.

Ho, Denise Y. *Curating Revolution: Politics on Display in Mao's China*. Cambridge: Cambridge University Press, 2018.

Holm, David. *Art and Ideology in Revolutionary China*. Oxford: Clarendon Press, 1991.

Hung, Chang-tai. *Mao's New World: Political Culture in the Early People's Republic*. Ithaca, N.Y.: Cornell University Press, 2011.

——. "Mao's Parades: State Spectacles in China in the 1950s." *China Quarterly* 190 (June 2007): 411-431.

——. *War and Popular Culture: Resistance in Modern China, 1937-1945*. Berkeley: University of California Press, 1994.

I

Israel, John. *Lianda: A Chinese University in War and Revolution*. Stanford, Calif.: Stanford University Press, 1998.

J

Jacobs, Andrew. "A Would-Be Demonstrator Is Detained in China after Seeking a Protest Permit." *New York Times*, August 19, 2008, A6.

Johnson, Ian. "China's Brave Underground Journal." *New York Review of Books*, December 4, 2014, pp. 52-53.

——. "China's Brave Underground Journal II." *New York Review of Books*, December 18, 2014, pp. 70-72.

——. *The Souls of China: The Return of Religion after Mao*. New York: Pantheon Books, 2017.

Jordan, David K., and Daniel L Overmyer. *The Flying Phoenix: Aspects of Chinese Sectarianism in Taiwan*. Princeton, N.J.: Princeton University Press, 1986.

K

Kelly, Catriona. *Children's World: Growing Up in Russia, 1890-1991*. New

Haven, Conn.: Yale University Press, 2007.

Kenez, Peter. *The Birth of the Propaganda State: Soviet Methods of Mass Mobilization, 1917-1929*. Cambridge: Cambridge University Press, 1985.

Kiely, Jan. "The Communist Dismantling of Temple and Monastic Buddhism in Suzhou." In *Recovering Buddhism in Modern China*, edited by Jan Kiely and J. Brooks Jessup, pp. 216-253. New York: Columbia University Press, 2016.

King, Kenneth. *China's Aid and Soft Power in Africa: The Case of Education and Training*. Woodbridge, UK: Boydell & Brewer, James Currey, 2003.

Kirby, William C. "Continuity and Change in Modern China: Economic Planning on the Mainland and on Taiwan, 1943-1958." *Australian Journal of Chinese Affairs* 20 (July 1990): 121-141.

Kirschenbaum, Lisa A. *Small Comrades: Revolutionizing Childhood in Soviet Russia, 1917-1932*. New York: Routledge, 2001.

Kołakowski, Leszek. *Main Currents of Marxism: Its Origins, Growth, and Dissolution*. 3 vols. Translated by P. S. Falla. Oxford: Clarendon Press, 1978.

L

Lagerwey, John. *China: A Religious State*. Hong Kong: Hong Kong University Press, 2010.

Lenin, V. I. *What Is to Be Done? Burning Questions of Our Movement*. New York: International Publishers, 1969.

Levenson, Joseph R. "The Role of Confucius in Communist China." *China Quarterly* 12 (October-December 1962): 1-18.

Leverett, Flynt, and Wu Bingbing. "The New Silk Road and China's Evolving Grand Strategy." China Journal 77 (January 2017): 110-132.

Lieberthal, Kenneth G. *Revolution and Tradition in Tientsin, 1949-1952*. Stanford, Calif.: Stanford University Press, 1980.

Lin, Yü-sheng. *The Crisis of Chinese Consciousness: Radical Antitraditionalism in the May Fourth Era*. Madison: University of Wisconsin Press, 1979.

Link, Perry. *The Uses of Literature: Life in the Socialist Chinese Literary System*.

Princeton, N.J.: Princeton University Press, 2000.

Liu, Jian, and Changyun Kang. "Reflection in Action: Ongoing K-12 Curriculum Reform in China." In *Education Reform in China: Changing Concepts, Contexts and Practices*, edited by Janette Ryan, pp. 21-40. London: Routledge, 2011.

Lovell, Stephen. "Broadcasting Bolshevik: The Radio Voice of Soviet Culture, 1920s-1950s." *Journal of Contemporary History* 48, no. 1 (January 2013): 78-97.

Low, Setha, Dana Taplin, and Suzanne Scheld. *Rethinking Urban Parks: Public Space and Cultural Diversity*. Austin: University of Texas Press, 2005.

Lu, Yunfeng. *The Transformation of Yiguan Dao in Taiwan: Adapting to a Changing Religious Economy*. Lanham, Md.: Rowman and Littlefield, 2008.

Lu, Zhongwei. "Huidaomen in the Republican Period." *Chinese Studies in History* 44, nos. 1-2 (Fall 2010/Winter 2010-2011): 10-37.

M

MacFarquhar, Roderick. *The Origins of the Cultural Revolution. Vol. 1, Contradictions among the People, 1956-1957*. New York: Columbia University Press, 1974.

——, and John K. Fairbank, eds. *The Cambridge History of China*. Vol. 15. Cambridge: Cambridge University Press, 1991.

——, and Michael Schoenhals. *Mao's Last Revolution*. Cambridge, Mass.: Belknap Press of Harvard University Press, 2006.

Mackerras, Colin. *China's Minorities: Integration and Modernization in the Twentieth Century*. Hong Kong: Oxford University Press, 1994.

Mally, Lynn. *Culture of the Future: The Proletkult Movement in Revolutionary Russia*. Berkeley: University of California Press, 1990.

Mao Zedong (Mao Tse-tung). *Selected Works of Mao Tse-tung*. 5 vols. Peking: Foreign Languages Press, 1967-1977.

Mariani, Paul P. *Church Militant: Bishop Kung and Catholic Resistance in Communist China*. Cambridge, Mass: Harvard University Press, 2011.

Marx, Karl. "A Contribution to the Critique of Hegel's Philosophy of Right." In *Early Writings*. Introduction by Lucio Colletti. Translation by Rodney Livingstone and Gregor Benton. London: Penguin, 1992.

—. *Critique of Hegel's "Philosophy of Right."* Edited with introduction and notes by Joseph O'Malley. Cambridge: Cambridge University Press, 1970.

—. "Enquête ouvrière." In *Karl Marx: Selecting Writings in Sociology and Social Philosophy*, edited by T. B. Bottomore and Maximilien Rubel. New York: McGraw-Hill, 1956.

—. *Marx's Grundrisse*. Edited by David McLellan. London: Macmillan, 1971.

McClellan, Andrew. *Inventing the Louvre: Art, Politics, and the Origins of the Modern Museum in Eighteenth-Century Paris*. Berkeley: University of California Press, 1994.

Medvedev, Roy, ed. *The Samizdat Register*. New York: W. W. Norton, 1977.

—. *The Samizdat Register II*. New York: W. W. Norton, 1981.

Merridale, Catherine. *Night of Stone: Death and Memory in Twentieth-Century Russia*. New York: Penguin Books, 2000. "A Message from Confucius: New Ways of Projecting Soft Power." *The Economist*, October 22, 2009, 10.

Ministry of Education of the PRC. "Review of China's Education Reform in 2017." Accessed January 6, 2019. http://en.moe.gov.cn/News/Top_News/201801/t20180130_326023.html.

Mittler, Barbara. *A Continuous Revolution: Making Sense of Cultural Revolution Culture*. Cambridge, Mass.: Harvard University Asia Center, 2012.

Mosse, W. E. *Alexander II and the Modernization of Russia*. Rev. ed. New York: Collier, 1958.

Mullaney, Thomas S. *Coming to Terms with the Nation: Ethnic Classification in Modern China*. Berkeley: University of California Press, 2011.

Myers, James T. *Enemies without Guns: The Catholic Church in the People's Republic of China*. New York: Paragon, 1991.

N

Naimark, Norman, and Leonid Gibianskii, eds. *The Establishment of Communist*

Regimes in Eastern Europe, 1944-1949. Boulder, Colo.: Westview, 1997.

Naquin, Susan. *Millenarian Rebellion in China: The Eight Trigrams Uprising of 1813*. New Haven, Conn.: Yale University Press, 1976.

Nedostup, Rebecca. *Superstitious Regimes: Religion and the Politics of Chinese Modernity*. Cambridge, Mass.: Harvard University Asia Center, 2009.

Nye, Joseph S., Jr. *Soft Power: The Means to Success in World Politics*. New York: Public Affairs, 2004.

O

Olmsted, Frederick Law. "The Greensward Plan: 1858." In *The Papers of Frederick Law Olmsted: Creating Central Park, 1857-1861*, edited by Charles E. Beveridge and David Schuyler, vol. 3, pp. 117-187. Baltimore, Md.: Johns Hopkins University Press, 1983.

——. *The Papers of Frederick Law Olmsted*, Supplementary Series. Edited by Charles E. Beveridge and Carolyn F. Hoffman, vol. 1. Baltimore, Md.: Johns Hopkins University Press, 1997.

——. "The People's Park at Birkenhead, near Liverpool." In *The Papers of Frederick Law Olmsted*, Supplementary Series, 1:69-78.

——. "Preliminary Report to the Commissioners for Laying Out a Park in Brooklyn, New York." In *The Papers of Frederick Law Olmsted*, Supplementary Series, 1:79-111.

——. "Public Parks and the Enlargement of Towns." In *The Papers of Frederick Law Olmsted*, Supplementary Series, 1:171-205.

Overmyer, Daniel. *Folk Buddhist Religion: Dissenting Sects in Late Traditional China*. Cambridge, Mass.: Harvard University Press, 1976.

Ownby, David. *Falun Gong and the Future of China*. New York: Oxford University Press, 2008.

——. "Recent Chinese Scholarship on the History of 'Redemptive Societies.'" *Chinese Studies in History* 44, nos. 1-2 (Fall 2010/Winter 2010-2011): 3-9.

P

People's Daily Online. "An Honorable Night-Soil Collector and His Family."

September 10, 1999. http://en.people.cn/50years/celebrities/19990910C105. html.

——. "President Xi Jinping Makes Research Tour to *People's Daily*." February 19, 2016. http://en.people.cn/n3/2016/0219/c90000-9018740.html

People's Republic of China (PRC). *The Common Program and Other Documents of the First Plenary Session of the Chinese People's Political Consultative Conference*. Peking: Foreign Languages Press, 1950.

——. *The Constitution of the People's Republic of China*. Peking: Foreign Languages Press, 1954.

Pepper, Suzanne. *China's Education Reform in the 1980s: Policies, Issues, and Historical Perspectives*. Berkeley: Institute of East Asian Studies, University of California, 1990.

——. *Radicalism and Education Reform in 20th-Century China: The Search for an Ideal Development Model*. Cambridge: Cambridge University Press, 1996.

Peters, Olaf, ed. *Degenerate Art: The Attack on Modern Art in Nazi Germany 1937*. Munich: Prestel, 2014.

Plato. *The Republic*, vol. 1, bk. 2. Translated by Paul Shorey. Cambridge, Mass.: Harvard University Press, 1937.

Poon, Shuk-wah. *Negotiating Religion in Modern China: State and Common People in Guangzhou, 1900-1937*. Hong Kong: Chinese University Press, 2011.

Portal, Jane. *Art under Control in North Korea*. London: Reaktion Books, 2005.

Potter, Pitman B. "Belief in Control: Regulation of Religion in China." *China Quarterly* 174 (June 2003): 317-337.

R

Reed, Christopher A. "Advancing the (Gutenberg) Revolution: The Origins and Development of Chinese Print Communism, 1921-1947." In Brokaw and Reed, *From Woodblocks to the Internet*, pp. 275-311.

——. *Gutenberg in Shanghai: Chinese Print Capitalism, 1876-1937*. Vancouver: UBC Press, 2004.

Roxburgh, Angus. *Pravda: Inside the Soviet News Machine*. New York: George Braziller, 1987.

Ryan, Janette, ed. *China's Higher Education Reform and Internationalisation*. London: Routledge, 2011.

S

Sartori, Rosalinde. "Stalinism and Carnival: Organisation and Aesthetics of Political Holidays." In *The Culture of the Stalin Period*, edited by Hans Günther, pp. 41-77. New York: St. Martin's Press, 1990.

Schoenhals, Michael. *Doing Things with Words in Chinese Politics: Five Studies*. Berkeley: Institute of East Asian Studies, University of California, 1992.

Schudson, Michael. *Discovering the News: A Social History of American Newspapers*. New York: Basic Books, 1978.

Scott, James C. *Weapons of the Weak: Everyday Forms of Peasant Resistance*. New Haven, Conn.: Yale University Press, 1985.

Selden, Mark. *China in Revolution: The Yenan Way Revisited*. Armonk, N.Y.: M. E. Sharpe, 1995.

——. *The Yenan Way in Revolutionary China*. Cambridge, Mass.: Harvard University Press, 1971.

Shambaugh, David. "China's Propaganda: Institutions, Processes and Efficacy." *China Journal* 57 (January 2007): 25-58.

——. "China's Soft-Power Push." *Foreign Affairs* 94, no. 4 (July-August 2015): 99-107.

Sherman, Daniel J., and Irit Rogoff, eds. *Museum Culture: Histories, Discourses, Spectacles*. Minneapolis: University of Minnesota Press, 1994.

Siegelbaum, Lewis H. "The Shaping of Soviet Workers' Leisure: Workers' Clubs and Palaces of Culture in the 1930s." *International Labor and Working-Class History* 56 (Fall 1999): 78-92.

——. *Stakhanovism and the Politics of Productivity in the USSR, 1935-1941*. Cambridge: Cambridge University Press, 1988.

Sinyavsky, Andrei. "Samizdat and the Rebirth of Literature." *Index on Censorship* 9, no. 4 (1980): 8-13.

Smith, S. A. "Redemptive Religious Societies and the Communist State, 1949 to the 1980s." In Brown and Johnson, *Maoism at the Grassroots*, pp. 340-364.

Starr, S. Frederick. *Melnikov: Solo Architect in a Mass Society*. Princeton, N.J.: Princeton University Press, 1978.

Stites, Richard. *Russian Popular Culture: Entertainment and Society since 1900*. Cambridge: Cambridge University Press, 1992.

Stranahan, Patricia. *Molding the Medium: The Chinese Communist Party and the Liberation Daily*. Armonk, N.Y.: M. E. Sharpe, 1990.

Strauss, Julia C. "Morality, Coercion and State Building by Campaign in the Early PRC: Regime Consolidation and After, 1949-1956." *China Quarterly* 188 (December 2006): 891-912.

——. "Paternalist Terror: The Campaign to Suppress Counterrevolutionaries and Regime Consolidation in the People's Republic of China, 1950-1953." *Comparative Studies in Society and History* 44, no. 1 (January 2002): 80-105.

Swayze, Harold. *Political Control of Literature in the USSR, 1946-1959*. Cambridge, Mass.: Harvard University Press, 1962.

T

Tang, Xiaobing. *Visual Culture in Contemporary China: Paradigms and Shifts*. Cambridge: Cambridge University Press, 2015.

Taylor, Jeremy E. "The Sinification of Soviet Agitational Theatre: 'Living Newspapers' in Mao's China." *Journal of the British Association for Chinese Studies* 2 (July 2013): 27-50.

Thompson, E. P. "History from Below." *Times Literary Supplement*, April 7, 1966, pp. 279-281.

Thornton, Patricia. *Disciplining the State: Virtue, Violence, and State-Making in Modern China*. Cambridge, Mass.: Harvard University Asia Center, 2007.

Thum, Rian. *The Sacred Routes of Uyghur History*. Cambridge, Mass.: Harvard University Press, 2014.

Tillman, Margaret Mih. *Raising China's Revolutionaries: Modernizing Childhood for Cosmopolitan Nationalists and Liberated Comrades, 1920s-1950s*. New York: Columbia University Press, 2018.

Ting, Lee-hsia Hsu. *Government Control of the Press in Modern China, 1900-1949*. Cambridge, Mass.: East Asian Research Center, Harvard University, 1974.

Tobin, Joseph J., David Y. H. Wu, and Dana H. Davidson. *Preschool in Three Cultures: Japan, China, and the United States*. New Haven, Conn.: Yale University Press, 1989.

Turner, Victor, ed. *Celebration: Studies in Festivity and Ritual*. Washington, D.C.: Smithsonian Institution Press, 1982.

V

Varutti, Marzia. *Museums in China: The Politics of Representation after Mao*. Woodbridge, UK: Boydell Press, 2014.

Viola, Lynne. *Peasant Rebels under Stalin: Collectivization and the Culture of Peasant Resistance*. New York: Oxford University Press, 1996.

Volland, Nicolai. "The Control of the Media in the People's Republic of China." PhD diss., University of Heidelberg, 2003.

W

Wakeman, Frederic, Jr. "'Cleanup': The New Order in Shanghai." In Brown and Pickowicz, *Dilemmas of Victory*, pp. 21-58.

Wallis, Brian, ed. *Hans Haacke, Unfinished Business*. New York: New Museum of Contemporary Art, 1986.

Wang Jun. *Beijing Record: A Physical and Political History of Planning Modern Beijing*. Singapore: World Scientific, 2011.

Welch, Holmes. *Buddhism under Mao*. Cambridge, Mass.: Harvard University Press, 1972.

Weller, Robert P. *Alternate Civilities: Democracy and Culture in China and Taiwan*. Boulder, Colo.: Westview, 1999.

Widor, Claude. *The Samizdat Press in China's Provinces, 1979-1981: An Annotated Guide*. Stanford, Calif: Hoover Institution Press, Stanford University, 1987.

Williams, Louise. "Censors at Work, Censors out of Work." In *Losing Control:*

Freedom of the Press in Asia, edited by Louise Williams and Roland Rich, pp. 1-15. Canberra: Australian National University E Press, 2013.

Wilson, Richard W. *Learning to Be Chinese: The Political Socialization of Children in Taiwan*. Cambridge, Mass.: MIT Press, 1970.

Woeser, Tsering, and Wang Lixiong. *Voices from Tibet: Selected Essays and Reportage*. Edited and translated by Violet Law. Hong Kong: Hong Kong University Press, 2014.

Wong, Edward. "Xi Jinping's News Alert: Chinese Media Must Serve the Party." *New York Times*, February 23, 2016. http://www.nytimes.com/2016/02/23/world/asia/china-media-policy-xi-jinping.html.

Wood, Elizabeth A. *Performing Justice: Agitation Trials in Early Soviet Russia*. Ithaca, N.Y.: Cornell University Press, 2005.

Worden, Minky, ed. *China's Great Leap: The Beijing Games and Olympian Human Rights Challenges*. New York: Seven Stories Press, 2008.

Y

Yang, C. K. *Religion in Chinese Society: A Study of Contemporary Social Functions of Religion and Some of Their Historical Factors*. Berkeley: University of California Press, 1961.

Yang Kuisong, "Reconsidering the Campaign to Suppress Counterrevolutionaries." *China Quarterly* 193 (March 2008): 102-121.

York, Geoffrey. "IOC Criticizes Beijing over Unused Protest Zones." *Globe and Mail*, August 21, 2008, A9.

Yu, Shuishan. *Chang'an Avenue and the Modernization of Chinese Architecture*. Seattle: University of Washington Press, 2013.

Z

Zhou, Ying, and Sabrina Luk. "Establishing Confucius Institutes: A Tool for Promoting China's Soft Power?" *Journal of Contemporary China* 25, no. 100 (July 2016): 628-642.

索引

（按漢語拼音及英文字母排序）

歷史大講堂
染紅中國：中共建國初期的控制政治

2023年7月初版　　　　　　　　　　　　　　　定價：新臺幣520元
有著作權・翻印必究
Printed in Taiwan.

著　　　者	洪　長　泰
譯　　　者	麥　惠　嫻
叢書主編	王　盈　婷
特約編輯	李　尚　遠
內文排版	張　靜　怡
封面設計	兒　　　日

出　版　者	聯經出版事業股份有限公司	副總編輯	陳　逸　華
地　　　址	新北市汐止區大同路一段369號1樓	總　編　輯	涂　豐　恩
叢書主編電話	(02)86925588轉5316	總　經　理	陳　芝　宇
台北聯經書房	台北市新生南路三段94號	社　　　長	羅　國　俊
電　　　話	(02)23620308	發　行　人	林　載　爵
台中辦事處	(04)22312023		
台中電子信箱	e-mail：linking2@ms42.hinet.net		
郵政劃撥帳戶第0100559-3號			
郵撥電話	(02)23620308		
印　刷　者	文聯彩色製版印刷有限公司		
總　經　銷	聯合發行股份有限公司		
發　行　所	新北市新店區寶橋路235巷6弄6號2樓		
電　　　話	(02)29178022		

行政院新聞局出版事業登記證局版臺業字第0130號

本書如有缺頁，破損，倒裝請寄回台北聯經書房更換。　　ISBN 978-957-08-6992-7 (平裝)
聯經網址：www.linkingbooks.com.tw
電子信箱：linking@udngroup.com

國家圖書館出版品預行編目資料

染紅中國：中共建國初期的控制政治/洪長泰著．麥惠嫻譯．
初版．新北市．聯經．2023年7月．400面．14.8×21公分（歷史大講堂）
譯自：Politics of control: creating Red culture in the early People's Republic
of China
ISBN　978-957-08-6992-7（平裝）

1.CST：中國研究　2.CST：中國共產黨　3.CST：文化政策
4.CST：極權政治

576.25　　　　　　　　　　　　　　　　　　　　112009839